細說巫的古與今

李生辰——著

自序

「靈媒」，指涉的是神或鬼靈與人之間的媒介者、代言人。在中國歷史上，神或鬼靈與人之間的媒介者、代言人，最早的稱呼是「巫」，他(她)是社會中的靈魂人物。世界各古老民族，在社會早期發展過程中都有巫，其角色與功能非常受重視，除了做為神或鬼靈與人之間的媒介者、代言人外，也兼行醫術。隨著社會與文化變遷，有些民族的巫已然銷聲匿跡，但有些民族的巫仍然存在，只是其樣貌和古代已經不同。例如，現時一般坊間常聽、常見，其名稱被喚作「乩身」或「乩手」者，即是我國古代的巫在現代之傳人。但乩身、乩手意義相同且僅只是巫的傳人之一。在我們的社會中，任神或鬼靈與人之間的媒介者、代言人，除了乩身、乩手外，還有名稱不同者。

在坊間，一般人普遍稱乩身為「乩童」。「乩童」係「閩南語」對乩身的稱呼，但閩南語有時也謂其為「童乩」。乩身是「道場」的關鍵人物，因為：(1)在進行慶典或廟會時，乩身憑藉其智慧與技能，一則交感或感通神、鬼之靈並延請祂們蒞降，接受人們

的膜拜；一則依禮依儀虔誠地對神尊聖駕獻上人們的無限崇敬。由於乩身有效連結，不僅促成神、鬼對人們謙恭禮敬的受納，也使「無形」、「有形」彼此都沉浸在歡欣與祥和氣氛中。(2)在平時，乩身也定時或不定時稟請道場所供奉神靈降駕，為前來央求指點迷津者的解難釋疑，光大神尊的靈聖。

被稱之為「乩」者，憑其自我本靈交感或感通神、鬼之靈，一則媒介祂們臨降人間，使無形與有形順利交融；一則由彼替神、鬼之靈代言應答民眾求問，諭示某事吉凶，以彰顯祂們護民佑眾、普濟群黎之心念，這就是「巫」的職能與職司。但在交感或感通神、鬼之靈並呈現祂們臨降，身任靈媒的乩身卻因靈通態樣不同，並可被區分為「神駕」或「靈駕」兩種類型。換言之，神駕、靈駕雖然都是乩身，都是靈媒，都是巫的傳人，但彼此間仍有實質分野。在呈現靈通與任神、鬼之靈與人的媒介者、代言人時，兩者「貌同實異」，惟一般人難以分辨其間的不同。

說到靈媒的「貌同實異」，在於當擬為神、鬼之靈與人媒介，擬為神、鬼之靈代言，傳達彼等諭示於求問者時，靈媒必須先完成與祂們的交感和感通。之後，靈媒與神、鬼之靈間的互動分為兩種類型。其中一類是靈媒接受神、鬼之靈降附己身，以及由祂們借靈媒之口直接應答民眾求問，緣此我們稱此靈媒為「神駕」。另一類是神、鬼之靈並未附身於靈媒，必須由靈媒將求問者疑問向降駕的神、鬼之靈稟明，再由靈媒感通祂們的回覆後輾轉諭知求問者，我們稱此靈媒為「靈駕」。由此可見，雖然神、鬼之靈對求問者的諭知，都是經由靈媒之口說出，但其基礎、過程顯然都不同。

追本溯源，距今三千餘年前：(1)其本質為靈媒的「巫」即已現身，躍登歷史舞臺。(2)身為現今靈媒的前輩，巫以能感通神、鬼並代祂們示意某事之吉凶，見重於殷商王朝。(3)巫憑其靈通智慧，以自我本靈跨越有形與無形世界藩籬，成功地將神、鬼請到人間，滿足人們親近彼等想望。(4)對照彼時，今時今日坊間之靈媒為達與神、鬼感通以完成自我職司，其一切作為與曩昔的巫並無太多不同。只不過巫得以冠冕堂皇出入宮廷，現今靈媒泰半棲身道場。(5)現時的靈媒既有神駕、靈駕型態之別，彼時之巫又豈非如此？畢竟，無形世界雖經歷數千年但並未改變，人與神、鬼的交融又豈會異其途徑？(6)所以，彼時任靈媒的巫傳述神意就有神駕、靈駕之分，只不過史料不備，或者人們不察，或者靈通

神、鬼者本人不予以透露罷了。(7)靈媒交感和感通神、鬼時，其氛圍、情境既肅穆又莊嚴，因為神降和神諭都是至聖而珍貴，而鬼靈之降亦常令人斂容屏氣，誠惶誠恐，畢恭畢敬。基於此，作為神、鬼與人之間的媒介者、代言人，凡所傳達一切訊息應該被視為真實、確切，絲毫不容置疑，不論其為古代的巫，或者是今日坊間各種靈媒之屬，乃至於其實質為神駕或靈駕者。

科學昌明的今日，民智雖然已開，但當對某一事感到不知所措，仍會有人想藉由道場、宮廟中靈媒「問事」，謹請神明指點、指示。前往宮廟問事的人，其內心通常是既期待卻又忐忑不安，一則盼望能獲得滿意解決方法，一則又憂心所求不靈驗。在向神明問事時，人們只見靈媒萬般虔敬，搖頭晃腦，唱作俱佳，像模像樣地與神、鬼反覆應答。確實，問事全程可見作為靈媒的乩身與祂們流暢交感，求問者的疑難或稟告，也都能自神、鬼端獲得回應，但就不知是祂們本意，還是靈媒自己說詞。除此之外，也有靈媒不知是否條件、智慧仍未臻上境，在交感或感通神、鬼後聲色俱厲，頤指氣使，不知係屬己意，還是神、鬼之意。這些狐疑、猜忌，使得人們對靈媒所傳達，真不知該信或不該信。綜觀種種現象與事實，我們可以大膽推論，現今靈媒所營造的一切情境和予人觀感，其與古代巫所形塑應相去不遠，只不過彼時的巫因頗受尊重而未見批評。

我們固然不可以一竿子打翻一條船，認定道場、宮廟就是為了貪求信眾的香油錢，而廟中之靈媒必然也只是道貌岸然地說神道鬼。宮廟既以弘揚聖道為設立宗旨，忠誠服務信眾本屬無可旁貸之責，置身其中的靈媒尤應念茲在茲，力求虔敬地克盡本職與學能，衷心彰顯神靈聖德，使神靈與靈媒彼此相得益彰。因此，如何辨明靈媒有「真才實學」，以及力求彼等真能精確靈通神、鬼，如實地傳達諭示，豈可等閒視之，淡然以對。

為了扭轉人們刻板印象，乃至澄清或化解信眾內心可能存疑，個人擬以專業素養為憑據，對時下坊間具靈通能力且為神、鬼與人之間的媒介者、代言人，從其祖輩古代的巫至今之發展詳加考察。「旁觀者清，當局者迷」。對自己沉浸於其中多年之事務，因為習以為常，當事人很少能發覺自我需要改進之處。即便再三用心審視、體察，意圖找出缺陷，但也總有如霧裡看花。作者立意藉由客觀見解，對靈媒進行深入剖析，目的之一即在協助、引領彼等也能以相同心理冷靜地自觀，務實體認自我角色與功能，以無負神、

鬼、人所託。

關於「靈媒」，我們知道他（她）不僅是神、鬼與人之間媒介者，還是代言人。因為光稱靈媒為媒介者，只表示了其部分做為，為神、鬼與人彼此代言也是靈媒在媒介過程中的重要職能，不能被忽略。雖然在全篇論述中，作者最初使用靈媒代表巫，代表神、鬼之靈與人之間的媒介者、代言人，這是方便閱讀。但之後則會以神、鬼之靈的媒介者、代言人，以及神駕、靈駕取代靈媒，因為：⑴截至目前為止，「神駕」、「靈駕」這兩個語詞從未在任何典籍中出現，也很少在坊間被使用。原因在於，即便靈媒有時也不能分辨自己靈通係屬神駕或靈駕。⑵使用神駕、靈駕，才能具體揭示靈媒本質，使他人體認靈通存在相異的途徑。易言之，神駕、靈駕是靈媒在以自己本靈與神、鬼之靈交感或感通時，兩種不同的靈通態樣。神駕是靈媒本靈與神、鬼之靈交感後，彼等之靈取代了靈媒本靈，直接借用其體表現祂們威靈。靈駕則是靈媒本靈與神、鬼之靈交感後，彼等之靈並未取代靈媒本靈，而是以靈對靈互通方式，經由靈媒之口向他人輾轉傳述彼等諭示。⑶神駕、靈駕是指，靈媒自我本靈與神、鬼之靈交感或感通後，兩種不同靈通情境。在神駕，於交感神、鬼之靈後，因本靈已為神靈取而代之，以致靈媒的言語和行止率皆為神、鬼意思表示。在靈駕，於交感神、鬼之靈後，因本靈並未為神靈取代，以致靈媒言語和行止率皆為反映神、鬼意思表示。(4)如上所述，神駕、靈駕顯然是兩種不同交感神、鬼之靈的途徑與情境，在靈媒靈通過程中被明確識別有其意義。(5)總之，以神駕、靈駕指稱神、鬼之靈的媒介者、代言人，才能既涵括又分別表示靈媒的態樣。

在本書中，作者將神、鬼並論，但以神在前，鬼在後，這與古人稱法，與典籍都有不同，惠請讀者見諒。古人不稱「神、鬼」，而稱「鬼、神」，這與古人對無形界起源的認知以及邏輯有關。屈原《楚辭・九章・哀郢》：「羌靈魂之欲歸兮，何須臾而忘反」。我的靈魂想著歸去啊，哪會片刻忘記返回故鄉。又，《禮記・檀弓下》：「骨肉歸復於土，命也。若魂氣則無不之也，無不之也」。顯見古老的年代，對人死後靈存在的概念已很清楚，人們已有魂、魄的認知，而且魂是指神之氣，魄是指鬼之氣。因此，《周易・繫辭上》：「精氣為物，遊魂為變，是故知鬼、神之情狀」。所謂「精氣」，並沒有明說是甚麼，但指的應該就是靈。從而，《管子・內業・第四十九》才有：「凡物之精，……

流於天地之間，謂之鬼、神」。總而言之，古人先知有鬼，相信人死後肉（身）體雖已埋葬但靈魂還在，其中魂歸於天上為神，魄去至地下為鬼，這就是鬼、神的本源。

古人的魂、魄其實有有兩個概念，一個是指人死後，身體的氣會分成兩部分，魂是清的、陽的氣會上升於天，成為神；魄是濁的、陰的氣會下沉於地，成鬼。其例如：⑴「魂氣歸乎天，形魄歸於地。故祭，求諸陰、陽之義」（《禮記‧郊特牲》）。⑵「魂，陽氣也；魄，陰神也」（《說文解字》）。⑶「孔子曰：『人生有氣有魄。氣者，神之盛也。眾生必死，死必歸土，此謂鬼；魂氣歸天，此謂神』」（《孔子家語‧哀公問政》）。除此以外，魂、魄的另一個概念是，人經過長久修煉，死後其氣是清的，屬陽，可上升為神；生前未修煉者，死後其氣是濁的，屬陰，下沉為鬼。因此，人應多修煉，使魂氣清、揚，使體內陽神旺盛，死後可上升為神，不過這個概念是後來才產生的。

個人之所以立意探索巫的演變歷程，乃至解析其傳人之種種現況，因為這是一個非常神祕，也是一個難以深入的領域和議題，深富挑戰且須具有真正實力。就其神祕而言，時下坊間宮廟經常有靈媒演出神、鬼靈降，諭示個人吉凶，這種神蹟總令人疑信參半。

宮廟中靈媒是否果如其實，「確真」央請到神、鬼降駕，祈求彼等「救世濟人」，這一玄奇奧妙過程既非尋常人所能描述，而一般大眾更無法想像與體會其實際。靈媒如何能恭請威能的神、鬼降駕，彼等是否真已降臨，如何辨識祂們確真回應了信眾求問，對此一範疇及其認知如未具專業能力，既難以說明，也難以說清。

本書對靈媒的論述，擬自信史時代殷商的巫說起，使一切探討皆有據、可稽，但讀者須理解彼等在我國出現年代應更久遠，然確切時間已不可考。之後，再順時順勢鋪陳彼等演進，並逐步呈現至今在實務上的分化，以比較說明靈媒的不同態樣，期使讀者全面瞭解，進而爾後不再對靈媒行為、舉止心存猜想，或有不可思議，或存如霧裡看花之感。

為了方便閱讀，作者必須先對本書幾個用語簡要說明：(1)神駕、靈駕—神駕、靈駕，這是巫降神的型態，但古書中從未記載。但讀者一定要知道這種巫術自古就已經存在，不會中途出現或者始於現今。神駕、靈駕是兩種巫靈降神、鬼的類型，「神駕」是靈媒（巫）受蒞降的神、鬼之靈附體，讓祂們藉己之口傳諭；「靈駕」則是靈媒（巫）感通蒞降的神、鬼之靈後，體會祂們諭示再傳述給他人。神駕、靈駕與靈媒（巫）是一體的兩面，但是靈

媒一詞無法像神駕、靈駕般表現靈通神、鬼者之間的歧異，也無法呈現靈通神、鬼者靈通祂們時本靈的各自情狀。⑵交感—交感即字面意義，論的是靈通者與神、鬼之靈的起始靈通。交感是相交會而後感應，它是一種搭接的情境，靈通者本靈與神、鬼之靈間必先相交會而後感應，有感應才能互通。⑶感通—感通即字面意義，表意靈通者與神、鬼之靈的靈通狀態，係交感的進一步。感通已顯示靈通者與神、鬼之靈完成搭接，不只有感應也能互通意思。⑷靈通—靈通即字面意義，表意靈通者與神、鬼之靈感通期程與實質。換言之，靈通代表了靈通者本靈與神、鬼之靈完成搭接，相互間和暢交感，彼此意念交流。特別強調，作者使用靈通，而不用通靈 (Mediumship)，這是在呈現通靈者的靈之能力。⑸會通—歷經靈通後，靈通者本靈完全體會神、鬼之靈的意念，俱知彼等所示意。⑹無形—無形即神、鬼之靈，因彼等既無形（體），也無像（貌）。用無形表述神、鬼之靈是因為，有時靈通者雖能感應彼等靈、氣、磁場，但無法辨識其為神或鬼之靈。⑺無形界—無形界即神、鬼之靈所在之處，係與人們所處同時又相對存在。無形界容納無數神、鬼之靈，其狀態如同有形界的人世間一般。無形界又被人們區分為陰、陽兩領域，並以神靈所在為陽界，鬼靈所在為陰（冥）界。其實，神、鬼之靈同在無形界，只不過各自區別，既不相容也不相混淆。(8)神、鬼與人之媒介者、代言人—不僅指涉靈媒、巫、巫的傳人、神駕與靈駕，且表明彼等具有兩種職能。因為，如果只稱呼他們為媒介者並不完整，畢竟媒介只是將神、鬼自無形界央請到人間，之後還要能為彼此兩端代言，所以必須將代言人加上。換言之，神、鬼與人之媒介者、代言人除了能媒介神、鬼之靈，還能為祂們代言，才能將媒介之目的顯現。

「神、鬼絕對不會有假，但是靈媒就不一定了」。這句話雖很客觀，但可能會令自詡靈通神、鬼的「諸靈媒們」憤憤不平，不過此話不僅並無批評意思，反而有積極鼓勵意味。坊間大小道場不知凡幾，許多民眾三不五時都會主動接觸靈媒，其中或多或少又有信眾仰彼等所能，藉由他們「問事」、「辦事」。道場香火常繫於靈媒所得評價，信眾對彼等是疑或信，不僅決定道場的聲譽，也決定了他們自身地位，更被一般民眾視為道場中供奉神尊是否靈聖的指標。如何能令上門求問事於神尊聖駕之信眾不存疑義，不讓他們走出道場後，內心七上八下，這是靈媒們始終要思索的事。

【自 序】

本書系統地論述了，自巫至今上下數千年的神、鬼與人之媒介者、代言人，少見也難得。舉凡靈媒們備受關切議題都在字裡行間，俯拾皆是。總觀全篇，作者期望所陳述、觀點確能對靈媒們起振聾發聵作用之處不勝枚舉，其例如：⑴靈媒們的靈通能力或程度，是否涉及神、鬼與彼之機緣深淺，或者囿於彼自身的「條件」。⑵靈媒們如何使自己或信眾明辨，一切與神、鬼靈通過程和結論都可以（被）認同。⑶靈媒們如何務實思考，自我是否存在疑難，應如何驗證對自我之疑義。當然，本書所解析的議題絕不僅此，而作者衷心想呈現的旨趣也遠甚於前揭。然不論作者行筆何處，當自許申論內涵皆必深合義理，以期產生澄清或提示（醒）作用，至盼也能發揮實際效益。

總之，個人既紮實地深入探究此一命題，萬望真能：⑴協助神、鬼與人之媒介者、代言人，助其循跡再檢證及辨別自身的本職與學能。⑵與此同時，亦誠盼啟迪與激昂靈媒們持續深化和優化自身靈通的實質。不僅如此，呈現林林總總的疑問並予以拆解，進而提供淺見俾供行進於道途的先進、先知參酌，若能蒙獲採納，亦屬抬愛。這些都是個人由衷的心願，也是本書寫作的旨趣，相信必能助益所有讀者，幸甚！

目錄

緒論

弘揚神威以安定社稷，彰顯聖靈以澤被蒼生，代天宣化以啟迪群黎，這些都是人們崇敬神尊聖駕與供俸神祇的目的。但實際演繹、恢弘神靈大德與大能，以竟其功，有時需要借重神、鬼與人之間的媒介者、代言人—靈媒。做為靈媒，巫自極遠古時代起，每逢敬神盛會都要負責迎神、降神、送神，做為守護聖靈，以及人們禮拜神明的臺柱。在人們的崇奉神靈活動中，由於巫的作為，不僅體現眾人對神、鬼的真誠禮拜。與此同時，為了活化人們的真誠信仰，巫也擔任神、鬼與人之間的媒介者、代言人，主動或被動地指導人們信仰行為，灌輸民眾信仰意識，使信眾知所敬、所信。除此之外，某些民眾事日常也會透過巫，透過靈媒向神祇傾訴自己困惑（難），祈求至尊至聖的神靈指點解決問題的方法。

不論古今，個人的「健康」、「婚姻」、「運途」、「事業」等事項，這些都是民眾經常透過靈媒向神靈求問之事。這些屬於人們既想望又怕失望的人生目標，理論上經由自我竭力耕耘即可預知結果，但其發展往往存有變數，又或者冥冥之中確實另有定數。因此，民眾總想向神靈求問，一則衷心祈求仰蒙神靈恩澤百般護佑，實現自我美好願望；一則也想乘機預先知道所求之事結果，或者以何方法可防患未然。事實上，民眾向神、鬼求助事項非常多。特別是在古代，凡是生活中有任何疑問，人們都會求助於巫，委請他(她)請神、鬼透露訊息，事先給答案。

人對神、鬼依賴的心理，從古至今都沒有改變。但要求助於神、鬼，必須透過神、鬼與人的媒介者、代言人。本書是論述巫，這個最古老之神、鬼與人的媒介者、代言人的歷史。雖然巫已然遠去，但其傳人依舊活躍於時下，惟其名稱已經不稱巫，而且原有角色也已分化。所以，本書在表述巫及其傳人的名稱上會很多元。「靈媒」是學術語詞，以此稱巫及其傳人雖不夠口語化，但簡潔、明瞭，符合其本質。使用神、鬼與人的媒介者、代言人稱巫及其傳人，雖然拗口，但符合對巫傳人的職能、智慧、技能的整體描述。至於使用神駕、靈駕，這雖然對大眾來說是很陌生的語詞，但一則表現了巫的傳人對神、鬼之靈的媒介途徑，以及代言樣貌；一則解說或者導正(引)了人們對神、鬼之靈降駕於有形世界型態的認識。

普遍來說，古代巫術的應用大抵在：(1)降神、鬼之靈—請巫降神、鬼之靈於人間，並藉巫之口說出彼等所預判之事的吉凶；(2)解夢—夢是神、鬼對商王的預示，請巫向託夢者問明其事；(3)預言—以占、卜之法預言（判）某事吉凶；(4)祈雨—以（女）巫跳舞祈雨；(5)醫病—用巫術祛除疾病，治癒邪祟；(6)星占斷吉凶—查看天文，預言徵象。事實上，巫自始就是：(1)靈媒；(2)神、鬼與人的媒介者、代言人；(3)神駕、靈駕的綜合體。前揭第一、二項都不成問題，因為巫本來就是列班在王庭、廟堂內的神職人員，就是靈媒，就是為王任神、鬼與人的媒介者、代言人。至於第三項，《周禮・春官・司巫》：「凡喪事，掌巫降之禮」。鄭玄注：「降，下也。巫下神之禮」。「司巫」就是主管巫的職官，他在廟堂舉行喪禮時，主管巫靈降神、鬼的禮儀。在喪禮時，一般認為死者精魂上歸於天，魄下沉於地，因此由巫迎請天、地之神蒞降，分別將逝者魂、魄接走。這段記述，說明巫的職司之一就是迎請神、鬼靈降。因為有迎請神、鬼靈降這個事實，所以巫的靈降有不同型態，作者將其區分為神駕、靈駕兩種類型。這種分類並非始於現今，古代就已存在，只是古人沒有刻意區隔它們罷了。

巫為何神奇？巫的神奇之處在於彼等不僅具有靈通神、鬼之能，而且可以（理）解祂們的意思表示。許多民族的巫，只是在地上擺幾塊枯骨，然後就能說出所預測之事的吉、凶。其實，這是因為神、鬼之靈「現景」，讓巫看見所問之事的景象。然而在我們中國，巫是透過燒灼（龜）甲（牛）骨看裂紋，以及分揲蓍草依數字畫成圖像，再研判或解析神、鬼對所問之事的回覆。相較於其他民族，我國古代的巫術似乎比較繁瑣、精緻。不過，我國古代的巫說穿了仍是靠神、鬼現景，灼甲與揲蓍的過程也只是障眼法。但灼甲與揲蓍對我國文化上卻有著極大意義，灼甲留下了「甲骨文」，使我們對古代社會的瞭解有憑有據，而揲蓍則產生了「易經」，並將一切天、地、人運作之法盡融其中，成為我國哲理的基礎。

本書在寫作上花了很長篇幅探討巫術的應用，也說明瞭巫術應用的原理，乃至巫之後的數千年演變路徑，其目的在如下數項。第一，本書所援引的史料都採自固有典籍，凡引用內容都自史料與實務中擷取，證明巫是我國固有的產物，證明在宗教成立前巫就已存在。例如，我們在描述巫的時候，就是根據《說文解字》所云，「巫，祝也，女能事無形，以舞降神者也，象(像)人兩袖舞形，與工同意」。巫也就是祝，她是能專司無形神、鬼的女性，以舞蹈請神、鬼靈降之人，像人以雙袖跳舞，和拿著工字型的法器同一意思。可見，巫是原始宗教之前的產物。

第二，巫對人們的意義，雖然是祭司，主司祭禮，但巫真正價值在迎降神、鬼，以滿足人們祈求彼等之目的。古人對巫及巫術的期望很高，其訴求非常廣泛。舉凡一切非人力可預期，但人又想達成其目標之事務，人們就會驅使巫要求彼等迎請神、鬼下降來理事。因為巫有條件與才智的區隔，因此人們會隨祭祀的目的，要求巫迎請合於祭祀目的之神祇蒞降。這個目的，持續至今天人們對巫傳人的要求仍然沒有改變。

第三，我們自始至終都存有一個心念，就是要拆解古代之巫如何服務群眾，然後又要看歷經數千年後，巫的傳人在侍奉神、鬼解答眾人疑難時，與其前輩有無差異?歷經幾千年的文明，人們掌握知識、運用知識的能力，以及探索新知、科學人文素養等都已有長足進步。但人在遇有疑難時，依然渴望仰承神的靈驗與權威護佑。古人逢事便問神、鬼，幾乎每事必問。試看卜辭，舉凡祭祀、農業生產、漁獵、畜牧、雨晴、風雪、耕稼豐歉、戰爭、出行、疾病、孕胎、夢兆等包羅萬象，應有盡有。而今人之實情與此對照，可謂「相去無幾」。

第四，「今月古月」－左看古代，右看現今，雖然相去數千年，古代的巫與其今日傳人在職司與社會功能上似乎沒有太多差異。古人重視巫是認為「萬物有靈」，已故親人的精氣雖化成神、鬼之靈長存於天、地之間，但一則仍有佑善懲惡的能力；一則對子孫的影響也不受陰、陽兩界相隔而阻斷。因此，巫就肩負人與鬼、神之靈的溝通，視需要適時溝通祖靈，照拂後世親人。對照現代人習性，古老遺風舊俗仍然留存，一些子嗣、運途、事業不順遂者常被破知係因為在冥界祖先有虧欠，有賴陽世子孫濟助，因此傳來此等要求，可見今古仍同風。

第五，本書免不了要回答這個問題：神、鬼之靈可信嗎，求神問卜到底準不準？既然古人好問，今人也不遑多讓，這已然就是對前揭疑問的明顯答覆，否則為何有那麼多人鍥而不捨地求問於神、鬼？但我們相信讀者仍然要具體答案，那就是神、鬼所說是否可信？。就實務而言，神、鬼所說是否靈驗取決於：⑴信眾如果不是遇見江湖術士，未蒙受花言巧語，的確如實求問於神、鬼，則祂們答覆可信。⑵神、鬼與人的媒介者、代言人如果真實神通，不以己意為神意，虔心聽憑神、鬼示意，則其傳述諭示亦可採信。⑶神、鬼對人之非分貪想，絕不相助。所以務實勤勞者，其所祈求及所獲回應確實可信。⑷與其思考神、鬼是否靈驗，倒不如秉持以誠、以敬信仰神、鬼，神、鬼絕不會誤人，也絕不會貽誤事機，該賜給的不會少，不該給予的也絕不會令人得到。

於此，順便解析時下人們問神方式，瞭解巫的傳人之角色：⑴如果屬於一般小事，通常人們會前往宮廟焚香禮敬，或者敬備供品虔心膜拜，將自己的期望向神靈稟告，希望祂們能降恩，助己順遂其事。為了探求神意，人們會抽取廟中籤筒的籤號（支）並以擲筊方式確立後，再依籤號找到籤詩，以拆解神靈對自己所求之事的示意。⑵如果屬於重大事項，人們便透過宮廟中的靈媒問事，請靈媒將自己的疑難稟請神明「作主」。如果此事真有難關，也懇請神明能彰顯聖德，廣揚神庥，協助化解、消除之。

因為以擲筊求籤，對己事的疑難或吉凶福禍仍難以定心，或內心想對事情積極處置，或想仰蒙指點如何適切處理問題，有些人還是會選擇藉宮廟的靈媒問神（事）。兩相對照，由於問神過程，有問有答，凡是信眾內心的疑點都可詳細詢問。如此不僅能夠澄清自己疑惑，探明疑難化解方式，甚至相信就可順利化解，於是不乏民眾遇事寧願選擇去宮廟找靈媒問神，直接延請神靈降駕理事，人們這種作法和心理古往今來都相同。

但是當人們藉靈媒問神時，神、鬼是否真實靈降，是否有真實的神意，這是人們求神問卜最關切的，也是我們必須誠實面對的，古今皆不例外：(1)在問神時，靈媒中的「神駕」受神靈降附己身，使得信眾認為靈媒當下彷彿就如同是神、鬼的化身。至於「辦事」的如果是「靈駕」，則使信眾相信，神、鬼之靈已降臨現場。但事實如何，顯然非內行人無法看清。神駕或靈駕是否已順利延請神或鬼靈降附，或已然感通降駕神、鬼之靈，雖然其本人心中有數，但為了實際需要，不便讓他人知道。因此，是否能得真實神通，唯有神駕、靈駕本人捫心自問了。(2)每當靈媒展現其神通，此時雖然可說已進入神、人合一，但並非是神、人的合意。換言之，任神駕或靈駕者在神通時只能如實顯現神意，絕不可參雜一絲一毫個人意識。神駕或靈駕不可在對神意感通模糊時，遂含混的融入自我意識。這是因為，有據、真確傳述神意，這是對信眾的忠實承諾。

神、鬼與人的媒介者、代言人之本心在弘揚神靈悲憫之道，對此應致以高度敬意。但弘揚神道，就是顯揚天、地之恩德，如此豈能不慎重看待神、鬼與人之媒介者、代言人應有的標準，並以放大鏡檢視其德與能。但就實務而言，常感坊間神、鬼與人之媒介者、代言人良莠不齊。靈媒執（辦）事，固然由其自行背負結果，但如有極虔心之信眾蒙受其殃，則又何其無辜。不論是巫或靈媒，其所受傳之術數並非等閒技藝，天、地、人三界率皆寄予厚望。但在受傳過程中，有些人並未融會貫通，只得皮毛，不求甚解因此辦事時難免出紕漏，這些流弊在社會上都有很多流傳，今古皆然。這句話，容或隱含批評意味，但實係肺腑之言，其目的一則出於撥亂反正之忱，一則以內行人看問題、提建言。萬望諸神、鬼與人之媒介者、代言人，如能意識自我所能、所學總感停滯不前時，內視反聽，乃至於能時加靜心、細心自思，深究其關鍵何在。果真能如此，則個人亦已略盡棉薄之力矣。

最後，我們想在回答一個問題。那就是，我們雖然對神、鬼靈降有很多討論及說明，可卻始終沒有提到神、鬼如何現身。關於巫及巫術溝通有形與無形（世界），在溝通的技術與應用是透過「靈」這種介質，這種介質神、鬼、人皆具。因此能見到神、鬼者，必然是人的靈，以人的靈見到神、鬼之靈，然後再令本人感知。但我們始終很好奇：(1)為何有人的靈能見著神、鬼？(2)為何大部分的人見不著？(3)為何有人可以在瞬間即看見神、鬼之靈，還可以與彼等對話？(4)為何有時神、鬼之靈已經在座，其他先進已肅穆景仰，我卻一無所知？

首先，一切的前提就在，能見著神、鬼這是個人的天賦本能，無從解釋其因由。神、鬼之靈與與人的靈存在不同空間，如果彼等跨界與人的靈同一（度）空間，則神、鬼會現形現象。所謂現形現象，就是顯現出像我們平常看見的神尊形貌。雖然如此，但有些修道已很久者，在此情況下依然沒有辦法「看見」神、鬼之靈。其次，為何有時看得見神、鬼者，除了正眼外，大多是用眼角餘光就可見著神尊聖駕。這一解釋只有一個，那就是神、鬼與我們存在同一時間，但空間不同。於是看得見神、鬼之靈者的眼睛就能穿透不同空間，就能見著神、鬼。再其次，我平常都但得見神、鬼之靈，但為何有時彼等明明在座，我卻無法目睹。原因是，祂們不想讓我知道彼等已在座，祂們無話對我說，所以不想對我現身。

個人既經常遊走大小道場、宮廟，或觀摩，或體會，或探查，因此積累了許多神、鬼與人之媒介者、代言人有關的具體資料。有些屬個案情況或事實，有些是通案現象或觀感，凡此皆充分呈現了坊間靈媒的各種面貌、實情。茲事體大，本書所探討及剖析內容不僅力求極盡周延，與此同時也堅持做到觀點皆足資採信，說法也皆有據可驗，以符合社會大眾所需求，並無負個人深自感受來自天、地、人三界之殷殷期盼。與此同時，對於中國的巫以及其術的種種表現，到今天為止還沒有人作出系統總結，全面性總論。人們心目中，雖然知道巫也知道其傳人，在臺灣社會雖然有許多人認定巫術是一種迷信，但還是有更多的人肯定其真實性。這種評判自古以來就是如此，既無從爭論，也無法辯駁。本書詳實而客觀地述說了巫，以及其在現代傳人的種種活動，對他們不僅有詳盡考察，也做了系統而公正論述，這是一件值得稱讚之事。

綜觀本書，雖然就其論述內容可能使閱讀者以為其間存在斷層。但難以置信，殷商時的巫，春秋戰國以及秦、漢的「方士」，今日的各種靈媒之屬，雖時間上、下數千年，

但彼時所表現於神、鬼與人之間一切演繹作為，幾乎與現在所見並無二致，彼此間可以說沒有太大歧異。從而，在闡述殷商之際的巫，個人竟無摸索與陌生之感，甚幸。謹此，敬請諸先進、先輩不吝指正！

第一章 神、鬼信仰與巫

第一章

神、鬼信仰與巫

「駕」是稱呼他人的敬辭，如：大駕，尊駕，駕臨。此外，駕也指稱車乘，既是聚集車、馬與人的隊伍，也是對該集合所呈現「陣仗」、「陣勢」情狀之寫真。在道場進行科儀或法事時，每當主事者焚香稟請神靈蒞降，有時神靈本尊或騎乘腳力（神獸），或乘雲，或步行，簡從而來，翩然顯聖。但有時，降駕的並非只有神靈本尊而已，本尊的輔佐、護法神，或脅侍也會伴隨現身。在神尊降駕時，其輔佐或侍從（侍女、護衛）或者先行，或者隨侍神靈本尊共同降駕。而神明出巡與繞境、至友宮參香、回鑾，其（無形）陣仗更龐大。當我們在恭迎彼神靈即將蒞臨時，

西王母車騎畫像磚(漢代)

可以感受（應）到先遣隊伍（無形的兵將），其後是旗幟，接著是儀仗，再來是隨員、侍從，最後是主神。這些景象絕非一般人僅憑肉眼所見可比擬，如將其「虛實交錯與合併」，則其規模不亞於古代帝王出巡之鑾駕。因為要恭迎涖臨的神尊，所以具「天眼」的靈通者極其幸運每每可以見著這些景象，至於不具天眼之靈通者亦可感應所迎接陣仗的「氣勢」，並依其氣而迓迎之。綜上所述，本書想向讀者傳達三個訊息：(1)神、鬼係以靈降其駕在人間，而降駕之規模則視彼靈之格的高低。(2)為了崇榮神靈的臨降，人們呈現的儀禮、聲樂等一切禮敬作為絕不是「無的放矢」。(3)由於有了靈通者在其中的角色扮演，使得無形的神、鬼之靈與有形的人彼此交融歡愉而歡暢，有形與無形世界的交感確實存在。

在神、鬼之靈降駕時，或者靈通者交感或感通通神、鬼之靈的過程中，可能是：(1)靈通者所形塑的氛圍，因而使信眾神情備感肅穆、莊重；(2)信眾內心總殷切期待，渴望靈通者真能迎來眾神靈；(3)神靈降附靈通者過程時，彼此交感霎那所呈現的聲勢與意象；(4)靈通者在神靈降附後言行舉止，其面部表情、肢體動作，乃至於口說話語全然地「擬神化」等各項因素；因而坊間道場習慣上對靈通者也稱呼其為「駕」，以尊敬其交感或感通神、鬼後代表之身分。神靈應靈通者祈請而降駕，彼神尊可以降其靈於靈通者—附身於靈通者，也可以降其靈並與靈通者之靈同在一現場。從而，對靈通者在前揭兩種際遇，或所處兩種情境，前者被稱為「神駕」，後者則被稱為「靈駕」，用以區別靈通者交感或感通神、鬼之靈的途徑。

靈通者本靈與受祈請而降駕的神或鬼靈之間，其對應方式雖有被附身與未被附身之別。正本清源、尋根究底，即使其間已歷經過數千年歲月，但作為靈通者的先進，靈媒的先輩，作為神、鬼與人之間媒介者、代言人的始祖—巫，以及巫之後的一切演繹神、鬼者，都存在被附身與未被附身的區別，只是歷來都未曾被詳加區分，含混以對。因此，析述靈通者、靈媒，乃至神、鬼與人之媒介者、代言人的源流應始論於巫。藉由先行探討巫，不僅能使人們認清其追隨者之容貌，也可理解後輩與先進所存異同。但要說清楚並解析其角色與功能，又不得不概述神、鬼信仰歷史，以明巫的產生與意義。

一、神、鬼信仰的信史

自極遠古以來，神、鬼即普遍地為人們所崇敬與信仰，這種心理的根由與基礎何在委實難以深究。總之，人們之所以無比地景仰神、鬼，一則因為相信祂們擁有極大威能，一則仰望長得彼等護佑。於是，人們經常會獻上供品祭祀神、鬼，以表達內心的虔敬與信奉之意，並期盼：⑴藉由此頻繁作為，可以使祂們確信與認同自我無比真誠；⑵相信藉此，從今爾後就能與祂們維繫緊密而極盡依賴的關係。基於此，日常要定期或不定期地祭祀神、鬼，在殷商王朝就成為君王的重要行事。

人心時時洋溢與事事體現對神、鬼敬信，這是殷商社會的文化特質。以商王為代表，人們具體的信仰及祭祀對象有三：「天神」、「地祇」、「人鬼」(見於《周禮・春官宗伯・司巫神仕》)。天神，除了稱「帝」、「天帝」、「昊天上帝」之上天本體至尊神靈外，另包括在天的日、月、星辰、風雨和雷電諸神靈。地祇是社稷之神，乃立於大地上的眾神，包括大地之上的田、土、山、川、河、海等，以及穀物諸神靈。人鬼係(商王)祖先之靈，包含歷代先王、先公、先賢之靈。

在人們信仰意識中，上天的天帝為至尊、至聖之神。農業社會，「靠天吃飯」，時和歲稔、倉廩實虛，全憑天賜。風調雨順、旱潦災疫也無非是天命，蒼生安危、黎民飽饑更屬天威。舉凡人生命中的禍福、災祥，可以說皆仰承天意，乃至大地也常配合上天，反映上蒼對人的恩威。因此，人們心目中的上天至尊之神—天帝就是：⑴至高無上的權威者；⑵監臨萬眾，無所不及的支配者；⑶人的生活以及生命主宰者。

殷商之際，敬重與順服上天進而隆重祭祀之作法，在人們的思維、心理、精神，乃至生活上幾乎已經視為理所當然。這是因為，人們感受到上天似乎擁有意志、情感，祂似乎具有「希望、命令或驅使人做什麼」的意念，從而出現所謂「天命」意識。天命意識，一言以蔽之，就是「天命不可違」的信仰與行止。天命之說出於殷商統治者，凡對外、對內行使其統治權，商王無不以標舉與遵從此一信念為職志。商王推崇及倡言天命之說，其用意在：⑴匯集上天至尊神靈的意志與意念於己身，具體化指陳其為天命之承受者；⑵強調其威權源自上天的命令，絕對不容挑戰，以利鞏固自我政治地位；⑶主張上天已

賦予管理、統治人間之權勢，具像化天命意識，商王即等同上天意志的代表人；(4)灌輸子民既然恭敬、信仰上天，就應該以同樣態度看待商王；(5)人格化上天神靈，使商王能順暢與祂對話，明確代祂傳達意思。

上天之神色隱祕莫測，景況有時碧空如洗，有時淒風苦雨，有時雲迷霧鎖，變化多端令人難以捉摸。人雖時時仰觀上天，但卻無法看透天意。天意既無法猜測，只能曲意迎合。因此，如能有通曉乃至可傳述天意者，一則可藉之以預作籌謀，一則豈不稍解人們對上天的茫然。或者進而有能祈求上天者，因聽取、接納人的誠心而遂改其志，不更美哉。是故，卜辭中有「帝其令雷」、「帝令多雨」、「帝不降大旱」等，想係上天聽到人們懇求後所作回應。當然，上天對人的回應，有些會兌現，有些也未必。不論如何，上天總不會讓人失望太久。因此，人內心還是始終信仰，也敬畏上天，並且更極致、虔敬地頂禮膜拜。

地祇是大地之上諸神靈，也與上天眾神靈同樣受人敬重。以農業墾植為生，春耕夏耘，秋收冬藏，這理當是人們應天生活的基本寫照。農業活動與收成，仰承天候照拂。

除了須依照天時勞作，但更重要的是，能獲大地恩賜，使水利豐盈，地力不竭，人方得以足衣足食。換言之，如天、地俱相匹配，則人民上得天時之惠，下得地利之益，自然安居樂業。一旦天、地未能和合，則人豈只必須逆來順受，流離顛沛、生靈塗炭勢所難免。是故，長得如父之上天潤澤，如母之大地供輸，人可謂備受福佑矣。

如同人們所信仰的天、地神靈，「鬼」也是以靈存在。古人對鬼有多般論述，例如：(1)劉向‧《說苑》：「鬼之為言歸也」。(2)《說文解字》：「人所歸為鬼，從人，像鬼頭，鬼陰氣賊害，從厶」。(3)《列子‧天瑞篇》：「精神離形，各歸其真，故謂之鬼」。前引各說僅分釋其義，茲稍予以增補並加串聯，雖仍未足但仍可使人們對鬼有約略認識：(1)鬼就是歸（逝）去者，係已經離世者的靈魂。(2)鬼雖已去至無形世界，其外型、樣貌似人但卻有著恐怖的鬼頭。(3)鬼（靈）具陰森氣，似竊賊般生害，形態像朝左跪著。(4)人活著時，魂、魄存在於身體並合稱為靈。人死後，魂、魄分離，兩者各自回歸其本質。因此，人的靈與鬼靈就有所不同。(5)雖然已經歸去且存在於無形界，據說鬼（靈）仍會為害於人，

甲骨文—鬼

有相較於生前不可比擬的能力。

與人們所信仰的天神、地祇自然神之靈不同，鬼靈是業已逝去的祖先之靈。但由於懷想同樣可以庇佑或者作祟子孫，於是商王也尊（崇）奉及敬拜其祖先之靈，一如對天、地神祇般隆重祭祀。已死的祖先雖已是鬼（靈），不過人們心理與意識上並不懼怕。祖先和自己是血緣關係，兒孫們不只親眼見其存在，也曾蒙受照拂。雖然不能再目睹其容顏，但想像祖先之靈常在身邊，如同生前一般，依然關注、眷顧著子嗣。因此，慎重地祭祀祖先之靈，意在供其所需，以回報親恩並表示依戀、不捨之情。與此同時，因為已歸屬無形界，希望祖先之靈也可彰顯其能，對子孫預示福禍。為了使祖先也成為祈求對象，商王將祖先之靈配祀於天帝左右（賓帝），神格化祖靈。例如，《合集・六七二正》：「求雨於上甲，……」。《合集・一一一〇》：「庚戌貞，其求禾於上甲」。庚戌貞卜，祭祀上甲祈求稻穀豐收。

崇敬與信仰神、鬼，乃至緣此衍生的敬拜意識與習慣，引領著殷商國政以及社會風氣。人們祭祀祖先，不論是秉持如《中庸・第十九》之「事死如事生，事亡如事存」，或者是如《中庸・第十六》之「洋洋乎如在其上，如在其左右」的心理都饒具意義。前者意在延續人的生命領域，後者則在拉近人與鬼靈距離，兩者都有效破除人對鬼之畏懼。當然，祭祀祖先更重要的價值在於，為後人立下了慎終追遠、竭盡孝思之典範。就商王而言，鄭重其事地祭祀祖先之目的顯係：⑴尊崇祖先權威、功績，以表對彼之追思與懷念；⑵雖已生死永隔，但表明承先啟後，並確保永恆地維繫祖先勳業；⑶奉獻豐盛、珍貴祭品，齊備祖先於無形界所需用度，以期彼等不餘匱乏；⑷積極神格化祖先之靈，使商王能就國事、家事時加請益，有如得神襄助。

商王既將天、地神靈人格化，也將祖先死後之靈神格化，可謂將神、鬼並舉。在信仰天神、地祇、人鬼時，除了慎重祭祀之外，每事必先卜問於彼等，益彰內心尊敬之誠。證諸史實，凡臨事時，不論有感或無感，商王總是命卜者會通神、鬼之靈，稟問並祈求彼等昭示吉凶。至於其事應感通與求問何者，亦即事當「問神」或「問鬼」，除了明確歸屬於天、地神靈者，如風雨、旱澇等天象之事外，其餘大抵求問於祖先之靈，亦即以先王為主。

商王好問卜於神、鬼，其名目繁多，經卜問之事率皆予以紀錄並加保存，有意無意間為後世建立了一座探索古老中國信仰、文化的資料庫。既重視人與神、鬼之靈的連結，殷商諸王治國理家大小事也必依神或鬼靈諭示，於是能穿梭於有形與無形界之間，具備人與神、鬼媒介技能的巫乃躍上歷史舞臺。巫行使職能，其結果一則使神、鬼之靈活化於人們眼前，一則形塑並催化了人們既有的神、鬼信仰與意識。

甲骨文—巫

「巫」的造字本義，係指遠古時智慧靈巧且能通神、鬼者，手持神祕法器，以舞蹈誠敬地祈請彼等降臨。巫的條件確實需要異常敏感與具有靈感，以現今說法，就是具備感通靈異的資質，如此才較能與無形界交感，既有效傳達神、鬼對人的示意，也明晰地反映人對彼等之祈求。因為其智能，巫遂擁有社會地位與權力，母系社會時期的巫以女性為主，男系社會形成之後始見男巫（覡）。巫的職能不僅只靈通神、鬼，尚且可以在舞蹈過程中，藉著與祂們感通，虔心地祈請彼等如實降臨。「鬼」是象形字，其甲骨文字形就如同戴著面具向左跪著的人。靈通鬼時，巫既戴著恐怖面具向左跪地且又舞又跳，彷彿已使鬼靈降臨。於是，「鬼」字所示意，就是那看不見也不知其形象之鬼靈，宛若巫戴著面具所扮演一般。巫既能交感神、鬼，也能理解祂們意思並傳輸於人，於是人也就在信仰神、鬼上找到貼近彼等的途徑，從而滿足自我實質需求，以及精神、心理上之慰藉。

人的神、鬼意識和信仰起於何時，其確切無法考證。在脫離原始生活，以及走出蒙昧時代之後，除了能有自我意識外，人應該也還有其他認知。特別是，人意識出自然界存在具有絕對超越，乃至可完全支配人的力量。緣此，對於生活中不知其所以然，且產生令人感到畏懼之現象，神、鬼就被創造出。不僅如此，人還逐步幻化彼等形象，並且具像化祂們影響力，從而神、鬼的意識與信仰也就樹立在人們心裡。巫既跟隨著人的神、鬼意識而現身，也依附著人對祂們的信仰而存在。巫可說是遠古社會中的靈魂人物，因為他可以借重神、鬼威能，或者解除民眾困惑，或者安撫人心，在日常生活中相應著人們各種需求。從人類社會發展過程觀察，愈接近初民之社會型態，巫的重要性和地位也愈高。巫在夏朝時，據說已經很活躍，惜其身分和職司缺乏詳細記載。《法言・重黎》云：「姒氏治水土，而巫步多禹」。以「姒」為姓的夏朝，其前後任領導人都積極從事水利工程。

而巫在行事中之走步，經常仿效不眠不休治水的禹。

夏、商遞嬗，神、鬼信仰與意識不僅只代代傳殖也逐漸深入人心，日益勃興。因於甲骨文出土，既解析了巫在人們神、鬼信仰中之角色與地位，也使其樣貌和職能終能完整而清晰的被辨識。

小篆—巫

殷商之際（約前一六〇〇—約前一〇四六年），統治者為鞏固、遂行其威權，經常要倚仗巫的職能，堪稱不可須臾離之。關於巫，在文獻上所見表述概略如下：(1)《說文解字》：「巫，巫祝也，女能事無形，以舞降神者也」。(2)《說文解字》：「覡，能齋（齊）肅事神明者，在男曰覡，在女曰巫」。(3)依《周禮・春官宗伯》所載，女、男巫本各有所掌，其後巫、覡則合併稱巫。(4)《國語・楚語》：「巫覡，見（現）鬼者」。

茲綜合文獻所載，完整解析巫之職能，以明彼在人們神、鬼信仰中的身分與才學：(1)女性巫者稱之為「巫」，能處理無形（界）之事，並以跳舞（方式）降神。(2)男性巫者稱其為「覡」，能嚴肅、莊重、敬慎地處理神明之事。(3)巫者，女、男皆見。(4)之後，巫與覡合稱為巫。巫嫻熟於祝禱、祭祀，以及與「無形（界）」溝通。無形（界）指的並不是只有天、地界神靈，也包含鬼界幽靈。(5)由於神靈或鬼靈係屬無形，為了使常人也能感知彼等，祂們便降附於巫身藉以顯現其靈，這就是神、鬼之靈現身。(6)然而，神或鬼靈也可能並不降附於巫身，而是降之於其眼前，於其左右。如屬此一情況，則巫與神和鬼靈彼此間係以靈或者以氣交感，之後並由巫將感通所得傳輸於他人，這也是神、鬼之靈現身。(7)但不論如何，常人可辨識並看出巫在靈通神、鬼時，其神態(情)、肢體、語言有明顯的不同。(8)至於巫以跳舞呈現神、鬼靈降，這是祂們與巫之靈正在交感，彼此互通心意的方式。(9)根據上述，我們可以得出結論，巫就是媒介者、代言人，其媒介對象就是神、鬼與人，就是為無形界與有形界穿梭。巫媒介的介質是「靈」，其媒介途徑則是以自我本靈與神、鬼之靈交感或感通，在詳盡理解祂們示意後再傳述於他人，因此巫是神、鬼之靈與人之間的媒介者、代言人。(10)這樣看來，雖然已歷經了數千年，但古代的巫和時下的乩身，以及神駕、靈駕，不論其名稱為何，除了社會地位以外，其角色、職能與媒介和代言途徑顯然並沒有太大差異。

先民基於萬物有靈，以及人死靈魂不滅的信仰，不僅建構和形塑了神、鬼意識與信

仰，也締造、發展出膜拜對象，更進一步設立、釐訂出祭祀程式與儀禮。易言之，因於萬物有靈的自然崇拜，產生多神信仰及祭祀天、地習俗，而人死靈魂不滅的鬼靈信仰，則發展出祭祀祖先傳統、習俗。歷經夏、商、周三代相承相續，人們的靈魂信仰日益深化，雖然其基調容或已有些許調整，但對神、鬼之靈所行奉祀，已漸趨規模並形成體制，允為我民族文化之精髓。具體而言，靈魂信仰就是神、鬼信仰。歷朝歷代，上自帝王下迄平民百姓，不信神、鬼者未之有也。所以，認定靈魂存在其作用，這是絕對不爭之事。

出於對神、鬼的感懷與敬畏心理，人們有祭祀行為。祭祀的核心意義，即在促成神、鬼與人之間能有更多連結。在古老年代，確信神、鬼能左右人的福禍、吉凶，事實上反而使人心理有依託。神、鬼成了信仰與禱告對象，無形中吸納了人生存及生活中的許多惶恐。因此，人們相信只要對神、鬼誠敬奉祀，則應該會使自己避禍禳災並且庇蔭子孫，於是這也稍許撫平了人對生命中迷茫不可測之事的不安。

人們深刻的靈魂信仰和濃厚神、鬼意識，孕育了對無形界神、鬼之靈的種種冥想，也發展出各項虔誠祭祀彼等禮儀（制）。對不可見其形且難以感其像的神、鬼之靈，人們仍百般崇奉且鄭重其事地祭祀，意在寄無限希望於彼等。為了實現隱藏於內心的期盼，祭祀時對彼等祝禱、敬稟之，叩請、舞迎之，豐牲、獻供之，都是人們極盡赤忱表現，務期神、鬼之靈欣喜鑒享。不過，為了微調對神、鬼所懷企圖心，以及對祭祀所存潛意識，人們說祭祀神靈意在「感恩戴德」，祭祀鬼靈（祖先）係為「報本反始」，前者克盡義理，後者敦厚人倫。

為了祭祀神、鬼，古代統治者除「制禮」外更進一步「作樂」，以使祭祀程式得以在優雅的情境中進行。不論是禮或樂，都在營造與整飭、協和有形與無形界間之步調，表現人對神、鬼的無比虔敬。禮、樂是基於對神、鬼的設想，想像彼等經由儀式禮讚，順情領受人們敬意。特別是藉由樂曲，也能依意創造出神、鬼與人交融的情境和平臺，使彼等愉悅地享受人們奉獻。但真正能活化人對神、鬼的虔敬心，有時需要藉由巫者之技能。在祭祀過程中，巫口中咒念不止，這是在對神、鬼直接陳述敬意。而不停滯地遊移舞步，變化多端其面部表情，口吐怪聲怪調難懂話語，則是巫正在與神、鬼交感，並呈現或轉化無形界神、鬼對人所抒發敬意之回應。

不論是敬賴神靈，或懷畏懼之情於鬼靈，人們內心對巫作為媒介者、代言人的真切、具體想法應該是：⑴既然篤信神、鬼，就勢必要存在一種連結或媒介（者），以使人信之有據，仰之有方，避之有道。⑵神、鬼之靈同為無形，但係屬同界或存於異界，如能藉由媒介者之智慧，應可助人分辨、認知其所膜拜或者趨避對象。⑶當然，周延及標準化人對神、鬼的信仰途徑也有必要，以便藉媒介者確信祂們接納了人深摯之誠敬。⑷神、鬼固然無形，但人格化之神、鬼對人的信仰或敬拜，乃至祈求作何反應，也要讓人瞭解。⑸此外，在人們對神、鬼信仰和祭祀活動中，總有沒法想像但又需要借助媒介者、代言人的原因。⑹在渴求神、鬼彰顯威能之期盼中，希望作為媒介者、代言人的巫，能淋漓盡致地發揮其角色與功能。⑺或者人們不知哪時真有甚麼吉凶、福禍，而巫果真也能運用技能，懇請神、鬼預先賜告。以上種種，有些是巫產生背景的回溯，應被視為其職司追根究柢；有些則是巫能否如實地契合人對神、鬼需求之因素分析，屬於其職責具體檢視。這些議題率皆可歸納於對巫的考察，應予以依信史所載詳細論述。

二、神、鬼信仰造就巫

遠古君王之中，傳說黃帝、大禹皆具有如巫的智慧與技能。換言之，黃帝、大禹不僅可以靈通神、鬼之靈，說不定也能央請無形（界）力量襄助自己成事。但神、鬼之靈並非可任人隨意延請，於是不能與神或鬼靈交感但又想借助其力量者，則必須委由巫行儀祈請。作為神、鬼與人之間的媒介者、代言人，人們就是藉由巫與神或鬼靈之感通能力，祈求祂們：⑴接納人的虔心與敬意；⑵發揮神聖力量；⑶解除人的困境；⑷使人順利安度難關，這就是巫的職能。殷墟所見卜辭，即是巫承商代諸王之命，交感或感通乃至於靈通神、鬼，進而向彼等請益國事或家事之具體過程與結果（論）。

巫的角色與功能，簡單說就是：⑴交感或感通乃至於靈通神、鬼，向彼等稟明人們求問之事。⑵會通神、鬼之意，如實地傳述彼等諭示於求問者。但巫得以交感或感通乃至於靈通神、鬼仍有其充要條件，必須再進一步解析，以明其如何發揮職能。在解析其職能之前，必須對巫的感通與靈通略作說明。感通與靈通，兩者雖然都是靈通者的靈力發揮，

但存在著比較。感通是靈力單向展示，意味靈通者本靈對神或鬼靈的感知以及彼等示意之通曉。靈通則屬靈力雙向展示，意味靈通者本靈與神、鬼之靈交感流暢，彼此意念相融相通。

巫行其職司與運用其技能，係基於以下各項要素：⑴人們相信，無形（體）無像（貌）的神、鬼之靈本就存在，其所屬空間謂之「無形界」。⑵人也有靈，但卻以具像之形體存在，其存在的空間謂之「有形界」。⑶無形界與有形界雖並存，但彼此不通，惟在有形界的巫能以其本（元）靈感通無形界的神、鬼之靈。⑷巫不僅能以靈感通無形界的神、鬼之靈，也可區分兩者有何不同。與此同時，無形界的神、鬼之靈可以回應巫之靈的感通，也可不回應。⑸除了以靈之外，巫也能藉其他途徑感通神、鬼之靈並彼此會通。如以心體會之，以無形眼（天眼）觀其（景）像，依個人既有經驗感覺其靈、氣、磁場並予以分辨之，乃至以心相通而詢問之，這些都是巫感通與靈通神、鬼的智能。⑹雖然巫可以感通無形界，但並非所有的巫都能交感彼界所有神、鬼之靈。巫的感通能力隨個人條件，存在等級差異。由於無形界也分等級，所以巫只能就其條件感通適其等和適其格的神、鬼之靈。

⑺巫交感或感通乃至於靈通神、鬼之靈並向祂們稟明人們求問後，憑個人智能靜心會通彼等回覆並代為諭示。⑻神或鬼靈並非對所有求問都明確回應，有些人渴求之事可能牽涉太廣，所以沒有具體答覆。⑼巫對神、鬼之靈既具感通或靈通能力，從而祂們會賦予巫展現彼等威能的不同方式，或者不同技能。於是，巫就在感通神、鬼下各具其能，如醫術、卜筮、祝由等等，隨個人條件各擅所專，各擁其長。⑽巫並非對所有無形界之靈都能感通，有些能感通神靈，不能感通鬼靈。有些巫能感通鬼靈，卻不能感通神靈。至於高階的巫，對神、鬼之靈則都能感通，都能靈通。

神、鬼信仰一旦滲入人心，自然催生、造就了巫。拜濃得化不開的神、鬼意識之賜，不只順利地滋養了巫，而信仰其魅力的民心、民情，也為巫提供無限寬廣的揮灑空間。殷商王朝，一批有組織的巫專為王室盡心服務，彼等身分與地位備受尊崇。對商王而言，因為麾下有一個巫團隊可任己召喚，隨時執事，彷如為自我威權益增神、鬼之靈的照護。巫所具智慧既面向無形界的神、鬼之靈，其主要職責與作為遂在：⑴（隨時）為商王就大、小事卜問，感通神或鬼靈並請求祂們諭示君王行止的宜與忌。⑵舉行各項祭典時，主司

交感無形的神、鬼之靈並呈陳祭祀者祝願，達成祭祀目的。⑶禳解被認為因受神或鬼靈作祟所生災厄，設法制煞並為王室治病、驅邪。⑷防範、消解神或鬼靈的沖煞，教導君王避兇趨吉。

(一)巫以卜、筮體現其與神或鬼靈的會通

隨時依商王之命卜問諸事吉凶，這是巫日常作為，也是對彼等交感與靈通神、鬼智能的驗證。巫行交感後，就事求問並在甲骨上刻下內容簡略的卜問之辭，以及彼靈通神、鬼的實質和結論。行卜問之過程，卜巫：⑴先向神、鬼禱告，稟明欲問之事；⑵接著以火炙烤(龜)甲、(牛)骨鑽鑿處，直至其另一面出現裂紋；⑶根據炙烤後裂紋之長短、曲直、走向等解說神、鬼示意，這其實是經由對彼等感通所獲得；⑷代神或鬼靈諭示卜問之事的福禍或吉凶。⑸將卜問內容、結論刻在卜兆近處並予以典藏，以便日後查考。

關於「卜」，《說文解字》曰：「卜，灼剝龜也，象炙龜之形。一曰象龜兆之從橫也。凡卜之屬皆從卜」。依其實務，卜是巫在向神、鬼稟明求問之事後，便就龜板(腹甲)或

牛骨背面鑽鑿凹穴處燒灼，於是正面即出現縱、橫向如同「卜(字)」的裂紋。龜板或牛骨上所現裂紋就是(徵)兆象，也被解讀是神或鬼靈的示意。換句話說，卜巫係依據對神或鬼靈感通，並佐以甲、骨上裂紋形狀，傳述祂們對受求問之事的示意。

藉灼甲或骨問事於神、鬼之靈，除稱為卜外，也稱「貞」。《說文解字》云：「貞，卜問也。從卜，貝以為贄」。貞是指卜問已見兆象之後，再次依此兆向神、鬼稟問。就其事例，即神、鬼之靈已應答後，再度稟問並懇請祂們更進一步示意。這是因為卜巫感覺初次的裂紋不明顯，難以斷言。其實真正原因可能是，巫在前一次卜問時對神、鬼示意沒有明確感通，以致無法解讀兆象，所以必須再次灼龜稟問。實務上，卜後再貞或者接連再次卜問，這在殷商常見其例。此外，《說文解字》云：「占，視兆問也。從卜從口」。占也是卜問，意指察看跡兆(象)而問。由於占人亦司筮占，占字有時就直接代表筮占，這是相異於龜卜的另一種感通神、鬼方式。筮占是指以事求(稟)問神、鬼之靈

卜辭—甲骨文

時，筮占者：⑴一面憑其靈（爻）感通神、鬼；⑵一面依規則分揲蓍草（莖）以策數；⑶將迭次分揲蓍草策出之數轉畫成卦象；⑷就卦象意涵予以解說，或據以頗析事之吉、凶。⑸可否神妙高超解說卦象並預言其事，關鍵仍在於靈通神、鬼程度，也就是體會祂們對求問之事示意的能力。

「卜」，其字義有二：⑴為形聲字，乃燒灼龜板所發出的聲響。⑵為象形與會意字，即燒灼龜板後所呈現裂紋之形狀，以及為某一事求問神、鬼而燒灼龜板以卜問。為能清楚說明其事，人們將卜問時燒灼龜板所出現的裂紋另稱為「兆」。兆也是象形與會意字，其象形之意即卜問時燒灼龜板出現的裂紋形狀，惟此裂紋形狀較卜複雜。至於其會意，兆即裂紋所象徵，亦即神、鬼之靈在龜板上的示意。龜板上的裂紋除了稱兆，有時也稱其為「兆璺」。不論行卜，或者是貞，又或者筮占，率皆由巫先求問，其後於卜、貞、筮占時，再行感通神、鬼對所問之事的回應。例如，宋代大儒朱熹於其《周易本義・筮儀》中記有筮占時禱詞，所謂：「今以某事云云，未知可否，爰質所疑於神於靈。吉凶得失，悔吝憂虞，惟爾有神，尚明告之」。如此說來，灼龜以見其兆的龜卜與揲蓍策數之筮占，都只是巫交感神、鬼與靈通彼等的「橋段」之一。

卜、貞、筮占過程中，巫靈通神、鬼的情境為：⑴巫先恭敬地向神、鬼行禮，虔心祈請彼等靈降（附），以禱詞或在心中敬念皆可；⑵待感知已交感或靈通後，巫向神、鬼稟明求問事項；⑶巫必須全程靜心，以其心，乃至以其靈感通神、鬼的回應；⑷神、鬼對巫求問之事，或者呈現其景象，或者娓娓述說其過程；⑸巫可以反覆求問，但都必須在恭敬心、虔誠心下行之，如此始能深入體會神、鬼示意；⑹巫具結和總整對神、鬼示意之理解並向祂們確認，與此同時感謝彼等靈降；⑺巫恭送神、鬼之靈，並向求問者傳述其所會通內容。

對巫靈通神、鬼之過程與實質，茲再進一步予以說明如下：⑴巫與神、鬼處於靈通時，彼此間也可以進行如同人與人面晤之對話，但雙方有時使用的特殊語言及對話內容，旁觀者無法理解。⑵巫與神、鬼靈通的途徑、技能，可以是龜卜，也可以是筮占，更可以是舞蹈，或者是任何形態的肢體語言，均不過借用其術而已。⑶這樣說來，運用其術只是表像，巫與神、鬼的真正感通與靈通常人無法以肉眼明見。⑷能讓求問者知道之事，

神、鬼自然會向巫呈現其景（象）。(5)但不可透漏之事，神、鬼會將之略除。受略除之事，有些巫會憑自己想像試圖揣測，但未必能得要領。

更再進一步，復加細說卜巫靈通神、鬼的途程與實質。每當巫欲行卜問時，必先祀神、鬼。而自此刻起，巫其實已開啟了與神、鬼之靈的交感。換言之，祀神、鬼之目的，已經由巫之靈對神、鬼之靈通稟。而接續下來行卜過程與結果，即燒灼龜板與卜兆浮現之期程，巫已然於其中感通和領受了神、鬼示意，並理出對所求問之事的結論。換言之，巫不是以解讀龜板裂紋或兆象論述神、鬼之回應。巫是憑向神或鬼靈稟明欲問之事後，清楚領會彼所給予應答，明確體會神或鬼靈示意。因此，甲骨上出現之裂紋、兆象，巫不過藉以對照，或通觀神、鬼對自我所稟之事應答的清晰度。再進一步說，如果裂紋或兆象雖明顯，但巫的感通不足，仍無法傳輸神、鬼示意。反之，交感或靈通神、鬼極深刻，裂紋或兆象雖不明確，巫也能對求問之事有具體結論。

巫對神、鬼之靈的感通能力，因人而異。並不是所有的巫，都能隨意地感通某一神或鬼靈。對任何神、鬼之靈的感通，都要視個人條件。例如，有一則記商王朝與土方戰爭之卜辭，卜巫貞後，認定一旬內無事。商王亦問此事，惟結論卻相反，其結果竟如商王所卜（貞）。「癸巳卜，殼貞，旬亡（禍）？王曰，有（祟），其有來（艱）。……，方亦（侵）我西啚（鄙）田」（《合集・六〇五七正》）。在這事例中呈現了一個現象，神、鬼未必會告知與非當事人有干係之事。如戰爭或敵人來犯之事，最適當的是預知商王本人，由當事人自行感通（應）才是最佳（被）告知途徑。

巫的存在與行事，串聯了人與神、鬼世界。巫運用其無法為他人所體會、感知的靈通，以其靈穿梭在有形與無形之間。雖自謂能通曉神、鬼之意，然巫所言是否具可信？其靈通果真無訛？古人難道未存絲毫疑惑？持平而論，神、鬼信仰彌堅的時代，捨巫或其卜、筮，的確也無從另覓他途，以發抒人對神、鬼的敬信，或滿足人對神、鬼的想望，乃至於釋放人對神、鬼的猜疑。客觀來說，藉巫之能，既堅實了人們的神、鬼信仰，對建立和導引善良人性也產生莫大助益。想像，自三千多年前起，巫在澆鑄人們神、鬼信仰與意識時，不論有形或無形過程之中，既培植了我國文化、道德、宗教根基，也盤固了先民風俗習尚、社會準則、倫常規範，其裨益可謂良多。

（二）巫在祭祀中使神、鬼、人之靈共融

依卜辭紀錄，商王祭祀的對象很多，既有稱為天帝、上帝之至上神，也有位列在天、地的各種自然神，以及原屬於鬼之祖先。祭祀神、鬼之靈，商王未嘗等閒視之，從頻率、用牲以及儀禮來看，都極其講究，充分體現了「國之大事，在祀與戎」的論說。神、鬼之靈雖然看不見，但據信可以操縱人間事物，祭祀是向彼等致意、輸誠，祈望祂們能倍加關照並滿足人們需求。因此，每逢祭祀神、鬼時，人們都萬分虔敬：⑴力求祭品及儀禮完備，以表莊嚴、慎重其事。⑵再三祝禱、祈求，懇乞祂們務必俯允和察納人的衷心，佑助群黎。

商王祭祀神、鬼之目的與意義，具體歸納大致有三：⑴祈請賜恩福祐—足衣足食，這是人民生活安定的先決條件，也是統治權鞏固的要素。總合農作豐收、牧畜興旺、漁獵充裕等項，雖足以具體表現整體社會生產力與生命力，但尚需輔以國境內、外相安無事，人們始得以安居樂業。商王相信，這不是單憑人的意願就可達成，仍需獲得神、鬼襄助。誠敬的祭祀，就是祈請各方神、鬼能持續施恩與賜福，使時時風調雨順，歲歲國泰民安。⑵衷心酬答神、鬼—不論實情如何，希望求得來年王室自家能長保康泰、子嗣興旺、戰

爭勝利、災厄遠颺、政權穩固，或者祈禱人民家家戶戶倉廩充實、人壽年豐，商王都要誠心祭祀神、鬼，此亦謂之「祈年」。祈年是對神、鬼的重要祭祀，其意義既在酬答過去祂們所惠賜與寵錫，也祈望未來彼等仍能持續降恩。總歸祈年或者其他任何祭祀之目的，就是期盼繼往開來，除了要再次致以虔誠儀禮，獻上豐盛祭品，衷心感謝神、鬼厚愛，也希望今後依舊福澤常臨。(3)祈求消災弭禍—常見於商王之災禍有兩類，一是危及個人（或家人）的疾病、災厄。一是損傷國家利益的水患、乾旱、瘟疫等自然災害，或者戰爭、賊寇、盜匪等人為禍患。依據卜辭所見，商王不時都要舉行大小祭祀，其意即在祈請天、地之間各方神或鬼靈恤民佑眾，務期彼等消弭已然或未然的各種人間災禍於無形。

《禮記・郊特牲》：「祭有祈焉，有報焉，有由辟焉」。祈是祈恩、求福，報是回報、酬答，由辟是消災弭禍，這三種訴求就是人們祭祀神、鬼的主要心理。人祭祀時可能是存心於上述其中一項，也可能是二項，或者三項兼具。假使神、鬼認可人所祈求，順情接受人之感念，則人當然想知道祂們如何回應自我的期望，這其實才是人在祭祀時內心最關切之事。基於人對神、鬼萬般渴求的心思，巫應運而生。但巫切不可自視為神、鬼代理人，

以免既自誤也誤人。畢竟，雖懷著敬意與極度虔心祭祀，不過人的懇求有時也未必為神、鬼照單全收，從而巫應該只做為傳遞訊息之信使即可。同時面對神、鬼與人，應當如何傳真祂們意思，以博取人們對自我角色與功能信任，作為媒介者的巫必須謹慎以對。

不僅虔誠其心與齊備豐厚祭品，人更藉中規中矩儀禮，誠敬地表現對神、鬼的信仰與依賴。人內心的許多疑慮、不安，都想透過祭祀尋求神、鬼發揮威能，予以紓解。緣此，商代的祭祀名目繁多，皆視祭祀者需要，經巫卜、筮後擇其合宜時日行之。無疑地，祭天最重要，其祭祀對象以「天帝」為主，因為祂是天界諸神中的至高、無上、極尊之神，威權最著，威靈最顯。祭天一年並非僅一次，以周代為例，其祭天之正祭在冬至日，由天子主祭。除祭天外，另在春、秋兩季也有祭祀地祇與穀神的社稷之祭。爲了親近受祭的天、地之神，祭壇係在郊外夯土而成。舉行祭祀時，雖然也有其他職官共同司理其事，但巫儼然為靈魂人物。憑藉本職學能，巫不僅只彰顯人們以祭祀崇奉神、鬼的核心意義，

祭壇示意圖

也具體展現人們祭祀神、鬼之目的。

對巫而言，祭祀場合正做為展現自我職能的重要舞臺，因為：⑴巫於祭祀之際匯聚了神、鬼、人三方之靈與氣息，使彼此交感、共融。⑵巫於其時具體地反映人對神、鬼之虔敬，以及人對神、鬼的祈求。關於前者之實現，在祭祀的分工上，巫主司禮迎與恭送神、鬼之靈。此一職司之本意，並非僅是為了昭彰神、鬼之靈已然存在，已然降臨祭壇享祀。其更進一步目的是在顯揚，透過靈對靈之迓迎，使神、鬼現身並接納了人們虔誠禮敬，神、鬼與人之間意念的和合。就一般人想像，神、鬼不是應該無事不知，無處不在？只要秉持「祭神如神在」之精神，不就足夠了？誠然，神、鬼確實事事皆曉，處處皆在。但如果不能肯定神、鬼已顯其靈，欣然現身享受禮敬與祭祀，則祭祀者必然內心存疑，也減損了祭祀的功能與價值。因此，巫的作為就是保證祭祀時神、鬼真實蒞場。其次，因為已接納巫行禮致意與迓迎，神、鬼能翩然靈降，也就表明祂們領會了人的期盼。從而，人對神、鬼的祈求也才可能實現。

商代的祭祀中，巫如何行其儀禮以迓迎神、鬼，使祂們歡愉靈降享祀？雖然無法確

切，惟如能稍加揣摩，或嘗試懷想其場景，一則有助體悟隱含於其中的意義，一則也略窺巫如何反映祭祀神、鬼之精神。巫迓迎神、鬼之靈蒞降享祀，其所行儀禮約如下（以祀天帝為例）：⑴屆臨祭祀既定時辰，金鐘、玉罄聲響數次，以昭告天、地眾神靈，祭典即將於祭壇舉行。⑵行迎神禮，由男巫踏禹步，女巫行舞步，分別迎接五方尊神降駕，恭請彼等分就其方位鎮壇，以期此次祭典神聖、祥和。⑶巫、祝就定位並向上天行叩拜禮，祝告今日祭祀目的，祈請天帝聖鑒。⑷行迎主神禮，（司）巫、（大）祝手捧書有天帝之神的牌位安放定位，以崇奉之。⑸巫、祝高舉著神旛進場，明示眾神靈侍駕天帝蒞場。⑹獻供盛裝於神盤之各項祭品與主神位前，以禮之敬之。⑺燔柴升煙，正式昭告天、地、人三界，祭祀於焉啟始。

祭祀時迓迎神、鬼之儀禮，為何必強調巫的角色與功能？因為，可以靈與彼靈相通者，才為彼靈所知，為彼靈所識，為彼靈所認同。易言之，在彼端的神、鬼之靈，只知此端的巫之靈，只識此端的巫之靈，只認同此端巫的身分。所以，祭祀時需藉巫所能交感與靈通神、鬼之靈，迓迎彼等。巫迓迎來神、鬼之靈，既烘托了祭祀的精神、內涵，也踏實了人們對彼等的想像。祭祀時，並非所有與祭者皆可以意識出神、鬼是否存在，但巫必須要能稱職表現，因為仍有「明眼」人在場。所幸，人能內心真誠，外表和順，禮數周全，神、鬼必然也不會失敬於人。

除了祭祀時的迓迎，巫也在其他職司上發揮其靈通能力，顯示對神、鬼之禮敬。《周禮・春官宗伯・司巫》：「凡祭事，守瘞」。祭祀時，將牲醴(禮)、玉器，以及宰殺牲醴時收集的血液與毛髮埋於地下並設專人守護，此謂之「守瘞」。守瘞係為獻供，其意義在於：⑴祭祀時，祭品當獻於天帝，獻於眾神者，燔之於柴上。與此同時，雖然祭祀的是神祇，人內心並未遺忘對鬼靈之敬意。因為想像彼等處於地下，人們遂將牲牢及血、毛埋之，使鬼靈也能享祀但又與祀神區別。《禮記・郊特牲》云：「毛血，告幽全之物也」。⑵獻供牲牢及血、毛於鬼靈，意在祈求能得彼等護佑，使萬物生息不止。⑶守瘞之意，即以巫的本靈守護牲牢及血、毛等祭品，並向鎮壇神靈表意，請求恩准鬼靈順利享祀。

人死後深埋於地並成鬼，從而鬼靈與地祇關係密切。殷商之際，在祭四境的地祇時也兼祀鬼靈。《周禮・春官宗伯・男巫》：「掌望祀、望衍，授號，旁招以茅」。望祀、

望衍並非王庭的主要祭祀，其所祀對象有二：⑴遙祭四望、四瀆等—《孔子家語・正論解》有云：「三代命祀，祭不越望」。夏、商、周三代，國君命令（諸侯）可以祭祀的範圍，不能超越視力可及之地域。因此，「望」就轉變為遠方的地域神之稱號。祭祀望、瀆（河流神）等地神，其儀式、牲醴簡要，祀時以能向四方遙望處設壇行祭。⑵祭四境及極遠之無祀遊魂—除鎮守所轄之境，地祇也被視為兼撫域內孤魂野鬼。望「衍」之衍如同「厭」，意為飽足。男巫遙祭四方以及望、瀆等地神，授予、稱揚彼等名號並虔心禱祝之，祈望祂們永靖四境幽靈。於此同時，在祭祀諸地祇時，祭壇邊另立一處獻供祭品，並豎立綁著茅草的杆子，由巫祝說靈章、咒施法食，招請眾幽冥前來享祀，以期轉化。時至今日，道教的齋醮科儀仍沿襲此制。藉望祀、望衍之祭廣濟滯魄，充分彰顯冥、陽兩界一體同心，也成就了巫匯聚天、地、人三界之靈的功德。

（三）巫藉感通神、鬼治疾除病與消災解厄

除感通神、鬼之靈外，為人治疾除病也是巫的職能之一，因為他們兼具社會生活中

的智與能，深受信賴。《說文解字》：「醫，治病工也。……古者，巫彭初作醫」。人們依巫治病，體現了古代巫、醫不分，以及醫淵源於巫的事實。《周禮・大聚》：「鄉立巫醫，具百藥，以備疾災」。雖然具備各種藥物，但嚴格地說，巫的醫療應該只是針對一般意外傷害，或者常見、簡單的症狀，如傷風、中暑、腹瀉之類。除此之外，對未曾經歷或罕見疾病，巫應該難以瞭解，也無法診治。特別是，古代還沒有細菌或病毒對人危害之認知，一旦發生傳染病（瘟疫）只能任令其肆虐，認定這是神、鬼的意思。因此，古人既相信人的疾病與神、鬼有關，這也擴增了巫的社會使命，誘發了彼等以另類療法治病。

篤信神、鬼之靈無處不在、無所不能的時代，人們很自然地相信彼等會作祟於人的說法。基於此，以藥物一時無法治癒，也難以確切病源以去其疾時，巫常循著自我意識或直覺，將病因推定係受害（制）於無形（界）。例如，「癸酉卜，子耳鳴，唯癸子害」（《花東・二七五・五》）。乃至於逢疑難雜症，面對困惑、棘手之病情時，巫的對策可能是：(1)以患者受制於神、鬼之靈解釋其病因；(2)以祭祀和禱祝祈請神、鬼協助去疾；(3)會通

神、鬼開立治癒之處（藥）方，採行這種治療法或治療途徑謂之「祝由」（術）。

祝由之名始見於《黃帝內經》之《素問・移精變氣》篇，所謂：「毒藥不能治其內，針石不能治其外，故可移精『祝由』而已」。以及「先巫者，因知百病之勝，先知其病之所從生者，可『祝』而已矣」。祝由即禱祝其因由，此法係巫以言詞虔敬地與神、鬼之靈溝通，請求示下患者罹病因由，以便循此祛除其疾患。祝由之連音（合音連綿詞）即古音之「咒」，所以祝由即咒（術）。巫以咒術治病，其程式為：⑴先祀神、鬼並行儀禮及祝禱；⑵向神、鬼之靈陳明患者病情；⑶祈求神、鬼之靈明告或查清患者病因；⑷感通神或鬼靈回應、告知之病因及治療法；⑸請求神、鬼之靈開立應施以病人處方；⑹神、鬼開立處方有時也會出現藥物以外的「偏方」。以祝由治病非僅是應用祝或咒而已，巫有時尚需輔以其他技巧，這也就是後世「符籙」產生與興起的原因之一。

咒術治病發揮效力，不在於其過程，也不在於施術者或病患對神、鬼的虔敬心。咒術奏效，主要在於巫者感通以及會通神、鬼之靈的能力。換言之，巫謀以咒術有效地為人驅疾治病，關鍵在於：⑴巫能否交感神、鬼之靈並有效傳達病者所患；⑵巫能否感通神、鬼之靈如何回應病者疾患；⑶巫能否全然地感通神、鬼之靈為病者開立的處方；⑷處方中如需佐以非藥物者，巫是否有能力充分運用。以上這些都是巫實力展現，也是咒術治疾成效的充要條件。祝由（術）其後為道教所吸納並廣為流傳，即便至現今依然可見其蹤跡，並未滅絕。

除了以祝由為人治療疾患外，巫也運用它消災解厄。所謂災、厄即人的身體或精神上承受之苦楚。人遇災、厄，可能導致身體的病痛，也可能造成內心或精神上悲苦，或兩者兼具。災、厄雖然已造成傷害，但在人的生理與心理上可能反映其現象，這是顯性；也可能未反映其現象，這是隱性。不過，通常受災、厄者還是可以令人感受其身體和內心之困苦，明顯呈現出備受煎熬的狀態，特別是遭遇不明原因而致身體內、外有疾患或有殘缺時。現如今，逢他人境遇極其悲慘或身、心痛苦難耐，人們習慣也以遇災、厄視之。災、厄從何而來？人犯災、厄也許是先天或後天疾病造成，但也許無法讓人看穿或摸清其原由。對靈通者而言，如能客觀地審視受災厄者，有時竟會有靈光乍現之感，瞬時感應出此人受苦的原因係來自無形界。由於無形界靈力強烈地沖撞，受災厄者元靈頓時遭

到傷害，連帶使其身、心也無法舒暢，苦不堪言。

災厄從何而起？無形界靈力如何傷人？在施展其能力靈通神、鬼時，巫以「見」著神、鬼之靈的像，或（同時）感應彼等之靈氣為準。其像不論，神或鬼靈不僅各有其靈氣，也各異其靈氣。神、鬼的靈氣是一種磁場（力），不僅可以讓靈通者感應彼等之存在，也可以對一般人的元靈產生作用力。雖然與人的元靈彼此各異其界，但神、鬼之靈仍可以其靈氣攪擾或妨害，或者直接衝擊人的元靈，此一現象謂之「煞」或沖煞。煞即「殺」之意，乃是一種無形界的機制，亦即無形界的「捍衛者」為防範彼界受干擾，或者為了排出已受干擾所引發的一種防禦機制。因此，人的元靈一旦侵擾了無形界，便會遭受來自無形界靈氣的強烈衝撞（擊），既使靈體受傷，也造成身體、形骸反常，其輕者感覺諸般不適，其重者或因此而致病，這種情況在現代稱為「犯煞」。對當事人而言，犯煞就是「災」，就是「厄」，也可以說是（受）「劫」，或者是（受）「難」。一般人認為，受煞者係遇凶神，其實是自己對無形界干犯在先，沖撞了無形界所設防禦機制。在犯煞上還有須注意者，人會犯煞遭未能善終或冤死之厲鬼所致較常見，遇凶神較少。總之，巫憑藉對彼靈氣感應，可以分辨、判別所面對的神或鬼靈是否帶煞。換言之，如感應彼神或鬼靈具斲傷之厲，則當必帶凶殺氣，極易使人受災，使人遭厄。

人是否犯煞，有跡可尋，其浮現之徵兆如下：⑴臉色慘白，印堂（兩眉之間）隱隱發青；⑵兩眼無神，心神恍惚；⑶身體忽冷忽熱，頭部脹痛；⑷夜晚惡夢，難以入眠；⑸嚴重者瘋言瘋語，完全喪失心智。雖然犯煞者的身體與精神確實異於其平常，但僅看外表有時也很難斷定已犯煞，除非遇極有經驗的巫。此外，也有犯煞者並沒有即時徵候，只在身體或精神上偶感不適。如此說來，所犯之煞如屬於潛藏（伏）的，則不會有立即且明顯徵象。

對如何會受沖煞，乃至於是否已沖煞，災、厄因何而起，人們無從認定，但巫則不然。首先，巫當可明顯看出會招致沖煞之現象，並設法令人趨避。其次，對不知所以然受沖煞者，巫則要能詳查係受何種煞所沖，且應通曉以何方式可化解。其實，人們存趨吉避凶的觀念與作為就是在「避煞」，也是積極預防可能來自於無形界的傷害。證諸殷商之際，人們凡行大小事都會先求神問卜以明吉凶，顯然已有避煞觀念。《周禮・春官宗伯》：

「男巫掌……。王吊，則與祝前」。在王外出弔唁與喪祭時，男巫就和（喪）祝走在王之前，其目的就是直接為王擋煞。

人們都知道神、鬼之靈利與害皆存，但卻很少人思索祂們為何如此。神、鬼之存在，顯然不只作為人的心理寄託與精神仰望。多數人都時時期盼，祈望神、鬼能回應自我現實上的希求。例如，順著天地運行、四時交替而辛勤耕耘，人即能存活。但人心還是常感不安，總在渴求與懇請，萬望掌管大自然的日、月、星辰、風、雨、山、川等一切諸神能盡如己意，長顯赫赫威靈，使風調雨順、歲稔年豐。既享受人的崇敬與奉祀，乃以其靈與氣降臨人間，行使職能回應人們願望，這是神、鬼於人之利。然神、鬼於人之害，則在使人犯煞或（受）沖煞。但這卻要歸咎於人妨礙了神、鬼威靈，或者冒瀆、干犯聖神，或者攪擾、阻滯厲鬼，或者危（傷）害了其他生靈，從而彼等不得不表態並以其靈、氣反應之。準此以觀，如能體會並信從彼等意圖，則人們自然得蒙護佑，而神、鬼也就理當有百利而無一害矣。

犯煞是遇神、鬼已現彼等之靈或氣時，人既無能力感通，也不知應禮敬，或不知應迴避、閃躲以致受沖。神、鬼現其靈或氣，即表彼等正在執事，不宜侵擾。如喪葬場合，必有冥界鬼靈處於期間，體虛氣弱者自然容易受煞。神、鬼之靈或氣皆是一種可感知的「存在」，人憑自我能力具體、明確感應之後，予以分辨、認定其為神或鬼。人感知神、鬼的存在，可以是見著其形影，可以是內心生強烈震撼（對神），可以是頭皮發麻，可以是頭部刺痛，可以是全身起雞皮疙瘩（對鬼）等情境。當然，上述情形是針對靈通者而言，一般人並無此條件與能力。緣於此，一般人容易犯煞，而靈通者既能感應神、鬼，當知如何應對彼等之靈與氣，因而不致於受沖或受煞。

感應神、鬼之靈的存在，就是感受到彼等引起的震攝或寒顫。但因為無法靈通，因此這種現象對一般人而言幾乎不會發生。對人而言，神、鬼所以造成震攝或寒顫，除了因為彼等具有靈、氣之外，還因為祂們也能產生「磁力」並形成「磁場」。由於磁力與磁場特性之差別，神、鬼給予靈通者的感應顯然也各不相同。如果靈通者感通（知）的對象先後皆為神，或同時為神，此時彼等會分別具像或者具形，使祂們被辨別出不同靈、氣所屬或其展現者。至於鬼，能感應者亦可區別其相異處。存哀怨、憤懣、悲戚之情，這

是鬼予人感覺。確實，鬼的靈與氣也都各適其情，使人在感通彼等時，心境瞬時即起附合。

論其靈、氣來源，或者磁力、磁場形成，神是受人供奉與敬拜，日益積累其神聖並容納天、地間之靈與氣所致。至於鬼，壽終而逝者一則長享後人祭祀，一則魂、魄已各有去處，人自然不易感應彼靈、氣，其為鬼當不至於厲。孤魂野鬼，如能佔據好風水地理者已得天、地之利，其為鬼雖仍存靈、氣但亦不厲。凡屬厲鬼當必帶凶煞，究其因多是：⑴死非其時，死無歸所，魂、魄不得安寧之死者；⑵冤死、屈死、莫名死之人，其魂、魄堅不散者；⑶生前即屬作惡多端者，死後魂、魄常擾亂生人，繼續危害人間。

為了使人瞭解如何迴避凶煞，免受神、鬼之靈與氣所沖，巫內心頓生更積極策略。於是就形成一種說法，人除了要認知神、鬼實有外，還要意識其所在（方位），以謹防與彼等靈、氣相沖。畢竟只要是正撞，受神、鬼煞氣所襲，凡人未必能僥倖免災。是故與其冥思苦想設法善後，不如事前防範。自然之山、川、田、土，人為之城、屋、井、灶，古人認為皆有其神，或者鎮守或者護衛，以防外靈侵擾。從而，凡入山者必不任意亂墾濫伐，臨河川者亦不輕率污染其流，乃至家中爐灶不敢燃燒柴火以外之物，此率皆內心誠敬其神，感彼功德。而行經墓地者，亦被告以當小心翼翼，迂迴繞過，避免騷擾安息於其中之鬼靈。總之，人要想豁免受無形的兇神或惡鬼所傷，就要知道如何順服彼等威靈，謙避彼等鋒芒，絲毫無任何冒犯的言行舉止。

神、鬼滿布於無形界，也可以說彼等就相對於有形界的人而存在。換言之，人的周遭，不為神之所在，當即有鬼，現或不現彼等靈、氣而已。神、鬼既有，且皆有所在，但人憑何得以意識之從而迴避其煞？除建立自然、人為之物皆有其神的意識外，巫另傳輸了彼等在處也各有其方位之概念，此即神、鬼「座向」的論說。所謂神、鬼的方位或座向，乃是其定位（點）與面向。關於神、鬼的座向，有定位與不定位兩種情況。自然之神的面向與定位，由彼神尊自定。人為之物的神，有時囿於空間或需被挪移，立處即其座向與定位。

先是，人們知曉東、南、西、北四方皆各有神。其後，察覺有遺漏，亦即人雙足立處仍有一方之神，此為中方。如此說來，神靈存在於廣大空間，除了天界、地界既有的諸尊神外，另有五方之神。換言之，東、南、西、北、中五方位也都立有神在，以捍衛該領域。

為了容易意識出方位神，於是人們便萌生以五種顏色—青（東）、赤（南）、白（西）、玄（北）、黃（中）代表該方，使人注入五方位在在有神的印象。接著，人們再創造以五行—木（東）、火（南）、金（西）、水（北）、土（中）相配，以表各方位之神的屬性。乃至於將五方之神定名，使彼等人格化。人賦予諸神以表徵，乃至後來還衍生出其他設想，如五行相生相剋之說法。以這些意識演繹神性，人所懷想的是：⑴益增神靈的本質與內涵，活化與豐富祂們靈性、靈氣；⑵使人更容易識別神靈，瞭解應如何親近祂們，以符合自我需求。

不論如何，切忌與彼等對沖，這是禮敬與親近神或鬼靈的心態與法則。人受沖（煞）的原由很複雜，除了正面受沖之「正沖」外，又還有所謂「偏沖」，但這種論調都是人「加油添醋」。總之，因為人也有靈、氣，但定性不一且有時強有時弱，其能量無論如何都遠不及神、鬼。務實地說，不致與彼等對沖，就是當立足面向祂們時，人能盡量避開正對，以免一時承受不住襲來的神、鬼之靈與氣而受傷。不和神、鬼的靈與氣迎面相對，這是最基本避煞、避沖原則，能知該如此者，反而才是禮敬神、鬼。存心避煞就能避沖，反之亦然。至於已遇沖煞之對策，不外乎：⑴制煞—制止其煞，避免人因受煞所引起的災、厄持續之。⑵化煞—化解其煞之影響，消弭人因受煞所生災、厄。

先將人已受煞的靈、氣復原，這才是制煞、化煞正確途徑。巫憑藉與神、鬼感通，運用「祝由」祈請於彼等，此固然可助人終止靈、氣之傷，減緩其災、厄。但制煞、化煞的根本之道，更在教導人如何復甦及強化自我靈、氣。失魂落魄，情緒起伏，難以控制自我，這些是人因為犯煞而靈或氣受損的明顯特徵。此外，受沖煞也會出現其他異狀，諸如：⑴魂不守舍，眼光呆滯；⑵意識恍惚，心緒難安；⑶精神錯亂，言語反常；⑷身形憔悴，行為怪異。雖然，其體能已因不飲不食而羸弱不堪，但受煞者有時仍具蠻力，以至於突發自我傷（殘）害時難以制伏，當謹慎防範。

思考如何安定受煞者已損傷靈體，回復其因此而喪失之精、氣、神，此為助其制煞、化煞的要務。現今多依精神科醫師開立藥劑，使其寧靜、鎮定，但古時的巫則係藉術以「靈療」沖煞者。首先，觀察受煞者靈體受損情形，由其言語內容、行為舉止可以看出，受煞者意識是否清楚，是否仍理性，是否可抑制其已急躁、激進情緒。如果情況不樂觀，要留意其行動，隨時看護。其次，交涉致煞之靈，與彼對話，理解、滿足其需求。值得

一提，受煞者有時不僅是靈體受傷，甚至也會存在外靈入侵之可能。外靈入侵的現象，除非遇上乘通靈者，一般很難察覺。未能查明受煞者已受外靈入侵，有時想復原其靈體，或施以種種制煞、止煞之功亦屬徒勞。

再其次，行祓除、儺舞、桃茢等儀禮，以這些表像性的儀式與除凶納吉之術安定人心。祓除是除垢、淨身及去凶、去災的儀式。儺舞是巫戴著鬼面具唱與跳（舞），意在驅鬼和去邪。桃茢是揮動以桃枝為柄用蘆葦編的掃帚，表示掃除不祥。上述行事本有固定時機與場合，旨在為人們作事先防禦，對治潛在危害。《周禮・春官宗伯・男巫》：「冬堂贈，無方無算。春招弭，以除疾病」。（男）巫在冬季年末時，送走隱於家宅內的邪穢，愈遠愈好。春季年初時，招請瑞佑之氣，弭患於無形，除疾除病。各種求福禳災之術意義相同，只要擇一或合併運用，巫便可以此為靈療平臺，帶領著受煞者歷經驅邪和解煞過程，在無形中安撫、安定其受傷的靈體。

再進一步，要誘之飲食，以強化犯煞、沖煞者體力。因為，唯有不斷補充營養成分，人的體能才會好轉，靈與氣也才會逐漸復甦。但凡體能改善者，自然情緒平和，加以只要睡眠沉穩，其人必定心安神靈。總之，在不停理氣調元下，受煞者精神也就旺盛，充滿著朝氣，再也不懼無形的干擾或影響，無形之中就能制煞、化煞，消災解厄。

三、巫活化神、鬼信仰

平心而論，殷商的巫與其技能也促成了其他專業，諸如：醫術、舞蹈、戲劇等之萌芽。而巫文化在社會的作用力，更衍生陰陽、五行、堪輿、命相等與神、鬼神祕色彩相關的術數。後世道教，不容諱言，也是以巫的各種術數在社會之流動為其鋪排，為其開先河。歷經數千年，巫的流風與遺緒仍鮮活於現今社會，既未異其形，也未變其像，一如三千多年前在古國所見。細觀時下坊間巫的傳人，固然仍作為靈媒但名稱卻各不相同，惟彼等所施展之技能，其本末源流率皆斑斑可考。繼繼繩繩，前有古人開啟，後有來者相承，凡事才能延續不斷。巫作為靈媒之先行者，憑其努力，賴其技能，活化了人們的神、鬼信仰。

至於對巫活化神、鬼信仰的表述，因囿於必須限縮闡述內容，僅專注於彼等如何以可見、可知的卜（或筮），或以不可見的靈通，引導人們堅實內心之神、鬼信仰為析論範疇。

期盼巫展現其職能並活化人們的神、鬼信仰，始終要立足在兩個基礎之上。首先，巫要能與神、鬼相互感通，乃至會通彼等意思，這是為了助人達到某項目的，或為了完成祂們與人的共同目標才有可能。例如，巫為了某人之某事對神、鬼虔心祈請或懇求，而祂們也接納並作了回應，有了這一歷程才能進入感通與會通的境界。雖然如此，也會有神、鬼跨越其過程直接示意於巫，而巫也在瞬時即感通與會通祂們諭示。其次，感通雖各有境界，但即便並非至極者，巫也要能無礙地交感神、鬼之靈，且需使己意能全然地傳達於祂們並獲回應。

巫可無礙地交感神、鬼之靈，始能確實地為神、鬼與人之間的媒介者，其涵義在於：(1)真能感通神、鬼之意，非依揣測，係巫實心體悟彼等意圖。(2)神、鬼與人之間應存在實質「對話」，否則盡如人所欲，未必符合神、鬼所想，盡如神、鬼期盼，恐人又力有未逮。(3)經由彼此對話，使人意與神、鬼之意間平衡，才能產生具體結論，這必須經由巫真實的交感與靈通予以完成。(4)雖然，未必所有的巫都可到達這種標準，只能想像彼等諒必皆有如此條件與能力，次次都能成功、完美扮演其媒介者角色。能如此，巫或者巫所具靈通神、鬼智慧，方可完成人們對神、鬼的想望，具體、深刻地活化人們的神、鬼信仰。

（一）巫解析卜、筮，定義神、鬼示意

卜辭中，雖然常出現王卜、王貞、王占之辭，有學者認為既「親自」卜問，且兼作巫之事，則商王應該也是巫。例如，「王占曰，『其夕雨，夙明』」（《合集・一六一三一反》）。「丙子卜，王貞曰雨」（《合集・一二一七六五》）。「王占曰霧」（《合集・〇〇六四一反》）。雖然，卜辭中的王占之意，有可能是商王以主事者身分，在稟明欲問之事時，巫感通神、鬼對王的示意。或者，這是商王在祭祀神、鬼及行卜後，巫對所獲回應的感通。即便以實際論，（某些）商王確實對神、鬼有交感與靈通能力，但這也並不足為奇。因為，神、鬼、人三者皆為屬靈者，巫雖常人但以其靈特異並得傳其術於有師，故可靈通神、鬼。巫的靈通之能與術既可受惠於他人，則商王或許亦能如巫般得遇人師，受傳術數，開啟

其靈通神、鬼之門。就整體與實際情況而言，殷商卜問仍由專職與專業的巫行之。

行卜過程，容或王並諸大臣環伺，實際交感而且求問，以及感通神、鬼意思的仍然是巫。其個中原由，係基於：⑴當事人自行靈通並感應神、鬼之意，因為存在人為意識，有時所獲結論容易偏頗。因此，行卜仍由巫司理，避免商王主觀判斷。⑵如果商王自己就能事事靈通神、鬼，也就能及早感應，如此則不必大費周章再煩勞巫用事。⑶卜辭中常見「商王有夢」，此即意味著神、鬼雖與其交感或給予啟示，但商王未必能解其夢，仍須透過巫卜問。⑷以實際求問及靈通神、鬼的經驗論，有些事神、鬼未必見得會透漏給當事人，因恐為其所疑。又或者神、鬼知道，即便告訴當事人也不會被採信。⑸雖然由巫卜問，但卜辭中仍多王占、王貞之紀錄。換言之，商王之所以自行或參與卜問，此全係欲對該事親自感應神、鬼之意。以上論點，前後並無矛盾，這就是神、鬼之事玄妙所在，其高深莫測之處，非常人所能想像。

至於「貞」，也是卜之意，《說文解字》：「貞，卜問也」。有學者主張，「貞」是再次確認，有偵測或校正之意。例如，《周禮・春官宗伯・天府》：「季冬，陳玉，以貞來歲之惡」。換言之，貞是（之前）已經卜問過，或者該事已經有了感應、跡象，經再卜以釋其疑。例如，「貞疾齒，唯父乙害」（《合集・一三六四九》）。問牙齒痛，推斷是父乙引起。「貞疾舌，求於妣庚」（《合集・一三六三五》）。卜問舌頭有疾，要向祖妣庚央求。

禮敬、奉祀至高無上神明，古代帝王慎之又慎。《禮記・表記》中，引孔子言曰：「昔三代明王皆事天、地之神明，無非卜、筮之用，不敢以其私褻事上帝」。夏、商、周三代明君祭祀天、地及諸神靈時，都要先行卜或筮，不敢草率地以私自主張或想法禮敬上（天）帝。換言之，有關祭祀的時日、牲醴、儀禮等各項，都先尊（問）過神明，並依卜、筮結論為準。

帝王何以如此重視卜、筮？《禮記・曲禮》釋之曰：「卜、筮者，先聖王之所以使民信時日、敬鬼神、畏法令也，所以使民決嫌疑、定猶與也」。早先的賢明君主之所以強調或重視卜、筮，這是因為它代表一種態度，可使人臨事都能審慎以對，並懷「信」、「敬」、「畏」的心理。與此同時，也可讓人想到事有疑問或猶豫時應如何決擇。推崇卜、

筮，仔細思考之還有更深層意義：⑴認定卜、筮結果（論）就是神、鬼示意，也是祂們意念的真實反映。⑵勸說人當知禮敬天、地，以及恭謹於神、鬼，不宜妄自尊大，任隨己意。⑶灌輸人凡事知先稟知天、地與奉告神、鬼，則天、地、人合意，無形與有形界和合。⑷「疑而筮之，則弗非也」（《禮記・曲禮》）。凡事既有疑就卜、筮之，則民眾不致非議，且既經卜或筮，此事必能順利實施。

人們總想請求神、鬼行使強大威能賜福或免災，盡如自己所需，惟無法確定是否如願，也無法得知何時才會顯現。因此，除了嚴肅而敬謹地卜、筮並感通彼等示意，人無可如何，只能仰望神、鬼安排。人循誠敬之道上侍神、鬼，遇事憑巫虔心卜問，以體察神、鬼意思為尊。神、鬼之意既係經巫傳述於人，然而：⑴信巫所言，即等同信神、鬼？⑵或者，信神、鬼，當即信巫所言？⑶倘經卜問且神、鬼雖已示意，但求問者仍有未明之處，巫當如何？⑷其事已經卜問，但巫未能完全感通神、鬼之意，又當如何？自始以來，人們對巫的角色應該很容易發想出以上疑問。平心而論，這些都是巫必須用心琢磨的問題，畢竟自我靈通神、鬼是虛或實其最核心之處就是這些。上述疑問，即使不能向他人表露，但巫也應該時常尋思，設法找答案。

巫謀以卜或筮具體感通神、鬼對某事之示意，有時不見得順遂。最常見的情形，巫可能有感通，但不知神、鬼之意，或者可能連感通也沒有。於是，常出現要再次卜、筮。雖然，再卜或再筮都有助於巫釐清或驗證神、鬼意思，但卜、筮兩者各有不同原則。以龜卜問事可以反覆占卜，有時一事會連卜數次，而且每灼一次龜便於兆象邊刻一數字，以標明此係第幾次的卜兆。行筮占問事於神、鬼，因占者既已策出其數且已成卦，則彼等示意理當已明。

一般會以為，因於卜兆不吉，所以再次灼龜卜問。其實，再次灼龜卜問是因為對前一問事的感通不足，於是卜者遂稟請神、鬼再度示意。但如果真是對前一卜感通出不吉，則再次灼龜時巫就會變更稟問內容。換言之，其事依這樣做既不宜，如果換個做法可不可行，請神、鬼再次表示意思。這就好比現代人在廟中跋杯（擲筊）就某事求問，如果神明始終沒有允杯，於是就調整、修改其事之作法再稟，看看神明怎麼應答，一直到出現允杯為止。能隨事制宜，人們知道藉調整其事再求問，或自訂其事作法請神明表態，也不失神、

人兩者各取其便。

至於筮占，其原則與龜卜又有不同，《周易．蒙卦》釋其原則：「初筮告，再三瀆，瀆則不告」。以筮占策數時，神、鬼第一回（揲出其數時）就已示意。真不清楚，頂多另筮一回。如果要再到第三回，就褻瀆了神明，而所得感應也不真實。換言之，巫既然問了，就應該尊重神、鬼意思，而且已有了感通，就不要多疑。

殷商卜、筮，向重灼龜甲行卜並以之為主，筮占為輔。何以如此？典籍如是載之，《左傳．僖公四年》：「卜人曰，『筮短龜長，不如從長』」。歷來對此之解讀，莫衷一是，但都未能直指核心。有人以為從兩者歷史論，筮占短，龜卜長，所以選用其長者。但占卜方式既可選擇，就是論彼此可獲致之靈通度，所以與其歷史長短無關。所謂「筮短龜長」係指，筮占者策數之時程較短，很快就可得卦象。筮占者策數時程既短，則全程感通與體會神、鬼意思時間亦短。反觀龜卜，自起始灼龜至見兆象時程較長，且可反覆灼龜，卜者可以對神、鬼再三感通。從兩者比較，應該選擇可感通神、鬼時間較長的龜卜。

卜或筮，以一問（事）一卜、筮為之。如同現代人在廟中求籤，一籤只問一件事。巫之卜或筮，其原則、程式、判別準據有三：⑴（可）先筮而後卜—卜以灼龜見（兆）象，筮占以揲蓍策數。理論上凡大事先考慮用卜，卜優於筮。此淵源於古人見解，探求事物時象、數之次序不能倒置，凡是應先視其象，而後再求其數。《左傳・僖公四年・疏》有云：「是數從象生也」。然而，筮占雖然是策數，但是筮者也是先感應或感通無形，有了神、鬼示意景象或印象之同時方得其數。因此，在實務上也可以直接先筮而後卜，當先筮占並得吉卦時便可不必再卜。如先筮非吉（卦），則再行龜卜以重新感應之。⑵卜、筮不過三—龜卜並非一次即感應出吉兆，一卜不吉可再卜，三卜如仍不見吉兆，就應中止，但可另擇吉日再卜。⑶卜、筮不相襲—先筮而後卜，筮之見吉則可不卜。筮之不吉，可以再卜，如果卜之不吉，就不能再筮。

乍看之下，卜、筮是憑兆象或揲蓍所策之數（卦象）解說吉、凶。但巫實際傳述的是，在獲得兆象與卦象過程中，其與神、鬼會通之結論。換言之，當在卜、筮過程中，針對巫之求問，實際有一「神、鬼敘事」的場景在進行，只是常人無法「眼見」而已。至於神、鬼敘事之內容，一則既依事的可行與否，一則也依巫個人條件，給予答覆。理論上巫本人，

即他或她要能「眼見」此景，或十足感通神、鬼所示現。但巫的「條件」如果不足，所領會(受)的就只有片斷，或者僅見模糊景象。從而，巫只能臆測或猜想神、鬼示意之內容。

如果為了要在「問事」時求能有明確感通，我們是否可設想這事應由彼巫，而不由此巫行卜？換言之，如果感覺此巫個人條件、經驗似乎不足，在感通神、鬼意思時，他會不會果不其然就因此失真而有誤解？事實上，卜巫是有等級的，《周禮・春官宗伯・敘官》：「卜師，上士四人。卜人，中士八人，下士十有六人」。所謂等級，理論上是依照卜巫的年資、經歷，以及組織制度與規範認定。但更務實的定位，在於巫能與無形界交感的層級，以及可感通之境界。《周禮・春官宗伯・敘官》適足以說明之，「凡以神士者無數，以其藝為之貴賤之等」。在靈媒團隊形成與運作上，低階之巫因自身所具「知」與「見」較淺，一則處於觀摩與學習者地位，一則接受高階者領導並為其助理。容或對高階者實力帶著猜想，但低階之巫對高階者始終服膺其「實力」，內心常存敬信與景慕。

比較龜卜、筮占，人們應該會有何者較值得信賴的疑問。龜卜現徵象，被稱之為「圖像巫術」。應用龜卜，既非因為龜甲具有靈性，也非因為卜巫灼龜甲後，裂紋能顯示神、鬼示意。換言之，依龜卜問事時憑裂紋判其意，絕非以神、鬼的意思遂使裂紋走向如此，或如彼。龜甲裂紋旁刻辭，此係卜巫在灼龜過程中，對所問之事經神、鬼回應的具體感通。筮占是迭次策得數字後，依序以符號（爻）表示其數，並且由下而上排列成卦象，有人名其為「數字巫術」。同樣地，筮占的結論，也是在揲得其數字過程時，筮者對所問之事經神、鬼應答的具體感通。因此，卜、筮何者值得信賴，應視卜或筮占者個人對神、鬼感通能力強弱而定。

此外，「殷人重卜，周人重筮」之說。這是因為卜、筮的特性使然。對所問之事行筮占時，係將揲蓍每三次所得之數分別紀錄，前後經六個三次揲蓍之數畫成卦象，再對所畫的卦象予以解析，言其吉、凶。有別於龜卜，筮占的結果因為有數也有象，古人遂發展出爻繇之辭，以明得失。「繇」，同籀，卦兆之占辭。其實，卦象也是圖像巫術。因為，畫成卦象就是將連續策得數字予以圖像化，並以圖像代表之意義，詮解感通所得。總之，也許是基於對龜卜信任度的降低，或者因為筮占過程與結論可有卦象為憑據，所以出現周（代）人重筮之說。比較巫解析神、鬼示意之基礎，以及人們對巫所傳述內容的信任，

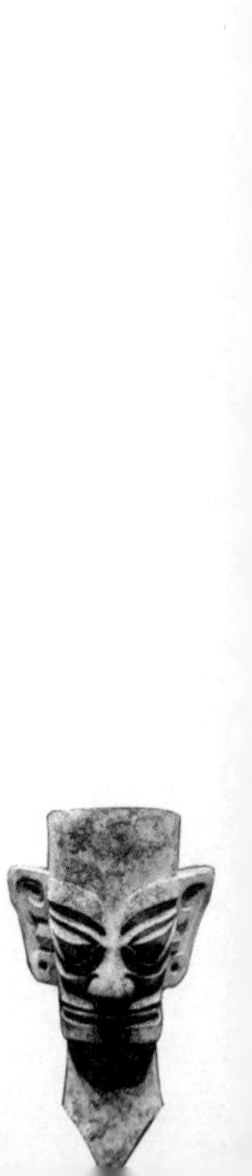

筮占會優於龜卜。因為，未必真要能極致靈通神、鬼，只要靜心揲蓍，再就所策之數轉成卦象並對照卦、爻辭，巫即可有憑有據論斷事的吉、凶。

（二）巫感通神、鬼，詮解無形奧祕

綜合殷商的神、鬼信仰，以及總結商王與神、鬼之靈連結的具體經驗如下：(1)人欲謀求神、鬼順應己意，懇祈祂們垂愛，行禮祭祀並獻上豐盛供品允為經常之舉。(2)在祭祀上天（帝）時，商王以自我祖先配祀，視祖靈為神靈。(3)因於血緣、親情，商王百般依賴已神化之祖靈，為主要卜問對象並不時祭祀之。例如，「乙卯卜，貞，求禾，自上甲六示牛，小示□羊」（《合集．三三三一三》）。(4)人可以藉靈媒主動交感和感通神、鬼之靈，祈求彼等降澤施恩，央請祂們解惑釋疑。(5)做為靈媒，做為神、鬼與人媒介者，巫擁有智能可上傳人們敬意於彼等，以及下達祂們對人們求問之回應。在探詢或解析神、鬼對人們求問的示意時，巫最常運用技能為卜、筮。(6)以卜或筮方式探詢神、鬼示意，其實只是巫的表像作為，真正理解祂們示意途徑是巫的本靈與神或鬼靈間之相互感通。(7)

卜巫對神、鬼之靈回應與示意，有時為了避免誤解，或者深怕隱約不明，會從正反面詢問，以確認之。依據卜辭所見，有些巫感通神、鬼之能未臻圓熟。例如，「丙午卜，韋貞，生十月雨，其隹雹？丙午卜，韋貞，生十月不其雹，雨」？（《合集‧一二六二八》）「貞，王夢隹（唯）大甲？王夢不隹大甲」？（《乙編‧三〇八五》）⑻鬼夢、沖煞等，這些是神或鬼靈施影響力於人的方式，但不為人們所樂見。⑼甲骨文中「鬼」字和「畏」字形狀相近，顯見鬼很可怕，除了自己的祖先例外。

神，從示從申。所謂「申」，指的是天空中閃電形，古人以為閃電變化莫測，威力無窮，所以稱之為神。神的本義，就是神靈。神、鬼之靈具有神祕力量，因為：⑴祂們無形、無像，所以來去自如，也可以在暗中維持或扭轉一些現象，使之按照或不按照既定發展，於是一切境況就會因此不改變或改變。⑵祂們在冥冥中隨時決定，助或不助人，人是否具足虔敬恭謹之心只是彼等考量之一。以上述原因解析神、鬼神祕力量，不論時空背景如何，都是可信的。有一些倖免於重大意外者事後透露，瀕危時彷彿感覺獲一股力量援

甲骨文—神

救，遂得以免災。也有涉險之際本應罹難者，千鈞一髮中竟能單獨擺脫危害且安然無恙，如未蒙神、鬼恩遇，豈能如此僥倖。

如此說來，神、鬼應敬，因為向彼等祈求賜福與庇佑有時會實現。神、鬼應畏，因為彼等是否能施威助人，總是令人揣度。有人以為，祭祀神、鬼是討好及賄賂祂們，期盼彼等能滿足自我需求。其實，神、鬼既屬無形，那裡會在意人的有形獻供。但祭祀者的種種表現，舉凡莊重儀禮、豐厚犧牲等，雖口稱仍顯誠意不足，都具體表現了內心的虔敬。特別是在祭祀時，人又常以祝嘏之辭極盡盛讚神、鬼，並貶抑自己，期望仰蒙彼等垂憐。人雖如此這般地榮耀神、鬼，但神、鬼未必真會「禮尚往來」。神、鬼至為公正，如何回應人所期盼，仍端視其人內在德行，而非依其外在做作。《伊訓》有云：「惟上帝不常，作善降之百祥，作不善降之百殃」。

巫以卜問探詢及理解神、鬼意思，以祭祀運作和反映人與神、鬼關係，這兩種作為都是交涉祂們的途徑。關於探詢及理解神、鬼之意，巫的特能既在卜問，理論上高階的巫應明確，斬釘截鐵道出對神、鬼之靈的感通。惟低階的巫有時只能粗淺領會，未必能清晰、明確地感通神、鬼示意。例如，「貞，婦好夢，不惟(唯)父乙」(《合集・二〇一正・賓》)。「貞，王夢，不惟(唯)祖乙」(《合集・七七六正・賓》)。此二例推測皆屬再次卜問，巫貞卜後的感通是，婦好不只是夢見父乙，商王不只是夢見祖乙，二者皆未能道出所夢究竟有哪些父祖，卜巫感通仍顯不足。

卜問是人向神、鬼之靈交涉，祭祀則是人對神、鬼回應的酬答。於此，必須格外強調，祀典時神、鬼顯靈或現身境況，才是人對神、鬼之靈酬答的反映。換言之，祭祀的核心目標，並不在體現祭祀者種種禮敬之意涵，反而在於神、鬼能否到場享祀，接納人的誠心，這就有賴巫彰顯其智能。因此，我們可以得出具體印象，以卜問交涉神、鬼之靈，以祭祀酬酢對祂們的致謝，這都須要藉巫盡使渾身解數，央請受祀者確實臨降，哂納人們所獻供。

事實上，巫在臨其時、臨其事之際，不僅在能感知，更重要的是感通與會通神、鬼之靈。感通是知悉神、鬼之來，了然彼等臨降目的。會通是融通神、鬼來意，從而也能進一步將人的意念向祂們陳述。巫的本職與學能，就是要在神、鬼與人之間如實地傳輸

彼此意思。如實地傳輸就是傳「真」，既無偏頗也無疏漏。由於神、鬼委實神祕莫測，讓人難以知悉彼等是否已接納或如何接納人們的祈求。從而，我們應持此認知，巫應該是能井然有序地述說彼等意思者，特別是能堅定、清晰且合理地告知，神、鬼對人們祈求的回應與處置，始稱會通神、鬼，傳真於彼此。

既皆存在於無形界，神、鬼必屬無形無象始能相容於其間。惟神、鬼並非僅以其靈、氣與磁場存在，有時仍可現其形和象，使人知、「見」其為神，或為鬼。神、鬼之所以如此，在使巫感通時有所本以便判別。在與巫交感時，現或不現其形和象，神、鬼自有判斷。至於準據何在，只有神、鬼知曉。巫遇無形界的神或鬼靈，應霎時即可感應，既可感受彼氣之屬性，也能辨識彼氣特徵，知彼來意為何。巫有能力「見著」神、鬼者，則更勝一籌。對神、鬼的感應，必有其情境，巫無法以人為意識創造。換言之，必須感應出神、鬼顯靈或現身始為真實，想像其存在，未必確切。但是，神、鬼之靈已然存在或顯靈，惟巫竟無能力察覺時，則又作別論。

遇神、鬼之靈，巫通常先感受其氣，同時內心亦隨之感應知有神、鬼，接著會取決於個人條件，進入程度不等的感通。巫對神、鬼的感知在彼等之氣，這種氣既是一種磁場，也是一種令人震攝的能量。神與鬼的磁場，予人不同之感應。但較低階的巫內心雖能有感應，未必可確切分別是神或鬼靈降臨。換言之，固然能感應其靈，有時也能對彼等行禮或致意，但要能對神、鬼進行感通，尚需視巫個人條件與能力。如果真能在內心持續感通，巫便能體會神、鬼意思，理解此次彼等為何顯靈與現身。總之，在與祂們交感時，因為神、鬼各有不同的磁場，於是巫便又累積出經驗，這就成為之後分辨與靈通神、鬼的基礎。

神、鬼皆為無形，巫為何有能力區別？凡人皆具「有形」與「無形」的生命成分，同時存活，分屬在有形與無形的空間。人在有形空間存活的是「肉體（身）」，在無形空間的則是「靈體（元靈）」。所以，人的存活：⑴包含兩部分，肉體的存活與靈體的存活。⑵肉體與靈體共存與共融，互相依賴。巫的靈體特別靈敏，可以感通神、鬼之靈，乃至見著神、鬼之靈。巫為何異於常人，原因何在？巫的靈體特異，有些（巫）也許是得自上一輩遺傳，先天具有。當逢其機緣，受「高人」予以「點化」遂使巫靈體特異能力顯現，得以發揮。高人即極盡靈通者，點化就是時下坊間所謂的「點靈」、「開（起）靈」。必

須說明的是，有些人雖靈體特異，但未遇見高人點化有時也無法發揮。未遇見高人點化然而靈體卻特異者，有時反受無形界神、鬼之靈干擾，徒生「苦惱」。

人知有神、鬼，多數是得自他人傳播，雖然說者言之鑿鑿，但聽者往往將信將疑。不過，當偶而出現冷不防的莫名驚異時，人內心也會頓生聯想，周遭是否真有神、鬼。《荀子・解蔽篇》云：「凡人之有鬼也，必以其感忽之間，疑玄之時正之」，說的就是這現象。當然，人也會刻意創造神、鬼的存在。例如，藉著祭祀並以不同的禮儀、祝詞、祭品敬意於神或鬼，並請祂們對號入座。換言之，這是人以自我意識想像及形塑神、鬼實有。的確，一般人當真可以見著神、鬼，只不過多半是在夢境中罷了。夢境中見神、鬼，未必是人的幻想，有時是人自我靈體與無形界其他靈體相遇。因此，人有時在夢中見到神，或者見到鬼，並非全然是假。

人的肉體無法進入，只有靈體才能登入靈界。巫的靈體異於常人，不僅是因其靈體的靈敏度，還因其靈體的自由度。就靈體自由度而言，常人時時刻刻靈體和肉體都是合一的，偶然分開造成失神（元靈）只是瞬間或遇特殊情況。但是極少數的巫，其靈體有時可與肉體短暫分離，登入完全屬靈之無形界，和神或鬼靈相會。雖然其靈體已登入無形界，但該巫的肉體意識仍清楚、正常，沒有出現失神狀況。關於，本靈是否離體，是否登入無形靈界與神、鬼之靈交感，其「能耐」極致的巫又如何？能耐極致的巫，憑心念就可央（召）請到神、鬼，與彼等順暢感通，無須煞費周章以靈和祂們交感。能耐極致的巫，在與神、鬼之靈感通上雖沒有時限，但仍會因其個人條件、能力決定時間長短。

如果進入靈界，其實是一片黑暗世界，有些通靈者未必能以其本靈目睹當中景象，只能憑靈對靈相會後的感應來辨別神、鬼。因為沒有形象做參考，所以有些巫的本靈在辨識神、鬼之靈時就會失準，乃至於無法判明。從而，巫的靈體就無從告知肉體，彼此相會之靈為何，這多半是因為巫的靈體在經驗、能力上仍嫌不足。巫的靈體無法識別神、鬼之靈，或者有時也是因為彼等並不想讓巫知道自己身分。又或者，神、鬼之靈知道巫的本靈來意，但此事不想讓巫涉及，所以有意隱蔽自身。

綜上所述，不言而喻：⑴殷商之際，商王所以對一事要分別行卜或筮，乃是因為想求真（知），遂以不同的巫分別探詢神、鬼之意。神、鬼對同一事的示意應有一致性，但

商王知道，每個巫領會神、鬼意思的程度都不等，且未必每次都能詳實感通，於是要採多數人占卜，設置級別不等的巫。(2)雖然神、鬼對同一事之示意有一致性，但是如果卜巫的能力如同「瞎子摸象」般，就會造成甲巫與乙巫所卜結論不同。當然，這是針對低階者而言，如果是高階的巫則不會有這現象。高階的巫，對神、鬼示意可以快速、全盤領略，就如同以明眼看象，既能分辨其大小，也能道出其性別。

無形界的神、鬼，雖看似無從描繪彼等形象，也無法盡述彼等特性，更無法解說彼等在無形及有形世界所施之影響與過程。但神、鬼雖在無形界，其形象樹立在人間。其特性，不論是可敬或可畏的，都深植人心。其所致影響以及過程，不論是隱或顯，必都悄然而至，常使人措手不急，不明就裡。神、鬼之靈的威能極玄祕，無形界對有形界引力也極奧妙，自古以來躍然紙上之描寫不計其數，活靈活現事例代代傳誦未曾歇止。無庸置疑，無形的神或鬼靈必然可以在暗中左右有形的人，產生難以言喻的牽引。不僅如此，一旦人感受出此一非比尋常的作用力時，必然詫異、驚訝、讚嘆不已，不斷稱奇無形之神妙，使人衷心信仰神、鬼存在。於是，這時就更要依賴巫對無形界情狀的通達，不但要能理出一套脈絡或體系，更必須發揮其「真知」與「灼見」予以合理解析，使人們折服並堅定其內心已常存之神、鬼意識與信仰。

例如，在一般民間的喪葬場合中，除了逝者「魂帛」外，也會在旁立個歷代先祖的牌位。這是因為，（自古）傳說人在死後，靈魂會聚集到祖先所在之處，如同在無形界的家族又新增了成員。因此，喪葬時另立個祖先亡靈的紙牌位，以接引新逝者亡靈依附於斯，回到親人懷抱。從這個事例可以說明，如果不是經由巫對無形界的充分感知，則對神、鬼之靈的許多儀禮，既無法做出適宜安排，也無從圓滿神、鬼、人之間關係，更無法造就有形與無形世界和諧。

（三）巫會通神、鬼，兼理祈福禳解

以舞迎迓神、鬼時的巫，不僅只是不停地移形換步，口中應該還會不時吐出奇怪話語。巫起舞，其表徵的意義有二：(1)舞是巫與神、鬼之靈交感時，由於內心湧現無比虔敬之情，體內之氣乃源源不絕積聚，於是透過軀體與四肢運（律）動，將激增的氣逐步釋

放。(2)在與神、鬼之靈持續交感過程中，由於彼此心意互通，巫遂順情地由口中吐出（神祕）話語，以表對彼等尊崇。巫以舞迎迓神、鬼，不僅兩腳奮力踩著步伐，其雙手也附帶著比劃。從外觀上看，巫的舞步或手勢都充滿著力道和架式，在男巫是虎虎生風，女巫則剛柔並濟。巫舞，多半隻在前後左右小範圍內遊移，至於其持續時間，則視巫與神、鬼之靈交感情形而定。總之，千變萬化之巫舞，巫的肢體動作既非制式也沒有標準規範，主要在讓自己順勢抒發體內之氣，充分達成與神、鬼之靈的交感與感通。

迎迓神、鬼時的巫舞，因其步伐別具意義，浸至道教乃有「禹步」之稱，並以步罡踏斗為其內涵，係「道士」交感神、鬼之重要儀禮。在舞蹈時，巫口中常會說出奇怪話語，這是巫與神、鬼之靈交感時，自然地由口中說出。此時巫口中所說，有可能就如同平常說話，但更多是連自己和其他人也不懂的話語：(1)這種聽不懂的話語，一般人並不熟悉且無法理解，在現今則以「天語」或「靈語」名之。(2)巫口出之天（靈）語，有可能是向神靈致意，也有可能是向幽冥祈求、告解，或者是在陳述與神、鬼交感目的與請求事項。(3)為何巫會說天語？這在靈通神、鬼者很平常，屬於自然反應。巫為何要說靈語？有可能是因為神、鬼與巫之靈想隱密，想遮住正在交感的內容。(4)天語也有可能是因為巫不斷地與神、鬼之靈交感，其胸中充盈的氣必須予以外吐，遂使聲帶順氣流通而自然發聲。(5)巫說天語時，其姿態、氣勢與平常說話大相逕庭，而其語調也忽高忽低，真不知是神、鬼之靈在說話，或者是巫在胡謅一通。(6)除此之外，巫在說天語時也會出現不同腔調，人們都認為這就是神、鬼之靈現身。其聲音細尖而偏高者，這是女神靈降。其聲音粗曠而平抑者，則知男神駕到。(7)俟與神、鬼之靈交感結束，如果能理解自己所說天語，也確切知道自己與神、鬼之靈感通內容，巫會將剛才自己口中所說奇怪話語向他人解說。如果巫也不瞭解自己到底在說甚麼，則無法向他人解釋天語的內容。

雖然不能判斷巫在交感神、鬼時的話語，但旁人對其說話的神態、語氣都會帶著猜想，認為這就是與神、鬼之靈的對話。凡是巫所說的話，人們少有存疑，深怕要是有質疑，就是對神、鬼的不敬，藐視彼等威靈。平心而論，巫在感通無形界靈體後，確實會受一股力量驅動，使他們不得不舞，也使他們不能自已的說話。換言之，在與異界之靈交感那一刻起，巫便表現出迎接彼等靈降的渴望，流露出自我內心的虔敬。確實，因為真要有神、

鬼靈降，才會促使巫既聲勢驚人又威風八面，既有血脈賁張的肢體動作，也有歡欣鼓舞的語言以迎迓祂們駕臨。雖然凡人無法得見，但在無形世界正上演著精彩一幕，呈現巫的本靈與神、鬼之靈如何相會，彼此之間那種喜悅和歡愉氣息，又豈能言傳。這種「事實」也說明瞭，何以現代的乩身起乩後，有時猛操「五寶」已達鮮血淋淋，但仍呈欲罷不能之勢。

商王經常就巫向神、鬼卜問人與事之吉、凶，也誠意獻供與行禮祭祀，足徵在精神、心理上對神或鬼靈的仰賴。而巫不時地靈通神、鬼並傳述祂們昭示，也寬慰、安撫了商王內心，紓解其諸多疑慮。但人對神、鬼的企求和想望，總是不知饜足，沒完沒了。因此，經常要祈求神明賜福，懇請鬼靈解除災厄，這不僅是激勵人虔敬其信仰的主因，也是驅使人虔敬其信仰的動力。確實，人們要求助於神、鬼，常是因為生命或生活遭逢困境。無助、惶恐意識加深了人的謙卑心理，認為只有藉助神、鬼力量才能保護自己生命，平安過活。

面向神靈，人們總懷著愉悅的心理，因為祂們能賜予福慧。至於對鬼靈，人們則持不同想法，期盼彼等能夠永遠靜謐，不會作祟或生害於人，如果不幸蒙受鬼靈致災，則要行禳解。向神靈祈福與禳解鬼靈引起苦厄，看似兩回事，其實是一體兩面。畢竟，人能夠禳解一切來自於鬼靈所生災疾，自然就平安，也就是享福。「妣己害王」（《合集・二四三三》），「祖丁害王」（《合集・七七五》）等，這兩則卜辭都令商王難安，直接點名某位祖先（鬼靈）不利於己。商王祖先雖是鬼，但已然神格化配享天帝，理論上均備極榮寵，之所以仍生滋擾，只能解讀或許是在異界需用不足。逝去的祖先會攪擾子孫，因為在彼世界難以安息，這種說法迄今仍根深蒂固，牢不可破。時下許多已久婚且渴求子嗣的夫婦，經請靈媒求問後所獲解答，據說膝下仍空虛多係囿於祖先不悅之緣故。

但豈止祖靈，祖靈以外的他鬼也是商王夢魘。例如，「己丑卜，大，貞卜祟，其于王」。（《合集・二六〇九五》）「乙酉卜，中，［貞］卜不稱，祟我」。（《合集・二五九〇七》）上引兩則卜辭中，前者是問（鬼）會作怪、為害何人，答案直指作祟王本人。至於後者，雖未卜問出是哪位（鬼），但肯定會生事。不論是祖靈或他鬼，都使商王相信疾病、災禍，乃至於惡夢都成因於彼等。因此，祭祀鬼靈是禳解災厄之途徑。《周禮・天官塚宰・女祝》：「掌以時招、梗、襘、禳之事，以除疾殃」。「招」、「梗」、「襘」、「禳」

都是祭祀的名稱，由女祝負責並適時行之，其時機有定時，不定時者。招者，招取吉祥。榎者，災害未至，先祭之以預先防禦。禬猶刮去也，除災害曰禬。禳，除災殃之祭也。從字面理解，雖只能約略分別其性質，難以判斷這些祭祀內容的實際差異，但其意義應該都不離祈求免災與驅疾。

禳解之祭既以「祝」主持，從安排上看，其祭祀特性在於行祝禱。以頌讚與祈求的策略，向鬼靈致敬、懇求，使彼等因憐憫而不再降禍於人。「鼎（貞），求鬼，於□告」。（《屯南・四三三八・一》）禳解之祭既在防患於未然，消弭可能之災厄，其行祭規模與形式並未講求。人只要是感到驚恐、不安，雖不知是受何因素引起，依然可行禳解之祭。彼時之禳解之祭，及現今「收驚」。商王個人經常多夢或多鬼夢，以致於令其心神難安，惶惶不可終日。無疑地，消解來自無形界鬼靈干擾，正是商王行禳解之祭的要旨。

細忖商王鬼夢，其原因或在於：⑴多夢或多鬼夢，顯示已受冤鬼之靈糾纏。⑵入夢之鬼未必是祖先之靈，商王多征戰、殺伐，有些也許是戰場上敵對者之鬼靈。⑶對夢中的鬼靈，內心既憂慮彼不知何時會起禍害，也深怕此番恐不易息事寧人。⑷祖先之靈也真有可能入夢透露資訊，在夢中示警，預告其他鬼靈的討報。(5)夢與人的健康狀況息息相關，體內陰、陽氣失調，氣盛或氣衰，都可以致夢。惡夢連連，有時難免就是商王健康不佳的反映。因此不論原因何在，禳解之祭目的就是向幽冥界鬼靈表達善意，祈求彼此均安。

聖人既死，其靈當為神；惡人死後，則為厲鬼。這種說法不知確切起於何時，想必極其久遠。《左傳・成公十年》載：「晉侯夢大厲，被髮及地，搏膺而踊，曰：『殺余孫，不義。余得請於帝矣』」。晉侯（景公）夢見大厲鬼，披頭長髮竟可及地，搥胸頓足說道：「你殺了我孫子，太不道義！我已經向天帝請過命，前來復仇」。巫行卜後明告晉侯此兆大凶，恐危及性命。晉侯聞言頗不以為意，後竟一如巫所預示，不幸殞命。從上引這則紀事來看，我們應該調整一些對厲鬼的見解，也可以從中體會禳解之意義與價值：(1)厲鬼之孫既遭殺戮而死，也許就此中斷其家族血脈。雖是厲鬼，亦厲之有道，豈是胡亂尋釁。(2)厲鬼欲跨界前來尋仇，知晉侯冥冥中必受護衛，故先經稟告天帝。(3)厲鬼獲仲裁後始能報復，顯見無形的靈界也存有法則。(4)自卜問夢鬼之事至應驗巫的感通尚有一期程，此即讓當事之晉侯有足夠時間進行禳解。按今日民間俗話說，就是給晉侯有時間處理問題。

(5)晉侯不求禳解，對厲鬼既不表態也不願輸誠，從無形界仲裁者的立場論，只能順應相對之另一造，就此結案。(6)巫者既與聞其事且深知攸關生死，應該設法勸說晉侯尋求禳解，始為正途。

《禮記・祭義》曰：「眾生必死，死必歸土，此謂之鬼」。對鬼的闡釋，這句話只說了前半段。其實，一般人認知的鬼，很顯然地是一種無形狀態之「存在」。鬼是人死後將其肉體埋入土中，但未隨其肉體消逝於有形界的靈體則另去至幽冥界。所以，鬼是幽靈，存在於無形界。如此說來，鬼或鬼靈其實也就是你或他，或者我已逝去的祖先、親人。雖然已故去且在異世界，但據信祖先幽靈仍具福佑或作祟子孫能力。為了使祖先之靈不入幽冥，商王將彼等配享於天帝，如同神靈般奉祀，祈求庇護子嗣。殷商君王此一作為，其意在：(1)榮宗耀祖，顯揚彼此。(2)祈求祖靈降澤錫福，使後世苗裔國祚綿長。理論上，因為長享厚祀，商王的祖靈應該不生滋擾，但似乎也不盡然。

人們雖敬鬼，與此同時，內心又異常怕鬼，古今皆然。鬼是通說，泛指冥界幽靈，如同「人」係泛稱陽世間的你、我、他。人有善、惡分別，鬼靈也有不生事、無所求於人者，以及會危害、作祟、滋事的惡鬼，乃至極惡窮凶被稱之為厲鬼者。厲鬼從何而來？《禮記・祭法》曰：「庶人、庶士無廟，死曰鬼」。又《左傳・昭公七年》子產語：「匹夫匹婦強死，其魂魄猶能憑依於人，以為淫厲」。厲鬼，就是那些終生庸碌、糊裡糊塗就死者，既無法享祀、無處依憑，甚至因為冤死、橫死而不得安息，這種鬼靈既能附身於他人，又能生出可怕事端。如何知其為厲鬼？巫感應出此係厲鬼，並非憑彼呈凸目凹口，張牙舞爪之象。巫知其為厲鬼，係彼之靈令人感受寒意，隨後巫自己頭皮發麻，瞬間全身起雞皮疙瘩。此外，咆哮之聲與憤懣之氣，盡顯其不善罷甘休態勢，這也是厲鬼使人膽戰心驚的原因。而厲鬼述說其與仇隙者間各種恩怨，聽來似乎也難以善了。

深怕祖靈因怨嗟而生祟，也為了泯除、消釋各種鬼靈可能之妨害，商王以不同的祭祀謀求禳解，一則招吉，一則驅邪。祭祀雖以求福為本意，但亦蘊含袚除與禳災。為達此祭祀目的，不僅要備齊豐盛牲醴和供品，更賴巫在行祀禮時，如實地傳達祭祀者敬謹與虔誠之心於受祭者；以及祝在其禱詞中的殷殷懇求，使享祀者接納祭祀者萬分敬意，並俯允所求所願。行祭原屬鬼靈的先王，商代訂有特祭與例祭，除了規模不等外，祭祀名

目也多，各種行祭概況約略如下：⑴《周禮・春官宗伯》：「以肆、獻、祼享先王，……，以祠春享先王，以礿夏享先王，以嘗秋享先王，以烝冬享先王」。「肆」、「獻」、「祼」為祫，屬於大祭；「祠春」、「礿夏」、「嘗秋」、「烝冬」為時祭，屬於小祭。⑵無論大、小祭祀，巫和祝都要虔敬地向商王祖靈祝告一番，祈求彼等保佑國境清平，黎庶安泰。

此外，王室內部還有其他屬於祈禳與祓除類的祭祀：⑴《周禮・春官宗伯・小祝》：「掌小祭祀將事，侯、禳、禱、祠之祝號，以祈福祥，順豐年，逆時雨，寧風旱，彌災兵，遠罪疾」。⑵《周禮・天官冢宰・女祝》：「掌王后之內祭祀，凡內禱（祈福）、祠（報福）之事，掌以時招、梗、禬、禳之事以除疾殃」。⑶《周禮・春官宗伯・男巫》：「冬堂贈，無方無算。春招弭，以除疾病」。⑷《周禮・夏官司馬・方相氏》：「掌蒙熊皮，黃金四目，玄衣朱裳，執戈揚盾，帥百隸而時難（儺），以索室驅疫」。方相氏帶著假面具，全身裝扮，手持武器，率領上百從屬，依照時節跳著儺舞搜查宮室，驅除凶惡疫鬼。綜上所述，重重疊疊祭祀，相互交織的禳災舉措，鉅細靡遺地護衛著王室，一則具體反映了商王對鬼靈的敬與畏，一則也凸顯其力求祓禳鬼靈，方能使自己身、心、靈平安之信念。

殷商五花八門幾近令後人一知半解的祭祀，其實質應不脫藉豐盛祭饗與神、鬼之靈溝通，向彼等示好以求祈禳。雖然旨趣如此，但仍有必須澄清之處：(1)想對無形的神或鬼靈傳達自我意圖，這是人們祭祀之意義。從而，祭祀儀禮中理當有祝禱，以顯現人們初衷。祝禱乃以言詞向神、鬼之靈佈告，一則詠頌、謳歌神靈聖德，向彼祈請與懇求庇佑；一則訴請鬼靈斂跡、潛藏、閃避，這就是祈禳。(2)於此，我們可以體會，商王禳解鬼靈，係透過對神靈的尊崇及祈求護佑，謀藉神的威能驅使鬼靈遠避，銷聲匿跡。所以，祈福與禳解兩者祭祀理念與目的並無分別。(3)但是要能將禱詞有效傳達於彼靈界，則倚仗具條件、能力的巫。所謂具條件、能力是指，可與所祀的神或鬼靈會通，無礙地傳真彼此意思者。換言之，必然有巫因不能跨越其所受限制，遂無法適任對某些神、鬼之靈的祭祀。(4)禳是驅逐，解是解除，但解字亦含有和解之意。雖名其為禳解，但從實務上看，對鬼靈一般均偏重於祛除，缺乏和解思考。自古迄今，對鬼靈的態度少有改變，人們總求驅趕，想方設法避除其凶邪。《左傳・昭公四年》：「桃弧棘矢，以除其災」。持桃木弓或棘枝箭就可滅除鬼靈所生災邪，這種說法委實天真爛漫，不知鬼靈有何感想。(5)鬼靈應是

自我舊識或故人，不論與彼親疏遠近，恩怨情仇如何，冤家宜解不宜結。經實務上驗證，遇鬼靈時，當事人如自我靈（體）氣強，則鬼靈氣勢弱，不覺其害。但逢當事人靈氣轉趨衰弱時，則鬼靈氣勢即開始轉強並行其反撲，形同「厲鬼」。此所以鬼靈總是詭祕莫測，不可不解。

（四）巫祈請神、鬼剖煩析滯，諭示吉、凶

會通神、鬼之靈後，明確傳輸祂們啟示，這是巫的使命。巫最常啟動感通神、鬼之靈的時機，係受商王之命行卜或筮。龜卜或筮著，既是巫靈通神、鬼的媒介，也是途徑。而祭祀神、鬼時，巫誦念禱祝之詞，或者順口而出的靈語，也是靈通媒介與途徑。靈通媒介，就是靈通者藉以交感神、鬼之靈的術數。但實在說來，巫並不一定要依媒介方能交感神、鬼，也不一定要在啟動感通途徑後，才能領會神、鬼昭示。換言之，巫可以省略媒介，直接、瞬時感通神或鬼靈之意，但這要極高階的巫才有此能力。極高階的巫，其與神或鬼靈之感通，既無須藉媒介，也未必會被察覺出其程式。但是，一般的巫者還是依媒介

交感神、鬼，亦即仍以其術向祂們誠敬地請問吉、凶。此一意義在於，可以明示他人，巫所感通之結論均係神、鬼意思，而非由其逕自捕風捉影。

殷商王朝中，許多職官是為尊敬與侍奉神、鬼而設，彼等理應如同於巫一般具備靈通智慧，以利個人職司，掌祀典儀程與儀禮的「祝」就是其中之一。但靈通能力未必人盡可學，也未必人盡可得，人能否登入靈通之門，神、鬼自有選擇。這句話的意思是，因為某些職司並非確須具足靈通力方可，亦即其職務只在依據成規或章法行事者，則不容易有靈通力。我們可以篤定，除巫與卜、筮、占者外，殷商其餘侍神者未必皆能感通神、鬼之靈。巫、卜、筮、占者，以位階顯示其專業條件與能力，茲略述其生態：(1)依制需要卜或筮的名目很多，大、小事都有。但有些卜或筮求出結論，可以只用作參考也不致於有大礙，遂交由低階的卜或筮巫行之。(2)巫、卜、筮者皆有等級，其目的在使低階者佐理高階者並觀摩與學習。此外，為傳承經驗與技能，巫、卜、筮採行師徒制，以使後進者見聞習染，乃至取長補短，啟發自我潛能。(3)擁有靈通神、鬼能力是機緣，這是上天的恩賜。靈通神、鬼能力，雖可以經由學習或受傳獲得，但有時人師傳授的內涵，

與學習者所能領悟落差很大。⑷實務證明，靈通者個人智能之培成，不僅源自人師教導，更要來自無形界神、鬼的恩澤與提攜。

面臨窘境舉棋難定時，遭遇災禍惶恐不安時，戰端突起敵情晦暗不明時，商王都要乞求神、鬼諭示。屢屢對外興戰的商王，每逢舉兵都要命巫卜、筮，總想藉神、鬼威能預知敵我勝負。戰爭意味著無數人傷亡，大量生命即將犧牲，神、鬼會否預示何者必勝或敗，以利或不利其士氣？卜、筮巫傳述神或鬼靈意思的首要精神，那就是絕不可違背自我感通，否則必不靈驗。但巫既是常人，會否寧違己心也要蓄意隱瞞？緣此，巫、卜、筮者在行使其職能時，以下問題應該深究：⑴神、鬼之靈不計其數，不同靈通者能否就同一事，確實都求問到相同的神或鬼靈，乃至於祂也願出面主持其事？⑵同一事，受求問的神或鬼靈如確實相同，但有無可能感通者的領會各不相同？⑶除前述二者之外，靈通者是否仍有其他的感通也應令人有可質疑處？如何看待與應對以上疑惑，其實關係著人們對靈通者結論與感通神、鬼之靈的信任。

靈通神、鬼，無上神聖。認同並虔敬由巫者會通神、鬼所獲昭示，代表人們內心對彼等所傳述的信服。殷商設立神職官員，明定其各自所司理，肯定靈通神、鬼（者）的價值。《周禮・春官宗伯》：「大卜……以八命者贊三兆（玉兆、瓦兆、原兆）、三易（連山、歸藏、周易）、三夢（致夢、觭夢、鹹陟）之占，以觀國家之吉、兇，以詔救政」。國家的大卜，依八類命辭分別批三兆、三易、三夢之占辭，觀察國家吉、凶並向王報告，以利王改正施政缺失。

為了相信他們真實地會通神、鬼之靈，適用彼等示意，必須解決、排除巫者在行使職司上可能存在的瑕疵。對此，《尚書・洪範》中揭示了殷商時的對策。周武王承襲殷商政權後，就教治理經驗於紂王叔父箕子，遂有《尚書・洪範》之作。《尚書・洪範》指出，合宜運用巫的卜、筮之道在於：(1)巫行卜或筮時人數不可唯一，以免專斷。「立時人作卜、筮，三人占則從二人之言」。卜或筮只用一人，一旦感通差池，無從糾正。如以多人占卜，一則可相互校正，一則可形成多數決。(2)巫行卜或筮之法亦不可唯一，龜卜和筮蓍應並行，以除偏頗。行卜、筮時，其官計三人，每人各持一法。卜、筮之結論，若其中有二人言「吉」就作數，這也呼應前一原則，占則從二人之言也。(3)多面向感通神、

鬼，以防見樹不見林。設置不同的職官與屬吏，多管道感通神、鬼之靈，整合源自多元途徑所獲啟示，形成統觀思考。殷商可感通神、鬼示意的職官甚多，其名稱分別為：(1)專司龜卜—卜師、卜人、龜人、菙氏、占人；(2)專司筮著—筮人；(3)專司卜夢—占夢等。此外，另設有掌「十輝之法」的「視祲」，以及掌天上星象的「保章氏」。前者藉由觀天望氣，後者察看、紀錄天文景象，以判斷及反映各項人、事、時、地之吉或凶。

理論上，向神、鬼之靈求問並獲回應後，人們會思考應持何立場看待卜、筮巫所傳述。信之，疑之，或者疑信相參？這不是今人始有的意念，而古人亦何嘗未存此心思。從史料觀察，信賴巫並藉由卜或筮傾聽神、鬼示意，不僅是殷商體例，統治者也奉之為圭臬。如依《尚書・洪範》所載，既顯現了神、鬼之靈

王	卿士	庶民	卜	筮	吉、凶
○	○	○	○	○	大同
○	×	×	○	○	吉
×	○	×	○	○	吉
×	×	○	○	○	吉
○	×	×	○	×	作內吉，作外凶
○	○	○	×	×	用靜吉，用作凶

各方吉、凶見解與用事對照

示意的地位，也充分理解商王如何將其定位。換言之，箕子所述說準則，即曩昔商王對卜、筮巫的運用，一則肯定了神、鬼之靈示意，一則容或商王內心對卜、筮結論果真有絲毫疑慮，也已設法予以平衡。

《尚書．洪範》：「汝則有大疑，謀及乃心，謀及卿士，謀及庶人，謀及卜筮。汝則從，……龜、筮共違於人，用靜吉，用作凶」。臨舉棋不定、疑慮至深之事時，君主應靜心思考，徵詢職官、民眾意見，依巫行卜、筮，匯集各方對該事宜、忌見解。雖然，君王所處置都屬於人的事，也聽取了人的見解，但仍要向神、鬼求教。這種決策模式或機制，顯示了一項意義，那就是神、鬼從不隱瞞，卜、筮巫所傳達值得信任。因此，商王在審視各方宜、忌見解並決策其事時，卜、筮巫所陳幾乎為決定因素。

前揭《尚書．洪範》所述之原則如列表所示，表中「○」係認此事為「宜（從）」，「×」係認此事為「忌（逆）」。可以看出，凡行龜卜和筮占時皆顯示為宜，而王、卿士、庶民三者不論見解如何，其事被視為吉，宜於行事。若卜和筮巫結論有一方為忌，則表示其事存凶，應不予用事或限制其用事。

如此說來，商王在生活上，既離不開卜、筮之用，心態上也依從卜、筮之法，行動上更不違卜、筮之示。這種人文，所寫實的雖屬上層社會，但其思維與行為模式必自上而下，傳播於民間，所謂：「上行而下效，風行而草偃」。懷濃厚神、鬼信仰與意識者，常具以下特性：⑴每每延伸或擴大神、鬼靈驗，無限遐想彼等威能。⑵習於附會神、鬼對人影響力，以為凡事成敗繫於祂們認可與否。⑶不時豐富神、鬼世界內涵與色彩，逐漸添加、融入不同成分。⑷善於營造神、鬼氛圍，意味受祂們護佑即可避凶趨吉，長保安泰。

《禮記‧表記》云：「大事有時日，小事無時日，有筮。外事用剛日，內事用柔日，不違龜、筮」。在深沉的神、鬼信仰之下，謀求福避災惟彼等意思是賴，這不僅是殷商統治者施政的準則，也是歷代商王行事之基礎。「事」原來是祭祀，後來逐漸擴張其意，泛指各種事務。大事係國家重大祭祀，這一定要求（卜）問出時辰和日期，以現代的民間俗話就是「有時有日」。至於一般小祭祀，雖未定其時日，但還是要循例筮占之。所謂剛日、柔日，古時以十天干和十二地支相配記日，並將干支中逢甲、丙、戊、庚、壬居奇者，稱「剛日」。而逢乙、丁、己、辛、癸居偶者，稱「柔日」。例如，甲子、丙寅為剛日，乙丑、丁卯為柔日。在郊外行祭，擇屬剛日的奇數日。在室內行祭，擇屬柔日的偶數日。重要的是，不可有悖於龜卜和筮占所示。

巫行龜卜或筮占，註解人們的神、鬼信仰，建構有形與無形世界之互動。人們服膺卜、筮所示，既使自己相信能同神、鬼意思一致，也規範、形塑自我的信仰行為。因此，用事雖已符合剛、柔日原則，人們還是要行卜或筮問過神、鬼，以確保遵從祂們意思。如何筮占擇日以用事？其步驟如下：(1)先取一剛（柔）日筮之，如示吉則用。(2)如此日筮之不吉則依序擇次一剛（柔）日再筮，直至筮出吉日。這一嚴謹程式，十足顯示人對神、鬼的欽信。用事當審慎擇日，古人視為教條，今人亦不敢心存輕忽。今人用事擇日，其講求之要素與理論極繁複，然目的無非益增對神、鬼之尊崇，更周延地助己避凶趨吉。

選擇剛或柔日行外、內事，原屬殷商王室與貴族適用的準則，之後也普遍為人們信守。外事，原指國君在（郊）外的祭祀，後來則延伸至出兵對外征戰或巡狩，乃至人們外出田獵、遠行。內事，初係君王在（室）內的祭祀，其後也包含一切境內作為與活動，或者人們處理自家內部事務，如整治或修繕家屋。人行事的原則在求能順利達成目標，這

就是吉，反之則凶。事之吉、凶，本在反映一切天時地利，乃至人和等因素是否搭配。如此說來，因於自我缺乏信心力求事之吉、凶，或者也無此能耐，所以人遂虔心請求神、鬼決斷。

不離卜、筮之用，對神、鬼幾達倚賴地步，殷商社會風尚與民情何以如此？臨事求神問卜，並非愚昧，人心使然，恐古今眾人皆易如此。茲援引商王鬼夢致病為例，以概論人求神問卜之原由與心理：⑴遭逢難題，卻不知其頭緒。鬼靈入商王夢，係已逝去祖先想說事，還是另有他鬼？有何目的？人的夢境有時並不清晰，內容也欠完整。因為只有片段，鬼意實難理解，猶如丈二金剛摸不著頭，只能求問於神、鬼。⑵問題棘手，龜卜筮占憑解。鬼夢也許不是大事，但卻啟人疑竇，令人心驚。非比尋常地連番夢鬼且率皆惡夢，不容小覷，已使商王出現病兆。「庚辰卜，貞多鬼夢，惟疾見」（《合集・一七四五〇》）？由巫行龜卜或筮占，可嘗試解疑並尋找對策。「庚辰卜，貞多鬼夢，不至憂」（《合集・一七四五一》）。⑶私密問題，只宜求問神、鬼。屬於私密的困惑，例如疾病，不適合向他人求問。商王常為疾病卜問，一則卜其病源，一則卜其癒期。王遇疾或生病時行卜並求問神、鬼，重點或許不在心疑祂們作祟，以及向祂們探詢係何方神聖不悅。王如有恙，病因及病情都需隱密細查，悄然地療癒，不便公開。此外，有時經卜問預知己病治癒難易，這也使商王內心清楚病況，認真面對。⑷事在人為，仍望神、鬼助力。凡事必有前因與後果，此事能否水到渠成，當事人泰半已內心有數。行卜或筮占求問於神、鬼，不過安撫己心而已。但有時祈求於神、鬼，又未必不能使其事峰迴路轉。常見彼等顯聖實蹟，或令已病入膏肓者轉危為安，或使萬念俱灰者絕處逢生，神、鬼能救人之事例豈容置疑。

穿越時空，巡禮紀元千餘年前古國，省俗觀風，覽遍斯土斯民。源於濃鬱神、鬼觀，對彼等堅實的信仰意識，促成殷商多祀之習俗。《禮記・表記》：「殷人尊神，率民以事鬼，先鬼而後禮」。商王敬神，引領著人們祀鬼，先向鬼而後才行禮於人。如就字裡行間論，這句話有褒亦有貶意味。但就實情而言，不論是尊神或事鬼，從祭祀禮器之製作與使用，祭祀儀禮鋪排，祀牲準備與區分，殷人都表現出無限崇高的禮敬。雖然，致敬與行禮對象在無形界，但心理與意識不忽略對人以外「存在」之重視，人類社會從古到今都沒有改變，這也是有形世界文明與文化的重要內涵。

《尉繚子・天官》有云，「先神先鬼，先稽我智」。（莫）先求神、鬼，（應）先考察自己智慧。這句話意在鼓勵人，遇事時自我先判斷，不要急著求神問鬼。殷人並非欠缺理性意識，之所以好卜問於神、鬼，因為他們相信彼等確實具有威靈。特別是，神、鬼信仰中，過往的靈驗經歷會留下美好印象。於是，對神、鬼只要存一絲祈盼，就會放大想像。人的問題無數，難易不等，在我是大事，可能在他是小事。殷商時代，既然人們有事、有疑問慣例必行卜或筮占，領受其事的巫，遂虔誠代為懇請神、鬼剖煩析滯並議論其事吉、凶，以安慰人心。

四、神、鬼信仰滋育巫

雖然擁有智慧，也擅長思考且富於機變，但莫可奈何，人有時遇事也會內心愁苦、茫然，只能求告於神、鬼盼蒙鼎力相助。臨事迷惑者常一時失察，不知如何是好；能得神、鬼諭示，彷彿在四下一片漆黑中出現明燈，指引前進方向。但神、鬼不要人因迷茫遂不辨方向，祂們希望人能夠自覺，仍保持自我靈性，作有形界的主體者。實務上，神、鬼從未承諾人的乞求，只是點撥可行方案俾供參考，一切還須當事人用心斟酌。但多數人不做如此想，認為既已問事於神、鬼，焉可不聽從祂們指示。

於是，我們不免再次關切此重要問題，亦即作為神、鬼諭示的傳達者，巫有沒有誤人？首先，巫是否融會貫通神、鬼所示，反覆尋思，盡解彼等意思？或只是就自我感通傳輸祂們意思？其次，神、鬼敘事，井井有條，環環相扣，因果關係完整而明確。巫在感通時是否逐一記下，無所遺漏？有沒有掐頭去尾，只取其中？作為神、鬼與人之間媒介者，宛如一手托兩家，既自發己願承擔此責，巫理當步步為營、兢兢業業，始終精準與翔實傳述彼此意思。然而更重要的是，巫必須時刻心存增進自我智能，再再視他人苦楚猶如己痛，則神、鬼必嘉己心己志，除賜予遠勝他人之才具，也因為確能無負神、鬼與人所託而易增自我福慧。

(一)巫為忠實傳述神、鬼示意而存在

自意識出有神、鬼起，人即逐步體會：⑴人所在的是有形世界，神、鬼所在的是無形世界，兩個世界並存。⑵人雖傲視於有形世界，但無形世界神、鬼有時跨或不跨界，即可施其威能及於人。⑶換言之，即便有形世界之事也非絕對由人主宰，暗地裡反深受無形世界神、鬼影響。⑷於是，積極與彼等親善，設想仰仗祂們威靈造福自己，就成為人謀求與無形世界神、鬼交融之目的。

從遠古的兩個說法中，我們也可大約領會，人與神、鬼關係演變之歷程。先是，為了滿足緊密聯繫神、鬼的渴望，遂有「家為巫史」之說。「家為巫史」，意謂每家都有人自任巫、史，在家便可自行通神、鬼，不假他求。能簡便與神、鬼連結，確實有助人親近祂們。但每家都有巫、史，卻如同人人一把號，各吹各的調。人人都自說自話，認定自己所感通才是真神，且事無大小皆勞煩祂們，其結果無形中降低了神的尊貴。其次，再有「絕地天通」之說，意即常人隨意穿梭天、地之間，在地面即可感通上天諸神的能力受阻絕。如此，一則使人、神之間涇渭分明，彼此不再雜揉；一則確立天界之神聖，

熄滅了常人可任便、輕易地召請神或鬼靈的浮誇。

「絕地天通」後，重新確立了巫的靈媒名分，只有彼等具備與無形界神、鬼溝通之智能。巫的身分與地位，確實與其他司理神、鬼事之職官不同。巫必須經過有形與無形界認可，否則無法靈通於神、鬼。在有形界，巫有派令，受委任。要登入無形界，行其交感或靈通，巫也必須具（報）名，受驗證。作為神、鬼與人的媒介者，其感通能力如果可與日俱增，其中一項重要因素，就在於無形界予以漸次認同。無形界認同，就是對巫的肯定。從而，巫始能持續精進其感通能力。巫如何呈現自我已漸受無形界認同？巫在無形界受肯定，其卜或筮占則靈驗，其所傳述神、鬼諭示符合事實。

人既心存敬意求問事於威靈的神、鬼，凡巫代言之諭示，其答案或結論理應絲毫不爽，偶或不中亦不遠矣。惟一旦預言失準且受質疑時，常聽巫辯稱此係神、鬼示知，自己僅只代傳，靈驗與否與己無涉。此一說法合理否，是否托詞？茲援引卜辭數則，一以體檢殷商之卜，一以評斷卜巫靈通神、鬼的實質，以熟識巫卜，理解卜巫。(1)「貞，不隹（唯）父乙降凶」。不隹父乙係指不是只有父乙，但到底有那些，卜巫並未查問出。卜問時，

巫對神、鬼之虔誠雖無以復加，但顯然未必能益增對祂們的感通。(2)「甲戌卜，今日雨，不雨」。此卜，今天下雨，但驗辭是沒下雨。自然現象之生成或變化隨條件而定，神、鬼通常不會回應，不會告知何時下或不下雨。求問及請神、鬼預先告知天候，巫所感通之諭示未必真實。卜問結果如能應驗，巧合而已。(3)「辛未貞，求禾於高祖，燎五十牛」。求禾的對象應為地祇或天帝，高祖未必能作主。應依其事問卜於主司之神、鬼，或者就神、鬼卜問所司之事，卜巫在分際上並不明確，不知是否彼之感通對象受限。高祖是否已允諾穀物豐收?實情應該是沒有，所以燎祭五十頭牛。(4)「□貞，今三月，帝令多雨」(《前篇・三・三・三》)。今年三月，天帝命令多下雨。卜巫問對神、鬼，也問對事，但其時是否多雨則另作他論。

巫卜問於神、鬼，其原則有三：(1)明確求問對象；(2)陳明欲問之事；(3)請示事之吉、凶或其結果。試舉其例，「貞，帝不降大旱，九月」(《合集・一〇一六七》)。這則卜問，係向天帝求問是否有大旱災。經巫卜問出，天帝不會降下大旱，九月時天候就轉變。「帝令雨」(《合集・五六五八正》)。這則卜問，係向上天求問是否下雨。經巫卜問，天帝命令下雨。循著卜問原則，巫既有效鋪排了其與神、鬼間之靈通，也實現了求問者內心預知事情吉、凶的想望。

但卜辭中，為何有欠缺明確求問對象者，且比比皆是？如，「乙丑卜，貞，王其田，往來無災」。乙丑日卜、貞，王外出畋獵，去回都安然無災（《合集・二九〇八八》）。「今夕師無禍，寧」。今晚部隊不會有事？安寧（《合集・三四九九一》）。雖然，卜辭有省略求問對象的習慣，也可能是因為涉及卜巫背景與條件，無法感知是求問到哪一尊神或鬼靈。但卜問總是有感通，巫也意識出神或鬼靈已回應。於是，這就不能免除，巫有憑「假像（想）」判定卜問結論之嫌。換言之，雖然其卜問都按部就班，巫也以為與神、鬼間有感通並獲得昭示。實際上，不過是巫的本靈演繹了靈通之情境，卜問者既屬球員也兼裁判。雖非有意，但卜巫委實有可能偽造感通神、鬼的景象，使全程近乎自導自演。時至今日，依舊有與殷商卜巫雷同者。觀察某些道場乩身起乩問事，不僅與神、鬼交感極其順暢，彼此也呈頻頻應和之狀，但細看靈通始末，純然憑空虛構，一切皆乩身自我本靈創造。

卜巫是否真感通了神、鬼，常人並無能力辨別，即便巫本人有時亦不自知，何以如此？殷商卜巫感通神、鬼之情境又如何？茲引據典籍，以明卜巫感通神、鬼之梗概。依《史記‧龜策列傳》載，卜巫灼龜以卜並求問病因時，其祝禱之詞曰：「今病有祟，無呈；無祟，有呈。兆有中，祟有內；外，祟有外」。其意為，現在疾病受作祟引起，卻看不出；似非受作祟引起，卻呈疾病狀態。兆璺在內側，則疾病祟因出自（體）內部；兆璺在外側，則疾病祟因來自外部。卜巫誦念祝禱之詞，具有如下意義：⑴陳述問卜因由，稟請神、鬼示意。⑵與神、鬼約定，定義灼龜裂紋之意思。⑶卜巫既以兆璺研判（定）神、鬼示意，也以之為向他人解釋的準據。但問卜如依此，則卜巫即有可議之處，因為：⑴在灼龜過程中，卜巫本當會通神、鬼，準確地感知彼等諭示。⑵惟是否仍須如此，顯然已不重要。畢竟，卜巫亦可避開會通於神、鬼，只要憑據兆璺解讀即可。⑶神、鬼如果真有示意，但與兆璺所在不符，卜巫如何向他人解釋？是否擯棄神、鬼示意，純依兆璺？或是依神、鬼示意，忽視兆璺？

巫卜問於神、鬼並能明確感通，應符合以下原則：⑴卜問依照其事之需求—若循常理即可推斷其事結論，應毋庸求問於神、鬼。否則縱使虔心稟問，神、鬼也不予以應答。

⑵卜問應持真心實意—確實真有其事並想虔心求問，神、鬼必詳盡回覆。隨與卜問者，難以感通神、鬼。⑶感通依照巫的個人條件—每個靈通者都有其感通對象，並非所有的神或鬼靈，巫都能隨意感通。換言之，即便能感通神靈者，也僅只限於其中若干。⑷感通不可先行想像—欲行交感與感通神、鬼者不可存任何預先設想，應毫無所思並靜待彼等回應，以便開啟靈通之門。方神、鬼降臨必有使人怦然心動，不斷湧現景仰之情，此一情境可確信已真實感通彼等。而神、鬼諭示也必條理分明，顯示其周延完整，聞之令人內心肅然起敬，銘感再三。⑸感通後須設法驗證—為了防範交感過程潛在自我臆造，領會祂們諭示後，卜問者應依情、理、法面向反覆審酌自我所傳述內容之允當性，以驗證一切感通是否真確。

行筆至此，擬再深入殷商卜巫靈通核心，揭露彼等感通之對象。綜觀卜辭，因為多係為王而行卜，殷商巫者感通對象不乏為王之「祖靈」。殷墟卜辭常有「賓於帝」一詞，意思是將逝者英靈配享於天帝，立彼等為神以表尊崇、緬懷。配享雖屬從（附）祀，但與主要祭祀對象同受祭饗。除了使彼等永享（最）高規格祭祀，商王將祖先英靈配享天帝尚

有其他思考，一則希望祂們在天之靈能永恆地守護、庇佑子孫，一則希望當祈求天帝施恩降澤時，祂們也能從旁協力。又或者，配享於天帝的祖先英靈，就是巫者感通之主要對象。殷商時，以之配享於天帝的祖靈有先王(後)、功臣、賢巫(以其通神、鬼術見長)等，這些都是生前備受推崇、尊敬之人。相較於難以感知的自然界神靈，上述配享於天帝者都曾具體存在，從情感、心理層面論，巫自認對祂們應該比較容易感通。

逝者英靈受封成神並為殷商卜巫所感通者，其例如，「其寧風伊」(《合集・三〇二五》)；「貞，咸允佐王」(《合集・二四八正》)。前一例，伊使風寧靜下來。伊即伊尹，係功臣。後一例，貞卜，咸允諾輔佐王。咸是「咸戊」，亦即巫咸，乃賢巫。讓祖先英靈賓於帝，上封其為神，這是商王企望，惟如願與否，似乎並不能由人片面決定。「貞，咸賓於帝」(《合集・一四〇二正》)。這則卜辭顯示，經卜問後肯定巫咸賓於帝。「貞，太甲不賓於帝」。「貞，太甲賓於帝」(《乙編・七四三四》)。這兩則卜辭透露，先前卜問時太甲並不賓於帝，經「努力」後遂使之賓於帝。以賓於帝的諸先王(後)、功臣、賢巫等祖靈作為卜問對象，便利商王凡事好卜的需求。

《中庸・第十六章》有云，神、鬼「視之而弗見，聽之而弗聞」。巫憑何認定，所卜問即所祈請之對象？在實務上，靈通者對無形界神、鬼的感通：⑴對象各自不同；⑵對象雖不唯一，但亦有其侷限。換言之，除了高階且能力極致者外，一般的巫在行感通時，其交感對象經常固定。巫的交感或感通對象固定，其意義在於與同儕產生區隔，使有事求問於神、鬼時，既各適其事也各適其任。深究之，巫所以彼此的感通對象不同，原因在於養成與傳習過程，也在於個人特質。形成這種區劃或分野，全憑巫與各神、鬼之「機緣」，這是最普遍的解釋。

相信神、鬼能支配人的福與禍，無形淩駕有形，這種信念自古就已深入人心。緣於此，巫除了慎重其事地演繹彼等威靈，也逐步建構了人如何受無形力量牽引的各種論說。人類社會持續發展，有形世界事務日益複雜，人的需求更加多元。為了滿足人的諸般想望，無形世界也被賦予更多期待。憑其感知，除了往昔已知的自然界諸神靈外，巫更在無形世界增添、融入不同成分，如星宿、五方五帝等，豐富了神、鬼內涵。《周禮・春官宗伯》：「以吉禮事邦國之鬼、神、示（祇）。以禋祀祀昊天上帝，以實柴祀日月星辰，以

槱燎祀司中、司命……，以血祭祭社稷、五祀、五嶽，……，以副辜祭四方百物」。殷商王室厚祀與深切崇敬天地之間眾神、鬼風氣，上行下效。民眾耳濡目染，由行事知先擇日，進至各項行止舉凡婚喪、移徙、動土、破土、出行等等，莫不謹慎查問其時日之吉、凶、宜、忌。凡此，一則擴展巫的社會職能，再則使演繹與經理神、鬼之事分門別類，山、醫、命、相、卜，同源而異流。

芸芸眾生，少有不盼望長蒙彼等護佑，或時刻無不設想仰承祂們威靈求福避禍者，十足顯示神、鬼之靈受人信賴與依恃。水漲船高，因為攀附神、鬼，巫的形象與社會地位遂受尊崇。然而，巫當念茲在茲，以能確切反映神、鬼意思為職志。如力有不逮，則深負神、鬼、人所望。此外，作為神諭代言人，巫的自我認知必須清晰、明確，不容含混、曖昧。代言人，其實是廣義的說法。「全權」、「特使」、「傳達」三者都具備代言人身分，但彼此性質不同，當事人不可不察。全權是擁有全部權力的代表人，特使是臨事派遣的特別代表人，傳達是把一方意思如實地告訴另一方之人。全權者已領受充分授權，為達成使命通常可便宜行事。從心理、情感面論，巫最想成為神、鬼的全權代表人，退而求其次作為特使，再其次則為傳達。惟就現實面而言，人絕不可能代表神、鬼，也千萬不可心存一絲奢想，以免僭越。因此，全然領悟神、鬼諭示，敬謹、忠實地將之傳達於人，始終恰如其分地嚴守本位，此當為巫奉行不渝的準則。

（二）因其條件、能力巫有等級區別

既可靈通無形界，殷商諸王乃藉巫之智能，傳達己思並探求神、鬼意念，設想長享彼等德澤，永固自我權位。從而，經由會通神、鬼後，預知某事之吉凶、福禍、祥異，並向君王建言，乃為巫的職分。日常，巫為了祈福、驅疫、禳災所進行之各項祭祀，無非在表明人的衷心服膺與期盼，冀望神、鬼務必時時施恩，使眾人始終無後顧之憂。

除了要有「能」外，巫也要有「術」，方可有效祈請神或鬼靈降駕並予以感通，進而在完全會通彼意後，周延地向他人傳述。無形界有兩個面向，一個是天地神靈（界），一個是幽冥鬼靈（界）。不論對神靈或鬼靈，巫都要有能力搭接。就靈通者而言，無形界不是想像其存在，而是實質的存在。想像彼等存在，則神、鬼不生威能。必要確實存在，

神、鬼才會令人因感召彼等恩澤，內心真誠敬仰，進而常不由自主即五體投地。

神、鬼真實存在？相信神、鬼存在，基於人的自我堅定體認，與靈通者繪聲繪影之論說無關。換言之，當自我反想歷經某事之曲折變化，或者眼見、聽聞他人遇到某事時之跌宕起伏，豈止嘖嘖稱奇，內心亦不免萬般詫異，深知此絕非以「巧合而已」即可輕言帶過。不論是我的經歷或他人際遇，之所以不可思議，在於這些事絞盡腦汁、反覆推敲，依常理都不可能由人刻意造成，除非是神、鬼發揮了影響力。雖然如此，因臨事竟能轉敗為勝或化險為夷，其內心無限感恩，深知幸蒙神、鬼助益者固然爲數眾多；但對神、鬼存在之說深不以為然，且畢生不易己見者亦不乏其人。神、鬼是否存在，信者自信，疑者自疑，待到其時，自見真章，毋庸多言。

為何巫得以感通神、鬼？感通神、鬼，先要能感知彼等存在，不論是「眼見」之或「體感」之，或意識之。感知神、鬼，本係人之潛能，但此一能力絕大多數人始終未被啟迪，無法發揮。但有極少數人天生異稟，即俗稱之「陰陽眼」或「靈異體質」，彼等自幼即顯現其感知神、鬼能力。陰陽眼可見神、鬼之形或像，靈異體質則可感應彼等之靈、磁場，嗅出彼等氣味。至於能意識神、鬼者，常兼具陰陽眼與靈異體質兩者之特性。神、鬼現身之剎那，陰陽眼可以捕捉彼等的像或形。但神、鬼影像稍縱即逝，陰陽眼如欲看清所見係屬何方聖駕，則需靜心、虔心祈請，彼等通常會再次極短暫地浮現影像。至於對靈異體質者而言，神或鬼之靈、磁場所生感受各有不同。方神靈降臨時，其靈與磁場瞬間即致人起敬心，而其氣勢陽剛並令人有祥和、莊嚴之感。至於鬼靈，其靈與磁場叫人寒慄，其氣息陰冷並帶幽怨、淒苦之情，使人內心頓起哀戚。意欲前來尋事之鬼，盡顯怒不可遏之氣，使人感受到一股絕不輕易息事寧人之敵意。

具感知神、鬼之能者，若得遇「高人」啟發、點撥，便可促成其感通能力。所謂高人，一則其「身分」已受無形界認同，一則擁有教導、傳承、授予門徒智能，幫助他人步上感通途徑，習得靈通神、鬼術數。換言之，人雖有源自天賦的感知神、鬼能力，然而仍須從師學習，經逐步培育、造就始能跨越鴻溝，取得連接無形界之身分。除任教席外，人師的另一層意義在護佑、保薦門徒，使彼能順利「通過層層試煉」並受無形界接納，最終不僅能適情、適緣地靈通神、鬼，其靈並可通徹彼無形界情狀。

巫採行學徒制教育，人師以口耳相傳方式教授其術數。《周禮．春官宗伯》：「男巫，無數。女巫，無數。其師中士四人……，徒四十人」。經由良師的傾囊相授，詳實引領，理論上門徒可由感知進而感通，再進而靈通神、鬼。易言之，在其師不遺餘力，嘔心瀝血施教下，門徒當能盡得真傳。然而師徒之間教學的實質，乃至最終教育成效，未必盡如理想。其根本癥結在於，靈通神、鬼的術數，並非一般技藝可比。首先，靈通神、鬼之事微妙玄奧，深不可識，只能意會，難以言傳，並非依樣畫葫蘆即能登堂入室，就可得心應手。再說，神、鬼意向從來就不是人所能設想和揣測。人固然引頸期盼與神、鬼交融，但也要看祂們是否樂意，順情地應允人的乞請。總之，巫的育成以及靈通神、鬼是大學問，並非懂了其中道理就一定做得到。雖然受良師悉心調教，門徒對靈通技能似乎也能運用自如、盡情揮灑，但那也許只是表面功夫，不代表真正與神、鬼確切地交感。

實在說，為人師者：⑴自我靈通無形界境地；⑵受神、鬼認同程度；⑶與神、鬼交涉權限，再再決定其教授門徒的本領。自認靈通神、鬼且任他人師者，其能耐無法吹噓，必要確實感召神、鬼並獲彼等回應，乃至於我之請求亦受祂們接納或俯允，各項要件缺一不可。雖未必個個出色，但門徒有些也可感知(通)神、鬼，為師者常需露兩手示範一下，以博得弟子們信任與欽仰。

對任何人都不例外，能靈通神、鬼並非取決於人的本事，而在於祂們願意讓誰知曉多少無形界奧祕，向誰釋放多少訊息。換句話說，神、鬼通常會審慎過濾，篩選合宜親近彼等之對象，以及開放感通界限。試比較，受業於同門多時並獲「記名」之諸弟子中，彼此所學所習並無分野，方神、鬼靈降時，有人始終只感知彼等已然蒞臨，但有人卻可感通祂們為何而來。偶而，同儕中竟也能見出類拔萃、傲視群倫者，每逢神、鬼靈降時，不僅清楚祂們來意，更能會通彼等如何回應人的請求，只不過這等人才如鳳毛麟角，微乎其微。綜合上述，隨師修習靈通術數者，得以跨越門檻感通與體悟神、鬼示意已屬難能可貴，遑論進階至循己思己想即能躍登與彼等相互感通境界。

能愜意靈通神、鬼者，必受益於其有形與無形師。比較啟迪靈通的影響力，有形師之引領尤甚，其功厥偉，門生不可一日或忘。除此之外，個人亦應真有才具，主要在於：(1)與神、鬼機緣；(2)自我慧根；(3)勤勉好學等三要素。首先，個人靈通力能否展現，泰

半受與神、鬼之機緣左右，畢竟人想要感通的對象是祂們。至於，人與神、鬼機緣是深或淺，究竟如何論斷？一般以為，人與神、鬼機緣深淺，肇因於個人心性或本性優劣。換句話說，神、鬼被動地考量或審酌一個人品行、操守後，決意：⑴是否容（接）納此人並與之交感；⑵賦予此人靈通力；⑶設定其靈通力可及於無形界範疇。其次，要能習靈通親神、鬼，自我慧根也很重要。所謂慧根，就是領悟力，特別是指對神、鬼意向的領悟。能精進個人領悟力，修習靈通神、鬼者就提升了自我慧根，反之亦然。信任自我誠心，靜心等待彼等靈降，不懷疑對祂們的感知，這些都可順利地使人與神、鬼連結。俟人一旦能進至心隨意動，意隨心轉，靈通神、鬼即可從心所欲。於是，神、鬼與人之間，彼、我之心相契相合，彼、我之意相知相通，彼、我之性相近相容，無疑地自然裨益於人對神、鬼的領悟，也就增進了自我慧根。再其次，勤勉好學並顯示其旺盛企圖心與堅定意志力，這更是致力於學修靈通神、鬼者不可或缺的特質。勤能補拙，修習靈通術數也不例外，經常反覆、不歇止地操練其技能，必然因此使神、鬼受感動，雖反應力稍遜的學習者也會有開竅之時。

靈通者各異其感通神、鬼竅門，即便師出同門且受傳內容一致者，亦各擁特色，各自發展。自始以來，檢視同一團隊之各個成員，在靈通神、鬼的表現上常見：⑴感通方式迥異，彼此技能大相逕庭。⑵靈通對象明顯區別，各自感通不同神、鬼。⑶本領高低懸殊，能力參差不齊。上述事實，說明瞭為何商王採行一事由多數巫卜，或一事分別以卜或筮求問。感通神、鬼的方式，有人依耳聽，有人依目（天眼）視，有人依心感應，有人依氣感覺，有人依靈感通，有人既同時依此也依彼，各有所長，各顯神通。能依兩種方式感通者略勝一籌，因為可形成交互參照之作用，其體會與認知（定）神、鬼靈降精確度較高。靈通者持何種方式感通，完全係天賦，非經由其師之傳授，原因無法解釋。

巫的靈通對象分歧，每個人感通目標都不同，這是自我本靈自動趨向或者被神、鬼所選擇，與人內心如何想望無關。換言之，靈通者都有設想或期盼自我可感通之對象，天界的天帝必然列為首選，但未必如己所願。另一方面，無形界的神靈或鬼靈，各有名分，各司其職，靈通者未必率皆能通，僅可交感、感通自己所能靈通之對象，成因何在無從得知。對照殷商，神靈之中，天界的天帝是至尊神，主宰大自然眾神和人間，既可賜福

也能降災。地界之地祇為地表各神靈主司維繫萬物命脈，包括社稷、五祀、五嶽、河海，以及百物之神。至於本應為人鬼但其靈已經神格化者，則有先祖、先王、功臣、賢巫等。與此相應，欲明四時風雨，除了向天帝外，巫亦應稟問於風神、雨師。探詢年成好壞，能否家給民足，宜卜問地祇諸神。查清子嗣有無災厄，壽祿如何，理當請示於彼之先祖。適才適所，各展其能，面對某一需求時，就應分別由負責感通天界、地界或者祖先之靈的巫行（問）卜，方為正軌。

巫感通神、鬼的本領高低懸殊，個人才學良莠不齊，原因在其領悟力。領悟力是領會、理解能力，一般認為源自天性並與個人靈性有關。領悟力高者常被譽稱為「靈活」，不僅可輕易地掌握所學之事的訣竅，也能觸類旁通，舉一反三，好像受神或鬼靈於暗中指點。靈通時的情境，巫都想極盡靈活並與神、鬼建立緊密關係，但要視乎存甚麼心態，而這往往也決定於其領悟力。申言之，真誠敬仰、忠實傳輸彼等意思者，因為獲得神、鬼十足地信賴，不但可充分呈現靈活的特質，也散發其高領悟力。與此相反，在傳達神、鬼意思中總想參雜己見者，不知不覺中既使彼我心念相互混淆，也造成自我靈通「失真」。

靈通者傳輸神、鬼諭示時，之所以會想混入自我說詞，一則表示未能確切會通彼等，凸顯領悟力仍不足；一則本靈好與神、鬼之靈比較，強自出頭。但不論屬於何者，率皆貶低祂們靈降的尊貴，失敬於神、鬼。

無可諱言，巫有等級、位階，但不以有形界的人為編排作數，而要遵從無形界眾神、鬼之認定。然而，憑藉彼等對神、鬼之：(1)感通速度快慢；(2)辨識有無誤差；(3)傳述是否周延等三個面向觀察，其實也很容易鑒別巫的本領高下。如此說來，品評巫的能耐，端視其：(1)可會通無形界領域；(2)對神、鬼如何進行交涉；(3)諸般祈請可獲得神、鬼實質回應等項為要。前揭各項，其可及地步若已達無與倫比者，則該巫之本職學能自然堪稱極致。

（三）巫依感通情狀隱含「神駕」與「靈駕」

殷人崇敬神、鬼，信仰彼等威靈，生活大小事必先行卜問，徵詢祂們意思以定行止。不論行龜卜或筮占，執事者都一面誠心地祝禱，一面陳述求問之事於神、鬼。其卜者，

依灼龜後兆紋開裂、走向，或自行詮釋或由他巫參與解讀，以言事之吉、凶。實在說來，兆璺不過是個幌子，龜甲上裂紋哪會有甚麼學問，卜巫又豈真是依據兆象傳述神、鬼昭示。殷商卜問中常見「對貞」，也就是再一次卜。也許是此事於前次卜問時，其結論並不明確，或雖明確但令人不放心，於是再問一次。當然，對貞也是一件事的正、反兩面求問，分別請神、鬼諭示。卜巫所以行對貞，絕對不是為鑑別兆璺之差異，而在校正自我的感通，避免誤失，此亦足以說明巫不能只憑裂紋作為論斷之原因。對貞之事例如，「甲午卜，賓貞，西土受年？貞，西土不其受年」（《合集．九七四二》）？甲午日占卜，貞人賓卜問，西部疆土會豐收嗎？貞卜問，西部疆土不會豐收嗎？

卜辭是巫卜問後之刻寫，乃神、鬼對人求問的應答紀錄。雖然只是巫的感通，但每則卜辭都仿如是神、鬼現身回應。具體說來，卜辭都隱含如下元素，應該這樣被體會：⑴表徵了神、鬼對求問之人的回應，儼然彼此能緊密連結。「丙辰卜，今辛酉又（侑）于嶽？用」（《屯南．二三〇五》）。丙辰日占卜，辛酉日是否可侑祭山嶽，可以用事。⑵昂揚了神、鬼威靈，光耀彼等恤民情懷。「貞，今一月帝令雨」（《合集．一四一三二正》）。

貞卜(出)，一月時天帝會命令下雨。(3)不只鼓舞著人的依賴意識，神、鬼也化為人生活上之精神支柱。「癸未卜，爭貞，受黍年」(《合集・一〇〇四七》)。癸未日卜問，貞人爭卜出，今年黍子可收成。

卜辭記述中，同一件事有神、鬼或對求問者如此啟示，或對求問者作彼啟示，何者感通為真，難以辨別。固然深知神、鬼意思不能任意解讀，巫也很難做到陳力就列，不能者止。換言之，即便做為資深巫者，有時也很難意識自己是否明確感通。實務上，難以向人解釋其因由的求問，神、鬼是不會輕率地回應。只是既然身負其職且已卜問，巫就要有個說法，於是就會出現這種情況。「辛巳貞，日戠(熾)，其告于父丁」(《合集・三三七一〇》)。辛巳貞卜，因為驕陽似火，所以要告祭父丁。「庚辰貞，日戠，其告於河」(《合集・三三六九八》)。庚辰貞卜，因為驕陽似火，所以要告祭河神，祈求賜水，降低炙熱。「戠」讀為「異」或「熾」，指異常現象。日戠是自然現象，同一事之卜問結果，有要告祭祖先，有要告祭河神，巫卻有不同的感通，各執一詞。

卜辭一如「備忘錄」，它摘記了人與神、鬼相接，以及彼此交感與靈通之結論，理

當妥慎典藏。關於卜辭中的驗辭，世人以為這是檢證神或鬼靈之應允（諾）、示意。試舉一例，「貞，今癸亥不其雨。允不雨」（《合集・八九二正》）。貞卜，癸亥日不會下雨？果然不下雨。

這一則卜辭係正、反兩問的對貞，因為之前另有一問，「貞，今癸亥其雨」。貞卜，癸亥日會下雨？前一則卜辭中的「允不雨」乃驗辭，意思是果然如允不下雨。再有一例，「貞，翌辛不其啟。王占曰，今夕其雨，翌辛丑啟。之夕允雨，辛丑啟」（《菁・八》）。貞人卜出，明天辛丑日不會放晴。商王卜後說，今晚下雨，明天辛丑日放晴。當晚果然如允下雨，辛丑日則天晴。其實，驗辭的意義是：(1)卜巫可檢視自我對感通的體會，驗證個人靈通神、鬼實質。(2)卜巫可琢磨、回想此次求問後的交感情境，循這回心得確立爾後感通神、鬼技能或竅門。(3)使卜巫反思與比較，試圖找出自我靈通失真的因素。

與神、鬼交感與靈通，一般而言巫可有兩種途徑：(1)巫經由祝禱，虔心與靜心恭請，待神、鬼之靈順情降駕後與彼等交感和感通。(2)巫以其靈出竅，上登天（陽）界或下降地（冥）界，與欲交感的神或鬼靈相會。在實務上，稟請彼等靈降，這是巫交感神、鬼常見方式。至於本靈出竅與神、鬼之靈對接，因為需要更高條件，並非一般通靈者即可實踐。再說，神或鬼靈所在之處各不相同，神立於天界，鬼則屬冥界、地府。即便其本靈可通暢去至冥界者，未必可登臨天界。能以其靈上登天界，再高深之通靈者亦談何容易。

《周禮．春官宗伯．司巫》：「凡喪事，掌巫降之禮」。鄭玄注：「降，下也。巫下神之禮」。《周禮註疏．卷二十六》釋曰：「人死，骨肉下沉於地，精魂上歸於天；天、地與神人通，故使巫下神」。為了顯耀先王、先公，商王將祖靈配祀於天帝，以神格化彼等，此舉即卜辭中的賓於帝。於是，舉行喪禮時巫把神靈請下來，由祂們將先王或先公英靈接至天界。這樣說來，能夠請得諸神靈惠臨，想必就能循情與彼等感通，玉成其事。但神、鬼雖然靈降，是否接納人的請求，則又另當別論。卜辭中有不賓於帝的記述，顯然即可佐證。

於此趁便旁及，道教《太上登真三矯靈應經》中有三蹻之術，即龍蹻、虎蹻、鹿蹻。所謂龍、虎、鹿蹻皆是學仙之道，修煉者藉著「存想」和咒語使龍、虎、鹿現形並乘騎飛行，上天入地，無處不至。三蹻之術係在存想中實現，這與巫本靈出竅去和神、鬼交

會不同。存想是閉合雙眼或微開雙眼，想像神靈的形貌、所在、活動狀態等等。雖然本靈出竅起始也要帶著些許存想，但之後巫必須真進入與神或鬼靈交感且實質互動，這一部分就非存想所能創造。

神、鬼與巫交感，一般而言其情境可能是：(1)以彼等靈或磁場示現；(2)以彼等形或像示現；(3)時而以靈或磁場，時而以形或像示現，與巫融洽相交接等。惟上述情境對不同條件的巫，其可能境遇各異，茲說明如下：(1)即便神、鬼已蒞臨，但祂們如果不對巫示現彼等靈或磁場，則巫仍無法得知祂們已然靈降。這是因為並未具備條件與聞此次彼等靈降之事，所以神、鬼讓該巫無所感知。(2)有些交感僅讓巫有簡短感通，神、鬼對巫說事只提綱挈領，點到為止。(3)神、鬼讓巫感知彼等靈或磁場，與讓巫不只感知靈或磁場，尚且能見彼等形或像，分屬不同層次交感，前者與神、鬼交感層次低於後者。(4)神、鬼以彼等之靈與巫的本靈行禮如儀，相互寒暄，不形於任何聲色，一切應對都在現場其他巫沒有任何感覺（應）下進行，這樣的交感顯然又更上一層。

說到底，巫能否交感與靈通神、鬼，決定權在祂們，其引證如下：(1)巫擬行交感神、鬼求問某事時，經祈請彼等後靜心恭候回應，不存遐想。⑵如巫可感知神、鬼之靈，但卻無法與彼等交感，係因自我條件不足，神、鬼不予回應。所謂條件不足，也許是自己無權聞問此事，也許是吐露此事時機未至，或者另有原因。⑶如巫可與神、鬼之靈交感，則豁然心明，或「天眼」亮，或體內一股真氣湧現，此其時正開啟與彼等靈通，理解神、鬼示意。⑷甲、乙兩巫同為某一事求問相同神或鬼靈，如果神、鬼並不想向甲巫透漏，則甲巫的感通並不明確。「戊子卜，殼貞，帝及今四月令雨。貞，帝弗其及今四月令雨。王占曰，丁雨，不叀辛，旬丁酉允雨」（《合集・一四一三八》）。戊子日行卜，貞人殼卜問，四月時天帝會命令下雨嗎？又問，四月時天帝不會命令下雨嗎？王（自行）卜後說，雨會下在丁日而不是辛日。第十天丁酉日，天果然下雨。「叀」字在甲骨文中借為語氣詞，音讀如今之「惟」。

巫能否順利交感和靈通神、鬼並向彼等求問，此既取決於祂們意念，則衍成以下兩種情境與途徑實屬必然：⑴神、鬼之靈省去巫行交感與靈通，彼等逕自靈降巫身取代其靈，直接由祂們回應人的求問。既降在巫身，神、鬼之靈等同已具像，人們與巫行問答

即是在和神、鬼對話。⑵仍依巫個人條件、能力，循其既有途徑交感與靈通神、鬼之靈。上述兩者交感模式與靈通過程迴然不同，前者一則保證了神、鬼靈降，讓求問者可意識、感受、面對神或鬼靈，一則使事之問與答者分離，以免巫一人分飾兩角。至於後者仍維持其「一貫作業」，自起始交感與靈通神、鬼之靈，直至會通彼等並傳述諭示，率皆仍集於巫一身。試觀以下兩則卜辭，以為比較：⑴「癸亥貞，其又匚于伊尹，今丁卯三牛？茲用」(《屯南‧一一二二》)。癸亥日貞卜，是否要在丁卯日使用三頭圈養的牛祭祀伊尹？就這樣。可以明顯看出，此條卜辭是一問一答。例中之「茲用」學者稱為「決辭」或「用辭」，其實是求問者請示於神、鬼之靈後所獲答覆，而這回答係經巫口而出。⑵「辛亥卜，告于父丁，一牛」(《屯南‧一七八》)。辛亥日卜問，以一頭牛行告祭於父丁。很明顯，這則卜辭是卜巫自身全程的感通。

神、鬼之靈所以附於巫身，因為：⑴神、鬼之靈被渴望、熱盼交感，務必迎來，以彰巫萬般之誠，以應人所乞求。⑵神或鬼靈既降，巫的本靈作為其身、心主，乃顯極盡敬意，一則出體欣迎，恭請祂們駐駕於巫之體，一則謹請祂們主持一切有形與無形交融。

⑶無形無像的神、鬼之靈，在巫身、心無所察覺下，遂了巫本靈之意，暫駐巫身。⑷惟靈係實有，不僅有意識且必有反應，一個人身體（內）不能有兩個靈做主，否則會造成當事人舉止錯亂。⑸神或鬼靈存在巫身時，巫的本靈雖始終在自體之內，但對一切交感「視若無睹」，直如睡著了。⑹毫無疑問，巫之身、心反應由降附的神或鬼靈主司，直至靈降結束。⑺求問截止，神或鬼靈離開巫身，巫的本靈重為自體之主。

對照古今實務，不論彼時之巫或現今的乩身，靈媒在感通途徑與情境上皆存在「神駕」與「靈駕」。這種分歧不是靈媒的意願，而是神、鬼之選擇。理論上，不論神駕或靈駕都不會影響其靈通的實質，畢竟靈通實質之產出，決定於靈通者能否真切地與神或鬼靈交感。從來，但凡具能力和神、鬼之靈感通者，必為他人寄予期盼並望能：⑴代為祈請神、鬼欣然靈降；⑵與神、鬼相應相和；⑶和神、鬼不間斷地「對話」；⑷使我之求問可循彼獲得神、鬼具體回覆；⑸使我銘感神、鬼垂愛，我之總總疑難可獲澄清。於是，不論神駕或靈駕，唯有能契合乞求神、鬼助力者需求，始不失其靈通者之名與實。因此，對靈通者專心不已之關注，本不須喋喋不休分辨其方法，亦即其靈通之應用為神駕或靈

駕，而當思辨其所獲結論的實虛。但我們也不得不承認，神駕或靈駕者之實虛，並非僅出現在其靈通途徑與情境最終端，而是全程都可能存在此疑義。故析論神駕或靈駕者，宜自始起做全般考察。

固然，具靈通力者亦可感受同僚與神、鬼之靈的交感，但未必能分辨其感通途徑，自然也就無法識別彼為神駕或靈駕。因此，僅就與神、鬼交感的現象觀察，除非是行家或熟稔該靈通者背景者，否則實難以看出其感通途徑。神駕與靈駕間最大不同，其特點在交感神或鬼靈之際靈媒自我本靈的定位和表現。換句話說，在交感與感通過程中，依神、鬼之靈臨降時靈媒本靈的地位與作為差異，分別其為神駕或靈駕。

凡為「神駕」之靈媒，其靈通神、鬼程式和特徵為：⑴靈媒敬謹地再三行禮，稟請神、鬼靈降並顯聖揚威，應答求問以助人明辨事理，化解困境。⑵受稟請而靈降之神、鬼，靈媒無須選擇，其對象通常固定而且唯一。⑶出於自我對彼等無可比擬之敬仰，在祂們降臨伊始，靈媒本靈會自發地讓位並迎請神、鬼之靈進入。巫渾然不覺，自我身軀已由神、鬼之靈主導，所以常會有忘我、直真行為。⑷神或鬼靈降駕靈媒之身，藉由其口說事，回應求問。因為是神、鬼之靈逕直與求問者對應(答)，故謂此靈媒為神駕。⑸自交感起始，因為其地位已由神、鬼之靈取代，靈媒本靈處於無所反應狀態。⑹神或鬼靈既降在靈媒之身，欲求問者可細緻地陳明自我疑難，與靈媒進行往復式的問與答。因為求問過程實際係由神、鬼之靈主司，這也解釋了為何靈媒可以無所不知，凡其出口所有回應皆能絲絲入扣。⑺對求問者之應答隨口即出，此率神、鬼意思，而非靈媒的感通。⑻非此次靈降神、鬼主司之事，求問者未必能獲得應答。⑼靈媒與求問者對話結束，神、鬼之靈遂終止其附身。⑽俟神、鬼之靈離體，巫的本靈重新主宰自身。

與神駕歧異，在靈通神、鬼之靈時，「靈駕」的本靈既未失其地位，也未受制約。因為受容許、允准其積極體現自我本靈作為，故此靈媒稱之為靈駕。請求神、鬼靈降之目的與神駕相同，但靈駕與祂們靈通程式和特徵則為：⑴神靈或鬼靈不附身，彼等與靈媒本靈處於相互感通的狀態、情境。⑵靈駕將欲求問之事默念於心或與口說逕向神、鬼稟明，之後藉與彼等靈通，在持續交感中「聆聽」祂們回應。⑶靈駕可將與神、鬼之靈感通內容，源源本本，一五一十地隨時傳述於求問者。⑷在與神、鬼之靈感通過程中，祂們也可能

會示現其景，使靈駕瞭解求問之事的實際。至於有無必要將此事因果關係向當事人解說，由靈駕自行抉擇。(5)靈駕與神、鬼之靈感通時間不限，彼此皆可隨時終止交感。(6)如有需要，靈駕可視自我能力，另行再稟請其他神、鬼靈降，解疑釋結。

第二章

巫的薪火相傳

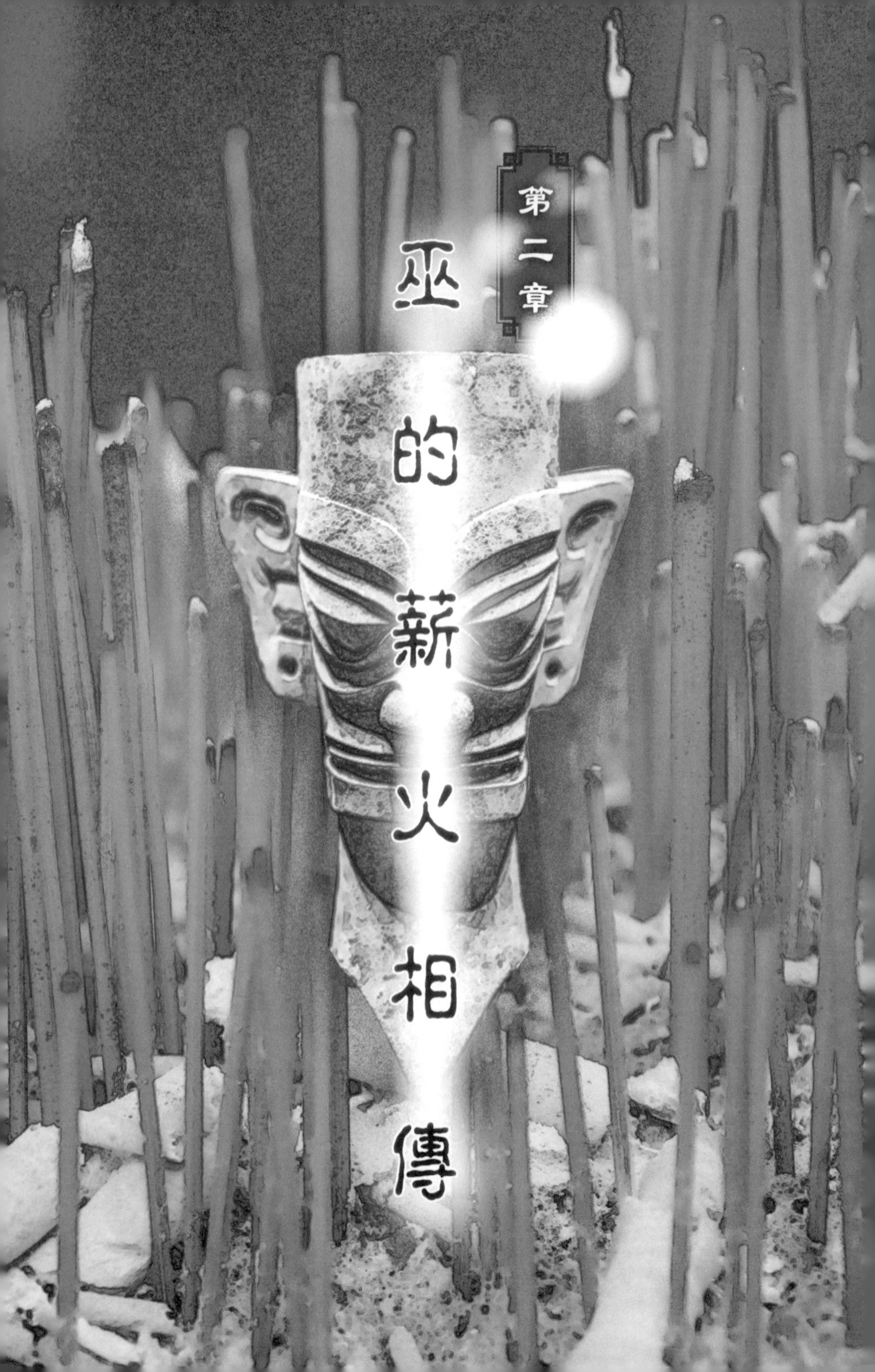

第二章

巫的薪火相傳

一個人想要傳達神、鬼意念，使他人不只體會彼等存在，也能領略祂們的聖明，靈通是充分條件，也是一種必要能力。畢竟具備靈通條件與能力之人才能理解神、鬼，才能使人們和渴盼親近的神、鬼連結。有靈通條件與能力者並不少見，不值得個人自誇自傲。但即便因天賦使人有靈通條件與能力，他（她）還是要得到人師予以啟蒙、誘導，以及受神、鬼首肯與認同，始可成事。對具備靈通條件與能力者肯定與認可後，神、鬼賦予其人真實靈通力，使之實至名歸成為無形與有形界間的媒介者，成為靈媒並可以為祂們代言。具備靈通能力者，不僅能時刻激發自我內心對神、鬼的感懷與敬重，鼓舞著自我積極恢弘彼等慈德。具備靈通能力者，也能為人們在崇敬與銘感神、鬼澤被時，鋪排出周到細緻之儀禮，展現其和合天、地、人三者關係的慧心與使命感。

對於一般人而言，終其一生也許見不著神、鬼，既不可見彼等之形也無從見像，但人們仍對彼等堅定信仰，這是因為多數人確實感受到祂們的影響力。至於神、鬼對人有何影響，或者如何影響，個人心照不宣。曾體會神、鬼助益者總想要獲得更多，人的這種心理很難苛責。於是，人就想求助媒介者，一則借助彼等竭力傳達自我渴望於神、鬼，一則果能如我所願演繹祂們。所謂「如我所願演繹」是指，人們希望媒介者傳達出的神、鬼示意，總是盡顯慈悲，總是充滿寬諒與包容，總是給人以恩惠。但檢視神、鬼對人示意，未必盡如人意。於是，確實需要一個媒介者、代言人向彼等說項，使神、鬼相信人值得憐憫和寬恕，值得嘉勉和鼓勵。在媒介者、代言人致上虔心和誠摯說詞後，神、鬼果然不負眾望，接納、應允了人的祈求。這個過程所描述，就是媒介者、代言人，就是靈媒對神、鬼的「演繹」。雖然神、鬼是否都一向如靈媒所顯示，也就是靈媒向來的演繹是否真確、可信，這屬於另行一個需要被深入探討之議題。

演繹就是表現，就是媒介者展現主體者。演繹存在於媒介者與主體者之間，係媒介者以自我的言語或行為表現、形塑主體者。媒介者在演繹主體者時，有時是基於主觀的認知而予以如此形塑，有時卻是從客觀的立場加以呈現。從神、鬼與人之間的關係論，演繹是：⑴因為無法眼見、聆聽彼等言語，但人們又想確定是否會得到祂們照拂，於是央求靈媒演繹神、鬼，以明瞭彼等如何回應。⑵無庸贅述，雖然是在媒介者本靈對神、鬼之靈的狀態下進行，是在兩者靈與靈交感或感通過程中完成，但演繹神、鬼之呈現卻是以靈媒的肢體語言或言行讓他人目睹。⑶演繹神、鬼，可以是呈現、形塑乃至於詮解彼等的意念、態度、形貌、對人祈求示意、與無形關係等等。⑷必須強調，演繹神、鬼是靈通者應他人祈請所為之事，唯有靈媒才具備此一條件與能力，這是神、鬼與人之間媒介者、代言人的本職與學能。

做為信史所載最早的靈媒，巫因為具備靈通（者）條件與能力，遂成為神、鬼與人之間的媒介者、代言人。由於擁有與神、鬼溝通之智慧，巫很自然就無所不應，時刻為人們所仰賴。試看巫之基本作為，就是協助人們消除困惑，展現神、鬼對人的解懸與拯溺：⑴懇求神、鬼真實應和自我本靈交感而降駕；⑵代他人向神、鬼虔心求問疑難；⑶感通與會通神或鬼靈對所求問之示意並確認無訛；⑷如實地傳述彼等諭示，或者詳盡地詮釋

神或鬼靈應答並使他人充分領受。由於無形的神、鬼極其玄祕與靈妙，遂使得巫及其傳承者雖然都是靈媒，都是神、鬼演繹者，但在演繹智（技）能上卻出現差異，並表現於：⑴靈通（者）態樣；⑵神、鬼與人之間媒介途徑；⑶演繹神、鬼形式。總之，巫的傳承者雖有不同稱謂，但只要作為靈媒，其靈通本質或智慧，其媒介神、鬼途徑，其演繹神、鬼形態縱使差別，但都不出神駕與靈駕兩者。茲就歷史過程考察巫的傳承、衍化，藉以解析其傳承者，瞭解接續巫之後的神、鬼演繹者。

一、時移勢易下的巫

因職司神聖，巫的名銜有「神仕」之稱，可見彼等受尊崇，乃至於有死後如同商王般賓於帝者。以此忖度，既深受期望則每一個巫理當深具智能，上知天文，下通地理，調理陰、陽。但巫自身實質條件如何，恐怕當事人亦難自知。《周禮・春官宗伯》：「凡以神仕者掌三辰之法，以猶鬼、神、示之居，辨其名物。以冬日至致天神、人鬼，以夏日至致地示物鬽，以禬國之凶荒、民之劄喪」。凡名銜神仕者，職掌辨識日、月、星辰運行與季節交替，標示人鬼、天神和地祇位置，辨識祂們表徵。在冬至當天迎請及祭祀天神和人鬼，在夏至當天迎請及祭祀地祇和百物之神，以除國家禍事、災荒和民眾命厄。典籍中明言，巫要能辨識並指說神、鬼所在，其意不僅在導引人們熟識信仰與膜拜對象，更在要求巫能央請彼等降恩與賜福大眾，如實地具象化以及功能化祂們。

人想親近神、鬼，其目的一則或為隆重祭祀彼等，以表達自我無盡景仰；一則或為請求祂們能拆解我心對某事的疑慮，乃至或為懇乞祂們揚威冥、陽兩界，滌除臨我之害。但一切前提是，任媒介者、代言人的巫能夠迎請到神、鬼之靈，而且也確信祂們對人請求之事做出回應。但旁觀巫與神、鬼互動，見其兀自喃喃不止，口出話語亦不知所云，惟打躬作揖卻有模有樣，誰敢疑心靈通是真是假。總之，對神、鬼之祈求能否如己所願，僅能靜默禱告。正是這種認知，以及只能存著半信半疑心理，影響人們對巫或者巫靈通神、鬼的觀感。

(一)靈媒的新境

不論如何，人們心理上對靈媒的認知是相當清楚的。感通神、鬼時，靈媒雖然等同彼等化身，但人們對祂們的想像，與對靈媒印象未必畫上等號，從古到今都是如此。換言之，如果自己所求應驗，人們會反想靈媒就有如當下現身的神、鬼，如果自己所求未能應驗，人們仍相信神、鬼但卻不認同靈媒，此時人們會以為神、鬼並未靈降，或者靈媒並未與祂們感通。因為人總不終止自己奢望，所以對神、鬼就不會停止乞求，於是自我心願雖然就在有時靈驗有時則否間擺盪，但人們還是樂意接納靈媒。正因為人們始終對神、鬼存著無盡懷想，於是靈媒也就得以悠遊在那寬闊無比的空間。

固然已經取代殷商，但設官分職以司理神、鬼相關事，周王朝仍沿襲殷制。《尚書・洛誥》載：「周公曰，『王肇稱殷禮祀於新邑，咸秩無文(紊)』」。周公說，王(成王)起始用殷禮在新都(洛邑)祭祀，其儀式都循序而有條不紊。《禮記・曲禮下》：「(周)天子建天官，先六大(太)，曰大宰、大宗、大史、大祝、大士(正獄訟)、大卜，典司六典」。宗、史、祝、卜都是要職，掌理崇敬與祀禮神、鬼事務。不僅如此，《荀子・正論》亦云：「出戶而巫覡有事，出門而宗祝有事」。天子要從事戶外活動，巫、覡即為其占卜吉凶並驅除不祥；要離宮出行，則宗、祝為天子祭神求福。《禮記・禮運》：「王前巫而後史」。王行進時，其前方有巫為之防邪制煞，後有史官觀察、記述其行止。

但信仰神、鬼與適用巫的態度，周比較殷商自有其特性。《周禮・春官宗伯》：「大宗伯之職，掌建邦之天神、人鬼、地示（祇）之禮，以佐王建保邦國」。大宗伯之職責在，建立邦國奉祀天神、人鬼（祖先）、地祇之儀禮，以輔佐君王建構與保障邦國根基穩固。在各司其職體制下，為了明確彼等存在目標，助益位在其上之屬官輔佐君王「建保邦國」，周王朝不僅規範化巫之職司，而且進一步禮制化彼與神、鬼的交感。規範化是指，周王朝將巫交感對象歸納和整理，區分天神、人鬼、地示（祇），這在殷商已然成規。至於禮制化，則是指隨著國家建構、（政治）階級分化需求，統治者運用祭祀之態樣配合政治運用。換言之，在周人完備制度下，一切祭祀皆依儀禮範式，使整體社會的上下尊卑皆隨其等級適用，天子、諸侯、大夫、士人、庶人各有所從。

雖然司理或交感神、鬼依循體制並有典有範，但是周王朝巫的地位想必已受影響，

其主要原因在：⑴不論是祭祀天、地或者百物之神，乃至敬拜宗廟祖靈，王朝各級組織（中央與地方國）依照國家訂頒禮制實施，足以盡顯誠敬。從而，巫表現其神祕能力的需求已然降低。⑵周之創建者自詡政治權力基礎在「天命」，一則以「宗法制度」積極鞏固國家建構與統治權，一則強調統治安穩的關鍵和要項在使人民向心，不需要再多疑地求神問鬼。⑶文王、周公皆能感通無形，據說文王創八卦之用，周公本人亦善筮占。《尚書・金縢》篇載，武王於克商二年時患疾未癒，周公甚憂慮之遂為彼占卜。《尚書・洛誥》篇中亦載，周公藉由龜卜選址建成周（洛邑）之事。君王自己通曉如何交感與靈通神、鬼，在此情勢下，供職於王庭的巫靈通智能、占卜虛實備受考驗。

但直至秦、漢，巫依然受倚重並被朝廷任命為職官。春秋、戰國時，各國君主決計大事，特別是起兵對外戰爭都要慎重卜、筮。國君會先沐浴齋戒數日，再三虔敬地禱祝，然後命巫行卜、筮預判即將進行的戰事是吉或凶。細覽《春秋》，卜、筮巫身影俯拾可見。史籍中對巫行止之記述，最多的是論其卜、筮及預言。結論是，固然有不靈驗事例，但也有如《左傳・襄公十八年》之巫皋，以及《左傳・成公十年》桑田巫等預言異常靈驗者。而《莊子・應帝王》載，巫者季咸可推測他人死期竟不超出十日，令人稱奇。「鄭有神巫曰季咸，知人之生死存亡，禍福壽夭，期以歲月旬日，若神」。不論官、民，在現實生活中，一旦對某事猶疑與難決似乎唯有延請巫以卜、筮定奪。其例如，《左傳・僖公四年》：「初，晉獻公欲以驪姬為夫人，卜之不吉」。《禮記・曲禮上》：「故買妾不知其姓則卜之」。《禮記・檀弓下》：「（衛）石駘仲卒，無適子，有庶子六人，卜所以為後者」。

《史記・六國年表》載，魏文侯二十年，行卜相位誰屬。《左傳・哀公二十七年》亦載，晉出公十一年，執政的卿荀瑤（知伯）率兵進襲鄭國，齊國來援。晉主帥荀瑤聞訊對手救兵將至，就說：「我卜伐鄭，不卜敵齊」，遂下令撤軍。上引兩則紀事，前者任命重臣，後者舉兵興戰，都是國家大事。權威者臨事執意依賴巫卜以決策，雖可美其名為信任神、鬼昭示，但既不能也不想認真思考，委實缺乏自主判斷的智慧與信心。另外，《左傳・昭公二十年》載，齊景公患疾經久未癒，許多諸侯都前來慰問。大臣梁丘認為，既然祭祀神、鬼和先君時供品都很豐盛，但景公疾病依舊，應殺了祝和史兩官員以謝其罪。

而東漢王充的《論衡・解除》則載，晉國中行（荀）寅面臨敵軍壓境時，召來大祝想治他罪。中行寅質疑大祝在行祭時祀品不豐，祈禳時齋戒也不夠虔敬，使自己即將被滅族。這兩則事例中皆見怨懟者之言，指謫負責職司交感神、鬼者未能盡職疏通，然而應受批駁的反而是口出怨言者，因為只知一味埋怨於無形，沒有檢討自己的作為。

不論哪個時代，難免都會有人遇事時只想相信神、鬼，傾聽祂們示意。因此，任神、鬼與人之間的媒介者、代言人，依然具有功能和價值。但也有人能理性辨明，認為既然凡事都有其因由，自我就應審慎思考，妥善面對。回到古老年代，遇事選擇信賴或憑藉神、鬼示意者應該比較多。畢竟因崇奉而衍生出的仰仗心理，很容易使人們凡事都想尋求神、鬼護佑。人們相信，假如自心足夠虔誠並竭力懇求，則神、鬼必然會替人篩選或過濾，剔除不利於己之事。一般人很少想到如果滿心期待神、鬼施恩，萬一祂們無法回應自己企盼時，又當如何。神、鬼只能助力行動者，這才是祂們的本心。若不符合這原則，神、鬼失其應具公平與正義。未經一番辛勤努力者，神、鬼助之無理。所以，寄望神、鬼卻心願落空者，應對己失望，而非怨言受請求的神、鬼。從而，既然不敢埋怨神、鬼，於是負責交感祂們的巫很容易就成了替罪羊。

綜觀發展趨勢，春秋、戰國時巫風仍盛者莫過於楚地。相較於其他各國，巫在楚國得天獨厚，始終活躍。人們崇巫與顯現自我濃鬱神、鬼信仰，蔚為楚文化特色之一。人民能擁有根深蒂固神、鬼信仰，難免緣於巫對彼等之演繹所促成。因此，巫理當念茲在茲，敬謹地傳揚神、鬼威靈與聖明，以張天、地仁德。然因巫的良莠不齊，竟有敢玷污使命反成社會禍害淵藪，其最著名者莫過於司馬遷《史記・滑稽列傳》所載《西門豹治鄴》事例。《西門豹治鄴》俗稱「河伯娶親」，記述戰國時魏國鄴令西門豹，以巧智揭發及打擊巫之劣行，導正人民信仰。西門豹始任鄴令，即以霹靂手段凌厲而俐落地消滅了當地巫嫗集結惡勢力，其過程與結果彰顯了如下意義：(1)民心質樸，不辨真偽，竟深信不疑巫的荒謬說詞。善良的人民既無法理性思辨，想必應該也很難勸說，只能巧妙行事方可助彼等擺脫桎梏。(2)巫膽大妄為，不只誣衊神靈聖德，也長久迷惑人心，即便地方權貴也遭其收買，人怨天怒、烏雲蔽日伊於胡底，不以非常手段連根剷除，難以撥亂反正。(3)巫有弟子十來人，遏止其伎倆蔓延，唯有除掉始作俑者方能以儆效尤，既藉之端正視

聽，也避免惡徒再傳徒孫。

從整體神、鬼意識發展上看，周代因為廣泛應用與重視「禮樂制度」，祭祀活動雖仍是展現對祂們的虔誠信仰，但人們呈現其崇敬之方式、情境著實較殷商時進步。《禮記・樂記》：「若夫禮樂之施於金石，越於聲音，用於宗廟社稷，事乎山川鬼神，則此所與民同也」。禮樂應用於上層社會祀典，透過敲打金屬發聲並創造靈妙、莊嚴意境，除了投射人對神、鬼之信仰，也模型化人對祂們禮敬的儀禮，希望也藉此導引一般大眾思維與舉止。換言之，人人都經由有禮有節之敬奉，在神聖又優雅地氛圍下，始終保持如《論語・八佾》的「祭神如神在」虔誠心態，無所疑慮，神、鬼定然靈驗。此外，秉持上下尊卑皆遵從禮樂之意念、理想，期使有效塑造人們恭謹謙和，以及循禮不逾矩的意識與行徑，此正是周王朝肇建禮樂制度者之初衷。直而言之，崇禮神、鬼，演繹彼等聖德，一切職司人員不僅應該要服膺此原則，也必須在此理念指導下運作。

戰國時（前四七五—前二二一年），巫在國家體制中的地位，以及其在宗教事務之掌理與職司確實起了變化。就總體而言，春秋、戰國期間，一則列國交相兼併，一則百家學說爭鳴，引發社會思潮快速轉動。與此同時，社會知識有系統地分化，天文、曆法、醫術等漸成專司與專職，不再彙集於「巫」之手。經此轉變，巫也就只理筮占，專司交感與靈通神、鬼。迄戰國末年，供職於王庭的巫僅及於為王室筮占事之吉、凶，參與祭祀、喪葬儀禮，偶爾也行法禳解災疾，或舞雩降雨以除乾旱。在民間，依附廣大民眾神、鬼信仰生存的巫則不然，不同於上層社會需求的限縮，彼等操作遂無拘無束。即便神聖與神祕已大不如往昔，但巫依然為滿足人們信仰上需要，盡心地昂揚神、鬼威靈，活絡地演繹彼等與人關係。

除了社會秩序蛻變，新的思潮與人文學說也使演繹神、鬼者有了理論，也有了基調。陰、陽相對(立)，不僅被人們用以描述自然界現象，也用以解說自然界特性。此外，這也是巫最廣泛運用在神、鬼信仰上的論說。心存神、鬼意識者，很自然的就認同陰、陽相對之說。陰、陽兩字之原義係指涉背日面和向日面，象徵彼此相對存在。古人觀察到，自然界存在著各種相對，但彼此又相互依存且融於一體的現象，而且都可套用或比擬陰、陽關係。例如，天、地—天為陽，地為陰；日、月—日為陽，月為陰；晝、夜—晝為陽，

夜為陰；男、女—男為陽，女為陰等等都相互依存，彼此相對獨立卻非絕對獨立。自然界有陰、陽二元以及兩者彼此對立之思維與論說，乃至應用均係古人逐漸觀察、推演出，並非一次就位。除了表徵相互依存、相互對立外，陰、陽之間關係也兼有「此消彼漲」以及「相互轉化」的特性。例如，《禮記・月令》：「仲夏之月，日長至，陰陽爭，死生分」，以言自然界中季節更迭，晝夜長短劃分，生物成長情狀變化，呈現此消彼漲之勢。《國語・越語》：「陽至（極）而陰，陰至而陽」，則用於四時寒暑交替，相互轉化之喻。

「陽」既顯光亮、靈活有生氣景象，「陰」則表黑暗、沉寂極盡幽淒境域，緣此人們遂將自身存活空間稱作「陽世（間）」，命名死亡後去處為「陰間」。生時活於陽世，死後歸屬陰間，人自身的生與死、存與亡，也被視為屬於時間和空間意識上相對之存在。人的生與死是時間上現在、未來，存與亡是空間上陽世、陰間之對立。此外，人在生處於陽世稱為「人」，因為具有形體所以名為「有形」，陽世則稱為有形界。人死後去至陰間謂之「鬼」或「幽靈」，因為已無形體從而喚其「無形」，而鬼靈與神靈皆無形體也合併稱做無形界，與人間之有形界呈相對。在相對論中，陰、陽兩界看似彼此隔絕，但絕對不是各自孤立。簡言之，陰、陽兩界間確實存在相互引力，常見身居陽世者囿於陰間幽靈施力，且深受牽絆。陰、陽相通說法溯自遠古，不論屬人們臆測或確實有感，其基礎恐怕不只是流傳耳語，因此絕不能以眾口鑠金視之。總之，陰、陽相對相應的論說既已深固，而能將此意識鞭辟入裡發揮者又非巫莫屬，畢竟彼等使命正是稱職媒介兩界。

（二）術數萌發及其要旨

溯自春秋以降，陰、陽論逐漸發酵，其內涵也日益深化，既為巫者靈通神、鬼建立穩固立足點，也為銓釋有形、無形世界互動鋪設寬廣平臺。藉陰、陽論導引，巫不僅能擴大對神、鬼世界的理解，且：⑴促使其可能施展不同感通途徑與技能；⑵或者應用不同術數，為靈通神、鬼另覓交感方式。何謂術數（或數術）？術數其實就是「術」，在此專指人為了理解神、鬼並明瞭彼無形對人所生影響而產生的技能。如此說來，術數或其應用，意在求對無形（界）的順利探索，並藉以解答有形界人與事現象和彼等之關聯。從而，持其術者經常會應他人所請求，不僅藉己術探祕於無形，藉己術之原則解說自我所見玄祕。

於此同時，持其術者也經常發展己術，並向他人傳播。

探祕無形界乃至交感或感通神、鬼，其途徑與技能：⑴最率真、簡潔之術，就是靈通者以自我本靈感通神或鬼靈，快速又明確。⑵但靈通神、鬼有其要件，並非任人皆可行之。不能靈通神、鬼但又想拆解彼等對人影響者，只得藉用術數。⑶術數之應用，想必是靈通者在交感神、鬼過程中，或循自我感應，或體察蛛絲馬跡，或歸納種種現象等獲得啟發。⑷在解釋神、鬼與人之間如何交互感應，論說彼等如何影響人時，因為能靈通遂可鋪陳其中的合理性者創造了術數。由於彼之貢獻，使其後即便不能靈通者得以運用術數，拆解神、鬼世界與人間的種種對應。⑸因於靈通神、鬼者智慧不同，使人理解祂們對人影響有不同途徑，表現在不同面向。因此，術數出現不同類別，不同領域，多元多樣。⑹應用不同術數者皆以為，自我之術可以使人更瞭解神、鬼世界運行，使人益形與祂們相契相知，相安相和。⑺因為術數應用，如能覓得陰、陽更加和諧，使有形與無形世界率皆靜謐安詳，以人文觀點論，當予以肯定。

春秋時代，伴隨周宗室國力衰微，不僅在天子，即便新興諸侯也無法再擁大量卜、史、宗、祝等司理神、鬼事務職官。從而，許多曾掌理神、鬼事職官轉而流向民間，或藉其專務靈通無形，或憑其嫻熟祭祀儀禮，或恃其廣博神、鬼知識等應世之技立足社群，圖謀生計。這種現象，發展成：(1)除了少許司卜、筮以決疑者仍受執政者倚重，其餘具巫職能者之角色、功能在官方漸形萎縮，作用日趨式微。(2)既散佈至民間，巫活動領域反見寬廣，可不受制約地經理神、鬼信仰。(3)以不可見形也難以塑像的神、鬼為交感對象，不同名稱、面貌、型態經理者遂憑所知所能發展其術，專注於人與無形界種種互動、對應之描述或演繹。於是，社會中乃有以「山」、「醫」、「命」、「相」、「卜」等術數為其職業者。

術數是一種途徑，可以說是人理解神、鬼，領受或體悟彼等對人影響，與人在方方面面連結的論述法。換言之，術數是在昭彰神、鬼對各種事務的威能，或人探索彼等對諸事示意的方法。但由於嫻熟無形需要具備無上靈通，於是持術數者在主、客觀條件影響下，遂藉其術呈現權威，論說神、鬼對人在某方面的影響。又或者，我們可以說術數就是：(1)無形界神、鬼在可以影響有形界人的前提下；(2)人存想無形(界)有定律、法則；(3)神、鬼施其影響即依循人所想像定律、法則；(4)人遂依假想的定律、法則論述無形神、

鬼對人的影響，編排出有形界如何順應無形界之義理；⑸人乃至設想神、鬼真即接納與附和人所編排的義理，此即術數應際而生的背景，或者術數之應用。

術數內涵雖屬人對神、鬼的設想與推論，然而如能：⑴使人依各種術數所論自定行止；⑵使人從而吻合神、鬼意念；⑶使有形世界中各種行為無違無形世界定律；⑷使人謀求與天、地之間眾神或鬼靈彼此和氣，則術數之應用，自當肯定其價值。例如五行說為各種術數所吸納，使人確鑿不移地相信，有靈者必有其屬性，凡與其他人或其他靈相對應，當順其性並適其性理之，不僅於有形世界如此，面對無形世界更當如此。此一見解為無形與有形界存於各自內部的運行，以及為彼此間之交感、互動找出依據與調和良方。

除了應用陰、陽論外，人們表述神、鬼與有形界之律動，另兼採萌生於戰國時期的「五行」說。陰、陽論與五行說彼此搭配、融合，具有如下意義：⑴陰、陽論與五行說，乃持術數者將自我對無形界的交感經驗，或者觀察出無形對有形影響之現象，予以合理與系統化解釋。⑵兩者既為無形與有形世界各自或相互脈動，也為人對神、鬼的思維與意識增添豐富論說基礎。⑶之後，既作為其術數廣泛應用的理論與元素，則凡持術數者就在經由演繹、推理等方法，找出或歸納合乎陰陽、五行的邏輯，並在此基礎上發展自我的術數應用。

五行是「金」、「木」、「水」、「火」、「土」，本是存在有形界的五種物質，人們取其特性（質）以表徵「無形」之屬性。五行之抽象概念應用，主要在援引此五種物質間具有相生、相剋，相互交感，可改變彼此態勢的特性、能力，以表現與反映無形（界）運行狀態。依據五行論者觀點，存在有形、無形界之靈皆各有其五行屬性，因此適用五行時：⑴首先需辨明靈（無形）之性，知悉其所屬。⑵其後，依據五行之原理、原則推演該無形如何發生變化。⑶除於界內各依其五行屬性自我運行外，無形跨界交感時，也存在五行的生、剋原則。五行說之闡揚，不僅活化了有形與無形界運作情境，也豐富了其景象。從某些層面看，肯定存在五行屬性與彼等之相互影響，彷彿真有助於解析與認識無形的特性，有助於人探索與理解神、鬼世界。雖然看似玄虛，但五行說的原理、原則應用於修仙（山）、中醫（醫）、命理（命）、相術（相）和卜卦（卜）等術有條有理，頭頭是道，乃至竟成各種術數之張本與基礎。

不論五行說是否實事求是，但凡能主張居於無形界之靈者各具稟性，則表示對祂們想善加識別不存含混，亦足以顯示人內心懷真誠地認知與體會神、鬼。神、鬼真有屬性？人憑何如此認知？存在秩序、規律，這是任何情境得以維持的要件，神、鬼所在無形世界想必亦然，但這與祂們屬性無關。再說，神、鬼應該無從劃分彼之歸屬，以言其屬性。但我們確信神、鬼真有屬性，因為彼等使人面對時，或有如沐春風之感的親切，或湧現五體投地的景仰，或頓生雀躍不已的歡欣，或心懷莊嚴肅穆的敬畏，則知此為神靈；或心驚膽跳，或毛骨悚然，則知此為鬼靈。但對神、鬼屬性的表述，卻是另一面向之意涵。如何辨識神、鬼之靈，明瞭彼等屬性？直接、通俗地說，識別神、鬼之靈，知悉祂的屬性，也就是知道彼是否存在或具有「煞」。

何謂煞？煞其實是一種影響與作用，存在於無形的靈與靈之間。煞具有「殺」之意，既是一種過程，也呈現一種現象。無形的靈與靈之間，由於靈力強弱不等，或者屬性相剋，當彼此相對時其弱者頓時失利，這是煞的成因。所以，煞可以被如此認知：(1)煞是一種強勢靈（力），形同沖擊力。煞有屬於神靈者，亦有屬鬼靈者，但並非所有的神、鬼之靈皆致煞。⑵既為神、鬼之靈的強勢作用，而且神、鬼靈力又皆強於人之靈，因此人的靈很容易受煞，特別是體虛元氣衰弱之際。⑶煞是神、鬼之靈對人的靈之撞擊，但其傷害係屬隨機且有針對性。此神或鬼靈於彼之靈可能致（為）煞，然於我之靈則未必。⑷煞可存在空間（方位），也可存在時間上的年、月、日、時。⑸人受神、鬼之靈所傷而致煞，常出現精神異常現象。但如遇凶神或惡鬼而未能趨避其煞時，人也可能傷及性命。

靈通者對煞要能感通，此為必然也是自然。靈通者對煞如何感通？由於無形的神或鬼皆是：⑴以氣；⑵以靈；⑶以氣併以靈；⑷以靈併以氣，乃至併磁場而存在。而且神或鬼之靈與界外之靈是呈陰、陽相交，動、靜相接，生、剋相倚而存在。靈通者在行事之際，當設想並加以感應，此事是否與周遭運行的無形之氣、靈、磁場對沖，使當事人遇凶，使彼逢煞，此即煞的感通。

除直接感通外，煞在古代係人們依日積月累推論（演）而來。煞之推論以天干地支配屬五行為基礎，此外並融入陰、陽論。先是，古人以天干地支表年、月、時、日，而後人們又將干支配五行，於是天干地支記日就帶有沖或合，以及生或剋之特性，從而出現吉、

凶，此即煞的原由。因此，凡想定於某時某日行事之人，古之「日者」即再進一步根據此人與年、月、日、時所值吉或煞神進行推算，去凶擇吉以符合其用。擇吉，現代稱為「擇日」、「看日子」、「撿日子」，古時則稱為「涓吉」、「諏吉」。由於對無形的示意如何或其判定，或者係依個人感通，或者憑其術數策出，或者個人依理類推，或者屬附會穿鑿而假想。於是在各人感通不同，策出不同，推理不同，解讀不同之下，從而煞不僅數量眾多，系統不同，而且對吉、凶、福、禍的銓解也因人而異。不論吉神或致煞之凶神，兩者雖屬人為意識所創造，但謀避凶趨吉即隱含順天地運轉，察四時之利，審陰陽之道，以定合宜行止心思，這也是人的理性思維。《周易・文言・乾》：「夫大人者，與天、地合其德，與日、月合其明，與四時合其序，與鬼、神合其吉凶」，正是這種知、識致煞思維的具體寫照。

人對神、鬼的交感，因為受致煞說法和觀念導引，遂產生了擇吉術與禁忌。擇吉術係起自先秦之日者所持術數，彼等憑其智能和經驗，為他人推算、釐訂（最）合宜的行事時間、空間（方位）。日者為人們擇吉，最主要針對祭祀、婚嫁、喪葬、建築等事項，其目的是：⑴希望人們能循天、地與自然之運行，乃至和諧陰、陽及五行交感以行事。⑵不只是觀念上協助人們體認，尚且教導人們以行動表示，凡事當力求天、地、人三者和合的態度與精神。因此，每逢重要行事前，人們都應以儀式昭告天、地，祭祀神、鬼，虔心祈求護佑，這是對無形力量的崇敬及肯定。⑶擇吉行事，既能滿足與安定人心，也可增添人們行動的信心和意志力。

人們擇吉以行事既為避凶，於是則不免產生諸般「禁忌」。禁忌就是生活中各種行為的忌諱或禁制事項，舉凡衣、食、住、行、言語等方面皆存在禁忌。禁忌是積極地避開凶邪，其實也就是人們擇吉心理在行為上的直接反應。有些禁忌以今人來看確屬無稽，但有些卻深富義理。禁忌產生，其中不乏是源自人們對無形靈力的崇拜和畏懼，特別是深怕鬼靈報復之意識。鬼靈會尋仇，這是一項流傳久遠又富含警世的禁忌與觀念，直至今時今日不僅仍被廣泛地信奉和遵從，並且依舊發揮其影響力。

秦、漢之際，企圖藉自我數術或與神、鬼交感，或觀察自然現象，或依經驗法則等為他人預言福、禍，判斷事之吉、凶者，其類別主要有：⑴天文—夜觀星象，預測時運。

(2)曆譜—釐訂四時節氣，使民適時而作。(3)五行—依陰陽、五行相生相剋之理，預判人與事的變化。(4)蓍龜—行筮占、龜卜，判定事之走向，人的休咎。(5)雜占—占夢、解夢為主。(6)形法—相地、相人、相物等。此外，也有更多直接與無形交感的巫遍及社會各個角落，彼等引領人們敬拜神、鬼，行法向神靈求雨、止雨，替人經辦、籌畫喪葬儀禮，為人祈禳謀驅邪避災，務實地表現人與神、鬼世界之連結。

再從另一面向觀察，綜覽以迄漢初之整體人文風貌，其深刻尊崇神、鬼習尚社會上下皆然：(1)由於統治者的倚信與興趣，使主依陰陽、五行論支撐其數術者得以穩固駐足上層社會。(2)此外，傳統的巫雖然行止備受批評，但其角色與職能仍是普遍大眾生活需求。西漢桓寬之《鹽鐵論・卷六・散不足》云：「是以街巷有巫，閭裡有祝」。(3)因為濃厚神、鬼觀，人們對巫多存敬畏與不疑有他，以致桓寬的《鹽鐵論》竟說：「巫祝賦斂受謝，民畏其口，懼被祟，不敢拒逆；是以財盡於鬼、神，產匱於祭祀」。(4)建構並理出完整神、鬼論說，以及人如何藉不同途徑與祂們和諧交感，此二者至漢代已率皆圓熟，而這也是各種術數或者巫勢力蓬勃的主要因素。(5)社會氣習如此，人們對神仙世界又欣羨不已，遊說成仙術的「方士」活力遂更勝以往。方士們不僅信誓旦旦宣稱真有長生不死藥方，並可教人習得上登仙界祕技，非但迷倒帝王，一時之間竟風靡朝野。

（三）術數與演繹神、鬼

各種術數皆被持其術者認為，這是彼等拆解無形奧祕之無上技能，是透晰無形世界最佳途徑，是演繹神、鬼的獨一竅門。但就實情論，人要通達無形玄機，洞悉或掌握神、鬼世界微妙的充要條件卻在：⑴具備靈通者身分與資格—要能靈通神、鬼，先要為神、鬼所熟識，這個道理在人與人建立關係上也相同。以人而言，要想與他人熟識，必先透過引薦、介紹，之後相互間始能逐漸瞭解，進而彼此熟識。靈通神、鬼，亦如此一過程。靈通神、鬼者的身分，必經其師先向無形界通稟，經神、鬼知曉與認同後，始取得爾後靈通彼等資格，也才能與無形相聞問。⑵建立被神、鬼信任的關係—靈通神、鬼者，不僅要為神、鬼所識，而且要為彼等所深知。欲靈通神、鬼者必有目的，以其所能助人理順乃至協和有形與無形關係，此為靈通者第一使命。靈通者之行止如能腳踏實地，確無忝其

名分，當獲神、鬼信任並敞開其靈通之門。⑶謹守無形界規律─神、鬼世界確有規律、機制，不怕吐露，但不可妄言。所謂妄言，係指顛倒或曲解神、鬼立意，以致貽誤他人信仰，錯失行事機宜。洩漏天機之說，純屬訛傳。天有天道，地有地理。天道和地理，無非在使置身於世間之人人，盡己所能安生，揚己所長立命，此即天機。準此以觀，天機的存在，就是使人人內心明白天、地義理，行止契合天、地法則，焉有畏人洩漏之虞？謂不可洩漏天機者，必對天、地義理與法則不甚明瞭，尚未通透天、地助人與益人之道，遂唬弄以對，並藉不可洩漏天機說法，粉飾自己對神、鬼世界的無知及見識淺陋。

人要能靈通神、鬼，必須進一步再闡明其背景：⑴可靈通神、鬼者，其人之靈（體）在無形界已獲辨認，已被神、鬼鑒識。一般民間說法，因其身分別，人的靈體在無形界也呈現不同色彩之亮光，如同彼無形界神或鬼靈一般，彷彿掛上了識別證以供區別。⑵但靈通者以其本靈感通神或鬼靈時，通常未必是「（天）眼見」彼等亮光，而是感受彼等靈氣，感應彼等磁場，乃至「眼見」彼等形象。⑶可靈通神、鬼者，在無形界本就有彼此相互熟識的神、鬼之靈。於是，當感彼靈氣、磁場或者「見著」彼形象時，即知係哪尊聖駕降臨。(4)但如果想感通未曾熟識的神或鬼靈，則必須視靈通者在無形界被認同身分而定。倘若具有權限，就可感通，反之則無法感通。

與靈通神、鬼者直接交感或感通無形不同，倚術數者解析無形界內在或涉外之互動，係依人們歸納、整理出並帶著假設及想像，以為神、鬼世界存在可論的秩序與現象。當然，有些人們的假設或想像確實可採、可信，所以循術數產生的推論因為靈驗而被肯定。術數是技能，因為可以經由他人傳授與教導後習得，屬於後天塑造。術數是智慧，理解其中奧祕須具備先天的智慧。所以，有些優異的術數應用者因其技能爐火純青遂博得美名，但有些卻未必然。如此說來，先天具有較佳洞察、領悟力者，經後天耕耘便能對其所習術數生出神入化之效。總之，不論是倚靈通或持術數，凡企圖以其言述說天、地萬象者，析論陰、陽變化者，辨證五行生剋者，如未承神或鬼靈於關鍵點襄贊並釋放機理，則其濤濤不絕長篇大論必平淡無奇。

實在說來，創造術數者是絕對靈通神、鬼者，允為演繹祂們的先覺。因為，該創造者具有對神、鬼生氣的靈感，對無形發揮影響之覺察與想像，於是運用其智慧衍出術數，希望使人藉此與神或鬼靈得以連結並祈求蒙獲彼等助益。龜卜與筮蓍本皆屬靈通神、鬼者操持，但比較兩者：⑴龜卜無法衍成術數，但筮蓍則衍成「卦」（術）、成「易」。⑵雖然，在灼龜並靈通神、鬼以求問其事時，龜卜者可感應或「眼見」無形的景象，但他人只見龜甲上有形之象（裂紋），無法將其轉化成數（字）。⑶《史記・龜策列傳》記有各種各樣卜問時兆璺形式之示意，但實在很難將兆璺的曲折、走向予以定式化。⑷筮蓍則不然，因為係分蓍策數，所以可將迭次測得數字轉成符號表示之。⑸龜卜者要有全程地靈通，筮蓍者亦復如此。筮蓍者必先向神靈稟明求問之事，其後憑藉靈感（通）靜心地揲蓍。揲蓍時若屬隨意分蓍，一則不僅莫名其妙成卦，一則既難以解卦也無法靈驗說事。

術數的基礎與目標既在使陰（冥）、陽相融，在使無形與有形世界相通，於是持術者必須格外地等量齊觀陰、陽兩世界，相提並論神與鬼。面對神、鬼時，一般人多本於主觀或自我意識，罕存客觀或他我心理，少有能完全體會陰、陽二元論真義，其中亦包含不少行術數者。所謂本於主觀或自我意識，即以「人」為本位的觀點，以自我需求為著眼，所以傾向頌揚與祈請神靈。能存客觀或他我心思者，較容易感想異於人與神靈的世界，知道還有幽（冥）靈之存在。人之所以易重神而輕鬼，係鬼靈相較於神靈更加隱匿，其形跡既不容易被察覺其行藏也難以琢磨，從而其重要或關鍵性常受疏忽。

陰、陽互調，這是術數中明與暗的機制。茲以筮占為例，占者依揲蓍法在三次靜心地分蓍下，計算最終所得數字並代換為陰、陽符號此為一爻，經三爻得一卦，這是術數中明的陰、陽機制。卦或者卦象之成立，係經過占者在揲蓍時，藉與神、鬼之靈的交感策出其數。換言之，揲蓍：⑴具體過程就是有形與無形間的溝通，也就是揲蓍者藉此時機感應神靈對占問之事的啟示。⑵揲蓍者如既無法明確感通神靈，也無法感應神靈對己所占之事的擘畫，則筮占不具意義。⑶筮占者必經連續數次分著（三變）

大衍之數筮占成卦法

原文		名稱	步驟	細部操作
《易．繫辭上》：大衍之數五十，其用四十有九⋯⋯。	分而為二以象兩(儀)	分二 （分成兩堆）	一營	(1)五十策中取出一策置於案上不用。 (2)以手將四十九策任意分成兩堆，分別放在案前的左、右兩邊。
	掛一以象三(才)	掛一 （取出一枝夾在手指間）	二營	再從左邊那堆策中取出一策，將此策夾在左手的四、五指之間。
	揲之以四以象四時	揲四 （四個為一組地數）	三營	(1)四個為一組以右手數左邊之策。（三營之半） (2)四個為一組以左手數右邊之策。（三營之半）
	歸奇于扐以象閏	歸奇 （將兩堆餘數放在一起）	四營	(1)將左邊的零數之策（餘數），或1或2或3或4，夾在左手的三、四指之間（四營之半）。 (2)將右邊的零數之策（餘數），或1或2或3或4，夾在左手的二、三指之間（四營之半）。 (3)扣除兩邊餘數之和，此為一變。將案上策數再重複以上揲蓍動作兩次是為三變，最終剩餘策數除以四得一爻。
四營成「易」是為一變，歷三變得一爻，十有八變得一卦。	(1)三變後扣除三次取出的零數，合計案上剩餘策數並除四，必為六、七、八、九其中之一數。 (2)三變後得一數為一爻，七、九奇數為陽，記以「—」，八、六偶數為陰，記以「--」。 (3)陽上升，陰下降，故九為老陽，七為少陽，六為老陰，八為少陰。	 		

始得可用之數（一爻），其目的在延長人與神靈交感，讓人能細心體會彼等在無形界的運籌，包含祂們對陰（冥）界之查探。⑷筮占成卦，本卦與之（變）卦的連結是理解陰、陽對應。本卦可視為現在情形，之卦則為所問之事將會如何發展，亦即是事情演變方向或陰、陽間可能存在互動，這是術數中暗的陰、陽機制。

依《四庫全書總目・子部・術數類》云：「術數之興，多在秦、漢以後，要其旨不出乎陰陽五行，生尅制化。實皆《易》之支流，傳以雜說耳。物生有象，象生有數，乘除推闡，務究造化之源者，是爲數學」。因此，術數就是講求陰、陽以及五行之間彼此的生、剋、制、化關係或規律，可以說屬於《（周）易》之分支，以雜說流傳。學習術數的要領、法則，在依循凡事物發生、變化、結果必先有其現象，並可在冥冥中預見其未來景象。因此行術者可憑一事之現象擬出數字，再透過對數字之定義與排比乃至推演，以洞明其事的陰、陽交感，查究天、地對萬事萬物所行造化。這種論說對一般習術數者而言，未必真能體會其精義。以《易》而言，所以依數，實係藉著數（陰或陽爻）呈現其（景）象並顯示陰、陽關係，而且最終的數已設定代表著一個（卦）象。卦（象）就是一種現象，也是一則筮占紀錄，如同刻於龜甲上的卜辭。在解卦時，起卦者如能就卦象回想，自我如何得此卦，在筮占過程中有何感應，從卦象能看見甚麼景象，這些都是精妙析論與解卦要訣。起卦者如僅單純就卦、爻辭解讀，未必能探查出所占之事的一切玄機。

如此說來，求問事於神、鬼，依分蓍所策之數成卦後，憑據卦或爻辭並綜合主客、觀情勢解析與判斷，筮占者雖未能靈通亦可四平八穩，只是闡釋其中變化常有力道不足之感。反之，求問事於神、鬼時，能靈通彼等者所以勝於其未能者，因為：⑴神靈已欣然敞開無形世界機妙，令靈通者有幸窺其堂奧，使彼心能會通與靜融一切，頓時有茅塞頓開之感。⑵持術數者如能靈通神、鬼，其益在既可「明見」陰、陽之變，乃至「與聞」善、惡之判。果真如此，不啻將事起至未來發展瀏覽一遍。⑶當然，「真實」靈通是始終都必須強調的。靈通神、鬼是否偽造，對有些自以為「有感」者的確很難自覺，因為其本靈虛矯所以自我膨脹，於是遂認定自己通神、鬼之能絕對不假。

凡事因人而起，事與人之間隨時、空變化，其關係可能就不同。彼時有益於己之事，此時或者反成妨礙。故求問事於神、鬼，即懇請祂們諭示此事對人之利、弊。在現今坊

間實務上，人們問事內容五花八門，可請神或鬼靈僅只諭示事之發展，亦可論及人受事的影響。人求問事於神、鬼，彼端回應於人諭示只唯一，但此端媒介者感通與會通結論，未必真能與神、鬼意思允合。從而，神、鬼與人之間媒介者是否確能真切，絲毫不爽領受祂們諭示，古往今來向為人們求助於靈媒時最關切者。

於此，以下數項當視為人們求問事於神、鬼時，身為媒介者在演繹彼等示意應有之正確認知，不論是直接感通諭示或以數術推演、論斷其事者皆然：⑴既請彼等示意，則神、鬼必定秉公裁度。人們所以相信唯有神、鬼可諭示，乃是因為彼等不僅對過去、未來，乃至陰、陽兩界都有衡平是非威能，而且在冥冥之中也掌握了決斷，或調節與疏通恩怨之權柄。但凡聞聽任何央求，神、鬼必定公平、公正、無私地司理，如此方能使存在於冥、陽兩界者俱得祥和，不生焦躁，彼此各守本分。所以，不管是直接靈通神、鬼，或持術數推演神、鬼示意者，相信與接受祂們釋放訊息最為重要，切不可參雜一絲自我意識。⑵人們求問事之吉、凶並稟請彼等諭示，則神、鬼的判定必不能顧此而失彼，須將該事與人合併並照會陰（冥）、陽兩界一切有司，以計算其人應受福、禍。然世人不察，總耆想藉求問事於神、鬼之際，趁機試探祂們意思，乃至只祈求蒙獲萬般恩寵。殊不知，神、鬼豈能任人佔盡陰、陽之利。所以，神、鬼示意斷無偏袒或徇私成分，如有則屬人為意思。(3)神、鬼諭示靈驗與否，關鍵在於傳述神、鬼諭示者實質會通。易言之，即便其事遇凶險亦不隱諱者，或即便無法感通神、鬼諭示亦不巧飾者，忠實反映了自我能力並祛除人們對神、鬼示意靈驗與否迷惘。果能如此之媒介者，方不至於玷污神、鬼聖明，誤己誤人。

求問神、鬼並祈請彼等示下事之吉、凶，龜卜依兆璺，筮占據卦象，比較兩者：(1)不論從產出過程或結論形貌來看，筮占成卦予他人言而有據之感，而他人也可按圖索驥自行檢視與體悟卦、爻辭。(2)相對地，灼甲裂紋實在不易解讀，其他人通常只能任龜卜者天馬行空地解說兆璺，內心實在難有相同體會。(3)筮占有既定成卦方法及解卦依據，其他人也可以依循而自行衍出卦象，然後查看卦、爻辭，自行判定事之吉、凶。(4)與解卦不同，龜卜者真的需要能靈通神、鬼，否則僅憑兆璺也說不出甚麼結論。(5)排斥龜卜者認為，兆璺解析是自由心證，使他人對彼媒介者易有隨興代言之疑。(6)於是筮占自然較受肯定，轉居上風並漸成主流。雖然以上比較再再反映龜卜與筮占特性，但實在說來，缺乏靈通

的智慧，媒介者實在也不足以與神、鬼論交涉。換言之，一般人也可以就事自行衍卦，自行解卦，但其內心對自己成卦之基礎必然難生信心。再說，對卦、爻辭擇用要能真正精確而有一語破的之能，沒有一點靈犀也不行，這就需要仰仗神、鬼襄助了。

媒介者求問事於神、鬼並理解彼等諭示，並非可靈通者就絕對優越，而在於是否具足真正會通祂們示意的能力。茲援引兩則《左傳》記述，見證媒介者分別以不同途徑真切銓解神、鬼諭示，展現其智能。《左傳．莊公二十二年》：「陳厲公……，生敬仲。其少也，周史有以《周易》見陳侯者，陳侯使筮之，遇《觀》之《否》。曰，是謂『觀國之光，利用賓于王』。此其代陳有國乎，不在此，其在異國；非此其身，在其子孫」。陳厲公生敬仲後，央請來見的周太史就以彼所持

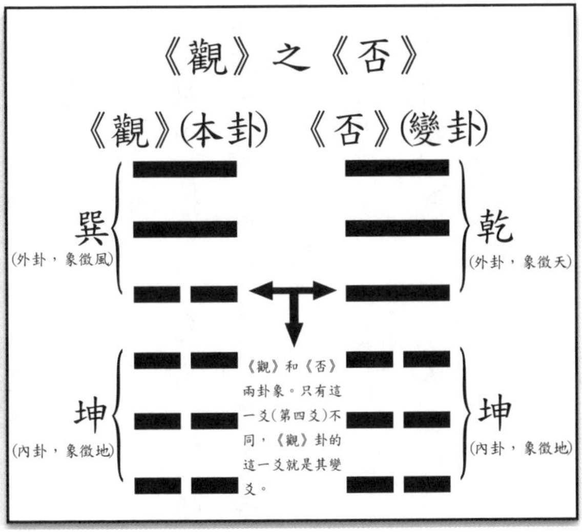

之《周易》為自己幼子筮占。周太史占得《觀》（本卦）之《否》（變卦）卦，遂說道：「此卦用的爻辭是『出聘觀光，利於作君王賓客』。此子會代替陳（國）擁有國家，但不在此國，而在異國；並非是他這世，而是後代子孫」。魯莊公二十二年（前六七二年），陳人殺太子禦寇，陳公子完（敬仲）投奔齊國。敬仲後擔任工正之職，管理百工，齊國田氏便是陳敬仲後裔。魯昭公八年（前五三四年），楚國初次滅陳時，陳敬仲五世孫陳桓子勢力在齊國崛起。魯哀公十六年（前四七九年），楚國再次滅陳之時，敬仲八世孫田常已專政於齊國。至此，再回顧約二百年前敬仲年幼時周太史筮占內容，果不其然。

《左傳・文公十八年》：「十八年春，齊侯戒師期而有疾，醫曰，『不及秋，將死』。公聞之，卜曰，『尚無及期』。惠伯令龜卜，楚丘占之曰，『齊侯不及期，非疾也，君亦不聞，令龜有咎』。二月丁丑，公薨」。魯文公十八年（前六〇九年）春，在下達出兵（攻魯）日期後，齊懿公便生病。經召醫診斷，齊侯被認定過不了秋天，大限將至。魯文公聽聞此事隨即行卜，結果是「還不知道甚麼時候」。叔仲惠伯於是命令龜卜，卜官楚丘行卜後說：「齊侯活不過伐魯日期，但並非死於疾病，國君也聽不到其死訊，令龜卜者也

有凶咎」。二月二十三日，魯文公逝世。不出龜卜者所言，魯文公早在齊侯被弒前即去世，故不聞齊侯之死，而叔仲惠伯也慘遭殺害。

前揭兩則事例中，前者以筮占，後者行龜卜，兩者求問事於神、鬼的方式不同，但結論都極靈驗。換言之，媒介者在與神、鬼就求問事溝通上，並未因其應用途徑有別，最終使人得知神、鬼示意出現落差。在這兩則事例中，因為所問之事發展著實令人難以想像，非一般盱衡情勢並佐以卦象或兆璺即能斷言，相信都是由於神、鬼現景，而筮占與龜卜者也紮實領會祂們回應，充分演繹彼等示意使然。因為如此，我們可以確定，筮占成卦後，無論就其卦象意境，或者卦、爻辭可延伸涵義，或應對本卦、變卦作何適當解讀，有時皆非凡人智慧所及。從而，若無能力感通乃至會通彼端神、鬼所施展，則至多只能對求問事如蜻蜓點水般予以結論，持數術者與靈通者皆不例外。

先賢論術數原理、原則常咬文嚼字，彼等解說既隱晦難明又不著邊際。術數是一項「運用」，其目的在推論某事對人的吉凶禍福。依筮占成「卦」並藉「易」解說，其實也就是術數。此一術數應用方式（法），乃持（行）術者就某事憑個人靈感所得景象策出數字，然後再將迭次策出之數字轉化成圖像，藉以表現該事的演變並供自己推論。至於持（行）術者推論圖像的意涵，以及向他人解釋該事的吉凶，則應用陰、陽以及五行生剋制化規律。以上術數之應用，惜只述說其「形」，未論其「靈魂」。

既藉由術數途徑求問事於神、鬼，真正助益行術者的關鍵，不在其能否深切明瞭陰、陽與五行的對應或互感，反而在其內心對神、鬼所抱持立場。能懷以下認知，相信對行術數者必深具價值：⑴因為通曉我欲探索之事勢必超越時空，乃至開啟陰、陽之門，此皆非凡人可為，若無神、鬼威權映照豈能聞問。⑵如若真能「有感」已蒙獲神、鬼指引，將使自我橫亙整個探求該事過程都不致茫然。因此，一旦靈感神、鬼對其事示意，自當靜心、虔心、誠心恭請彼等娓娓細述。⑶任何事情都有其發展推力，有時不能只見現象，即說此事合理，或此事不合理。一般人看似不合理之事未必就真不合理，因為它也許還隱藏有不為世人知見之因由，必須明暗兩者相合始為事情真實面貌。⑷求問事於神、鬼時，應用術數者僅媒介且不過代言而已，所以不宜妄加揣度，以為其事發展似乎有違常理，遂堅信當不至於如此，這樣就有失自己對神、鬼誠敬。⑸總之，不論依何種途徑，凡涉

及無形界之事者，其最正確意識就是秉持「神、鬼從來就無私，凡人又何必存疑」心理，這才是信仰與服膺神、鬼，真誠演繹祂們的最佳策略。

二、巫的嬗遞（一）—巫、方仙道、天師道

人謀與神或鬼靈交感，其意圖不外乎：(1)探索無形界—因為人經由揣測進而定論，自身所在的有形界外，還有更廣大無形且無法言喻之境域，存在難以想像威能（力），牽引著人。人因此心存好奇，想探索冥冥之中有甚麼力量影響著人，如何影響。(2)安定相對力—人既知有無形界，遂希望彼界能對自我產生有利而無害的影響，希望爭取主宰彼界者對人的友善，兩世界能常保和諧互利。既期盼無形界不要對人干擾，使彼此和氣，人就需要與神、鬼交感，表明心跡。(3)爭取支助力—因為面對生活中許多無法對抗力量，如風雨侵襲、地動天搖，常令人感到恐慌與懼怕，古代人認為這是無形界神、鬼發出的

警告與懲戒，現代人則希望彼等能減少災害，積極護佑眾生。於是，人會特定或不特定表意對無形之順服，以贏取彼世界對人的支助。

神、鬼，雖視之不見，聽之弗聞，但人們內心卻常將彼等人格化，不僅渴盼能時相感通，進而萬望祂們總有百般關愛，始終不離不棄。由於彼等既無形也無象也不知所在何方，於是呈現對祂們的虔敬，傳達人對祂們的祈求，理解彼等對人誠摯期盼如何回應，必須藉特別技能和依循非凡途徑，延請祂們臨降進而尋求對話，這就是靈媒或神、鬼與人的媒介者、代言人存在之原因。於是，具備這種媒介能力者始終受人另眼相待，禮敬有加。

巫、方仙道、天師道三者皆演繹神、鬼，在時間的意義上，三者呈現了發展歷程之延續。但在演繹神、鬼意識上，雖皆以媒介者身分助人尋求彼無形界奧援，或舒緩彼無形界與人之糾結，但三者在：(1)目標與（社會）功能；(2)應用技能與演繹途徑；(3)角色扮演者實益上，各有境地，既各得其所，也各展所長。在神駕與靈駕的精神、特性表現上，三者雖各有核心，彼此名稱、面貌容或也有些許差異，但仍可看出是在一個「體系」中行進，後者未嘗脫離前者的身影。

（一）巫

春秋、戰國前，王室與貴族多自擁巫、祝，用以掌理各項祭祀神、鬼儀禮，照管日常趨吉避凶之事。其後，既日漸失據於上層社會，巫、祝乃流散民間，轉以尋常百姓為主要服務對象。雖然所涉仍為神、鬼事，其本質也相同，但某些巫卻因操持面向不同，被冠以「方士」之名。在秦代，因為始皇寵信方士，不禁卜、筮，巫風遂得以蔓延。《史記‧陳涉世家》記載，陳勝舉旗抗秦前曾往卜，卜者因已知其意，乃曰：「足下事皆成，有功」。隨後，吳廣乘機又藉上天示意「陳勝王」為號召，天下竟聞風響應，順利推倒強秦。西漢文帝為代王時，先行問卜並得吉兆，始進京登基繼位。西漢武帝本人亦常命巫卜，以決其軍國大計。綜上可知，崇神信鬼並傾聽祂們示意的心理，社會上下階層具無分別，不因朝代更迭而有改易。特別是，帝王在定下對外用兵的重大決策時，因為勝負常難以估量，風險極高，即使已胸有成竹亦不免仍要藉巫卜決斷，借助神、鬼的聖明解救人的焦慮、惶恐不安。

於是，不僅見重於秦代，巫在進入漢代後仍能躋身王室和行走於民間，充分顯示其根性。例如，《史記・呂太后本紀》：「三月中，呂后祓（祭神禳解）。還過軹道（亭之名稱），見物如蒼犬，據高后掖（腋），忽弗復見（忽然就再也不見）。卜之，云趙王如意（漢高祖寵妃戚姬夫人所生）為祟，高后遂病掖傷」。而西漢文帝時，晁錯曾建議募民徙邊，並請朝廷於聚落設巫以安民。《漢書・晁錯傳》：「為置醫巫，以救疾病，以修祭祀。……此所以使民樂其處而有長居之心也」。由此可見，巫在當時已然融入社會並應合著人們需求，有其重要機能，為民眾生活中不可或缺之角色。何況，協助人們面對不可知的未來，藉己所能交感神、鬼並傳揚祂們聖德以安撫人心，激勵群眾建立克服困苦、化解疑懼、應付挑戰之信心與心理，正足以展現巫的本職學能。

在漢代，不只是巫，與巫相似倚演繹神、鬼之能而謀生已成專門行業。《漢書・食貨志下》：「工匠、醫、巫、卜、祝及他方技、商販、賈人，坐肆列里區謁舍」。謁舍，若客舍（館）。雖然都是神、鬼與人之間媒介者，都是演繹神、鬼，但彼此職能已漸分流。從比較上看，巫如同演繹神、鬼的「通才」，卜則側重於為人龜卜、筮占（卦）以決疑，祝則主司為人籌謀祭祀神、鬼。經理神、鬼之事，巫、卜、祝各擅勝場，各有千秋。但

對一個靈通智能者而言，巫常能憑其筮占之術立足與謀生。操持龜卜或筮占（卦）之術對巫而言非常容易，可謂遊刃有餘。《史記・日者列傳》中可以見到，卜、筮者能「辯天地之道，日月之運，陰陽吉凶之本」。但人們似乎對彼等並沒有好印象，「夫卜、筮者，世俗之所賤簡也」。因為，人們認為：「夫卜者，多言誇嚴以得人情，虛高人祿命以說人志，擅言禍災以傷人心，矯言鬼、神以盡人財，厚求拜謝以私於己」。因此，有智之士既如此輕視卜、筮者，則所說理當包括對巫的觀感。

就其稱謂、職能與印象，卜、筮者與巫，乃至於巫與方士，一般認為彼此間似乎有別，但真要區別又未必能予以釐清。卜筮者、巫、方士三者，因個人條件、智慧不同，各以不同面向演繹神、鬼示意：(1)卜筮者是行龜卜或筮占，經交感神或鬼靈後，以言他人所問之事吉、凶。因行之不易，灼龜以卜逐漸少見，卜筮者多以揲蓍法起卦，再視卦象對照卦、爻辭解析以斷事。占卦過程，筮者雖然可應用其與神、鬼之靈通，但亦可不採行。但不能靈通神、鬼，卜筮成卦、解卦難以靈驗。因此，卜筮者應具一定程度的靈通神、鬼，並就自我智能演繹彼等示意。(2)巫係以靈通途徑，交感、感通與會通神或鬼靈對求問之事的示意。因為可靈通，所以巫能識別陰、陽，並充分演繹有形與無形間特性。至於相對主體者間，是否存在陰、陽與五行之生剋，巫聽憑神、鬼示意。換言之，巫多以處理陰、陽間對應關係為主軸，是否仍需顧及五行對位運用，神、鬼自有主張。(3)方士，融陰、陽與五行論說支撐其應用之術，且各自表現於不同面向者。《後漢書・方術列傳》所臚列之應用方術與方士，包括天文、醫學、神仙、占卜、相術、命相、遁甲、堪輿等等。因為面向、對象各不相同，如何套用陰、陽與五行理論，方士常各自發展。但方士的陰陽、五行之論能於其術起作用，使其術到位，實際上仍需要靈通神、鬼，獲得彼等應和。(4)歸根究柢，能否具體靈通神、鬼，這才是卜筮者、巫、方士三者的真正才學與智慧。明此，則對有時稱卜筮者為巫，稱巫者為方士，有時方士又被視為巫，彼此的稱謂、職能與印象可以重疊，知其義理矣。

就整體論，巫在漢代上層與下層社會均稱活躍，但其個人卻因立足於不同經理層面，而有不同形貌。首先，予以招徠、延攬並積極容納，這是漢代統治者對巫的態度，也充分說明瞭巫在整體社會存在價值。《史記・封禪書》云，高祖於長安置祠祝官、女巫，並有梁巫、晉巫、秦巫、荊巫、九天巫、河巫區分，各司其職，適時受命禮敬天、地間眾神，以衛國佑民，安邦定社稷。其次，既以演繹神、鬼聖明為要務，則代遭逢困苦之人懇請神、鬼施恩，或為他人卜筮以問明吉、凶，或行祈禱、禳解以除他人疾惡，乃至主動導人煉養修仙，巫皆賴其所操持各安生業。只不過，那些或以卜筮謀生，或為人籌辦喪葬祭儀，或替人拆解日常諸事宜、忌者，多經營於社會基層。而教人設法長生，煉養自體身、心、靈、氣以修仙者，則奔走於社會上層並被稱為方士。方士而倡修仙之道者，多以達官顯貴乃至於帝王為其遊說、策勵對象，此一經理路線亦被名為「方仙道」。但必須再次強調，不論巫或方士皆操持其術，只要個人靈通神、鬼的學能與智能俱足，巫可輕易遊移，沒有職能區隔問題。

人們神、鬼信仰的建構與維繫，巫不免要肩負其責。巫的作為，如同左右兩邊荷擔前行，一邊擔的是應和人心，一邊擔的則是調理人們信仰習尚。當然，巫也可能一邊應和習尚，一邊調理人心，這是因為：⑴人既不否定受神、鬼影響，於是必然就要有人能擁智慧，可以不斷分析與解說彼等如何影響人。⑵人習於猜想自己的某事是否受了神、鬼影響，所以就要時時有他人代為查探於彼等，設法澄清以寬己心。(3)人總想要神、鬼隨時給予無限恩賜，幫忙避開任何可知或不可知凶險，這種利益不只針對個人，也希望擴及其他家人。不只懇請神、鬼滿足自我現時需求，也希望種種福慧能延伸至將來，至永久永遠。正是人擁有這些奢求心理，使巫必須盡心琢磨，如何運用其智能應和人心，調理習尚。又或者，應和習尚，調理人心。

長久以來，人對神、鬼之意識，除了祭祀時面對之祖靈，鬼總是為人畏懼、排拒，雖然人人也終究都會成鬼。但人仍然懼怕幾十年後的自己，委實怪哉。平心而論，這都是因為人真的不瞭解鬼，並且誤信了許多訛傳。社會上許多人對鬼的各種認知，據信多半是來自他人輾轉傳播。鬼是人死後的靈、氣，也是離開人體的魂、魄，一般人通常不能感知，只有憑想像以意會其存在。如果「想像」周遭有鬼，且此係屬於逝去的祖先之靈，則因為在腦海對祖先有情感、記憶與印象，因此人內心比較不會懼怕。但如果意識、聽聞是他鬼則不然，因為對彼既陌生又無情感，加以沒有形象可供對照，頓時遂起莫名驚恐，心生畏懼。由於人們心態、觀念如此懼鬼，但實情又不能不與鬼打交道，有人甚至陶侃，

巫就是這樣始能生存，才有立錐之地。與常人不同，巫對某一鬼靈不論識與不識，既有感知則能體其意；如只感知其有，但不能知其意，切不可隨想亦不可言傳，以免自誤誤人。

人們畏懼鬼，因為鬼被描述成具有如下特性：(1)隨處有——《墨子・明鬼》云：「古之今之為鬼，非他也，有天鬼，亦有山水鬼神者，亦有人死而為鬼者」。鬼的類別極其多，凡有人處皆有鬼，隱而不現與人夾雜而處。尤其橫死之鬼，因不滿生前所受際遇，常心懷仇怨、忿恨，流連盤桓，滯留不去。(2)其性惡——東漢王充《論衡・訂鬼》曰：「鬼者，……，凶惡之類也，故人病且死者乃見之」。鬼屬兇惡之類，在人將病死面臨兇禍時，就看見其身影。(3)生邪祟——鬼不僅隨處有，而且既屬無形則等同處在暗處，虎視眈眈環伺著人。傳說，鬼是以陰氣侵襲生人，暗地作祟，使人身體每況愈下，在不知不覺中受其所害。(4)難相抗——據云鬼的心智不但勝過人且總不懷好意，時刻處心積慮，盤算著如何加害於人。《墨子・耕柱》：「鬼、神之明，智於聖人也，猶聰耳明目之於聾瞽也」。(5)應人氣——鬼既存在四周且聰明過人，伺機而動勢所必然。《論衡・訂鬼》：「人病則憂懼，憂懼則鬼出」。成語「病入膏肓」就是描述，春秋時晉景公病重，體內有兩個小鬼搗亂，使群醫束手，藥石罔效。該兩小鬼乃人體內陰氣，當人元氣衰弱無法抗衡時，就乘勢串通體外之鬼，裡應外合，準備了結病人性命。

但說來說去，鬼之靈既原屬於(某)人，則生前之靈於轉成鬼靈後，會不會變易其性？換言之，在世良善不與他人計較者死後成鬼，其靈性是否仍如生前？會否轉為危害他人？鬼靈因何為惡於生人？茲綜合說之：⑴鬼靈確實有其性，而且鬼性一如人性，有善有惡。但鬼靈未必能跨界尋釁，除非具有極強念力。實務上可見，鬼靈得以跨界並發抒彼之靈力，或因該鬼靈於生前真蒙受極度傷害，以至於非跨界尋仇，否則難平冤屈。又或者，該鬼靈在彼冥界確實遭遇很大困苦，非訴諸陽世親人奧援，否則難以脫困，從而不得不跨界哀求。⑵說來奇怪，鬼靈跨界尋求陽間親人援助(救)，通常都能使被請求援助者感知其苦楚。是否鬼靈已探查出，可向誰求援始克有濟？⑶鬼靈因為已無形體，而且未必能隨意依附於人，因此不容易讓人知其存在。鬼靈想要讓人體會其存在，知其意圖，未遇通靈者一切枉然。⑷鬼靈即便想對人託夢，傾訴心聲，也要具備條件。鬼靈不會隨意找人訴苦，陌生人、不相干者無法與之相互感應，無法產生濟助、援救之心理。⑸鬼靈常彙集積聚，

據以形成綜合體，強固彼等靈氣。鬼靈不能享祀，等同無人問津，經久即散失其魂、魄。(6)為惡之人不期然竟殞命，常因其作孽過多使本靈厭惡己身，愧天作人，必去其形體而後快，未必是遭鬼靈索命。(7)當然，在陽世無惡不作者所以難得善終，也有是因為受被害者鬼靈討報。

但人們始終認為鬼可怕，其性既未必能任人揣度，則巫如何呼應人心，調理習尚？人成為鬼，發軔於其死亡及之後的喪葬。雖然內心對已故親人即將成鬼極度哀傷，舉家悲痛。但家屬希望逝者就此安息，莫再留戀陽世。此外，家人也會存想，是否應當替過往者做些甚麼，以告慰其靈。於是，試圖疏通死者亡靈在冥界際遇，成為陽世親人至所期盼之事，這就有賴巫用心張羅，以其智能同時爲生人和亡者消解這場死亡的災殃。就巫而言，處理死者喪葬首重安置亡靈。換言之，安葬之旨趣在使亡靈順遂跨入彼冥界，不再停滯陽間。因為亡靈能在冥界安適，則陽世親人就可不受亡靈侵擾。為了適切安葬死者，

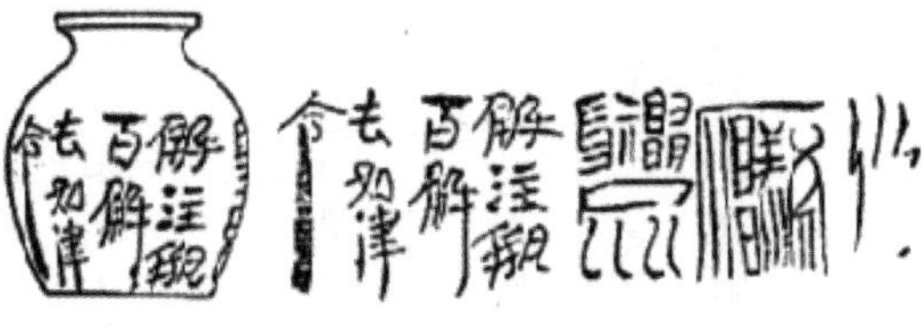

洛陽西郊解注瓶、朱書符文

於是巫乃：⑴以咒語行「解注」，為亡者盡解陽世積累恩怨情仇，蕩滌所有罪愆，還其應有潔淨，以慰亡靈之心。⑵自詡為「天帝使者」身分，代亡靈向冥界有司說項，護保亡靈圓滿轉隸。

解注中的「注」在古音中可與「咒」互為音轉，因此解注的意思即解除之咒語。解注的意義既在行咒，以咒語解除死者以往所涉糾葛，使離世者一了百了，自此與陽世永無牽拖，期彼莫存任何罣礙。因此，解注之實質重在對死亡的「解」，在設法禳解可能影響亡者順利由有形界過渡到無形界之障礙。首先，禳解的對象，一則死者，一則生人。死亡或家宅內行喪葬，對死者和其家屬都是劫難，當行禳解。巫在料理喪葬時行禳解，其意義多重，既解了逝者劫數，消極上也就間接地袪除了喪家災厄。與此同時，更寄望亡靈能於無形界積極地庇佑子嗣。其次，禳解當包括透過各種祭儀，稟告與央求無形界的、天地諸有司，懇祈彼等接引與受納死者亡靈。巫的此一禳解內容與行事，逐步發展成後世在亡者喪祭中的各種法事。

與古代前輩行術的面向、技巧不同，巫在(東)漢、晉之禳解，一則其禳解對象不僅

只死者，尚擴及死者在陽世親人，一則將咒語以文書式寫於陶瓶（罐）並置放墓中，以期威能久遠。巫放在墓中陶瓶謂之「解注瓶」，也稱「鎮墓瓶」。顧名思義，巫以上書咒文之解注瓶安放墓中，此一措置目的係祈期亡者體察冥、陽世界兩隔，冀彼忘情所有陽世間一切，從此不再和過往的人與事產生任何牽連，永遠靜謐、安詳地沉睡於墓中。

解注瓶起於東漢中、後期，其上之咒文形式、內涵已接近後來道教的符咒。符咒既已見於巫料理喪葬時行術之運用，可謂揭示了道教與巫術的接軌。上圖所見解注瓶與咒文為一九五四年，河南洛陽西郊東漢墓挖掘出土實物。至於下一圖「天帝使者」名號之封泥，則出土於一九五七年江蘇高郵邵家溝之東漢遺址。道教起後，有道士仍自稱天帝使者，這也是巫在道教中的遺風。天帝使者，望文生義即代理天帝行使威權者，此一稱號並非任巫可隨意使用，其身分須經神靈界認可。但巫為了取信於人，多以此自命，使他人相信自己確有威靈，行咒必然發生效力。

依據解注瓶上符咒、天帝使者稱名之應用，通觀巫在漢代的操持，以及彼等演繹神、鬼作為，可見以下特性：(1)憑符咒通神、鬼—巫行事（術）時口中所發出之咒語就是載體，承載著人內心對神、鬼誠摯央求，懇請彼等恩允人的渴盼。符咒是咒語的文書化，不僅具有媒介功能，更隱含約定與約束之意義。自「道教應世」後，其各派別之行術者大量運用符咒。符咒在連結神、鬼、人，使三者一致起作用，就其內容言，包括了人對神的祈求，對鬼的期待，以及自我的想望。⑵妥慎安置亡靈—亡靈未必真已捨離陽世一切，從此不生聞問於過往之人與事。換言之，亡故者過去恩怨未必真冰消瓦解，實務上仍藕斷絲連之事例多矣。特別是，探究陽世之人所以得咎，往往是因為受某一鬼靈滋擾，或與彼糾結未解，從而時時事事每多掣肘。安置亡靈，巫行兩面策略，一則厭勝、厭劾之，施符咒予以鎮攝、逐除，以期彼等不致返回生害；一則厚葬與永祀，以告慰亡靈並延續其靈命，祈請庇蔭子孫。⑶冥界已見管轄—彙整出土漢、魏鎮墓文所見，司理幽冥、經管眾鬼之神計有：墓上、墓下……魂門亭長、地下兩千石……上司命、蒿里父老等，名稱繁多。顯見幽冥界存在約制、管轄，然而這是否巫的想像？識別冥界體制，應該是長久以來，巫與神、鬼交感心得的累積。對幽冥界機制的形塑，想必也是巫在與鬼靈交感過程中，逐漸摸索而來。幽冥界有體制，表明人已感知其「靈與活」的事實。⑷攻幽冥以治祟—

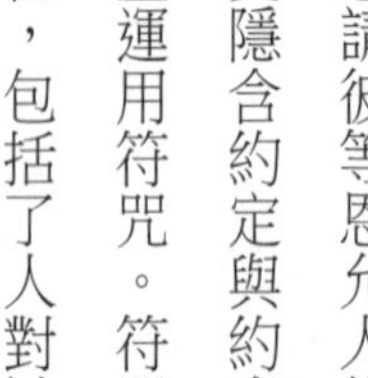

「天帝使者」封泥

鬼靈真聽從安置，就此寧靜處於幽冥世界？依巫的司理經驗，思索與解除個人所以受深沉苦厄、艱辛，有時朝向幽冥（界）找答案，似乎快速又正確。這是因為的確有由於鬼靈作祟，使人致疾，令其身、心受苦。至於鬼靈所以作祟人，不外乎其人與鬼靈之間尚有未解宿仇，未償虧欠。

在漢、魏，時人既服膺鬼魅為祟引發疾災之說，則不僅身體有恙時常捨醫就巫，舉凡諸般苦痛、禍患，人們也都會延請巫以卜筮找出祟因，尋求對治。至於巫的治祟對策，不外乎：⑴祭祀祈請以解——《論衡・祀義》云：「病作卜祟，祟得脩祀」。患病時，請巫卜筮；找出祟因後，即行祭祀告解。《論衡・解除》則曰：「世信祭祀，謂祭祀必有福；又然解除，謂解除必去凶」。世人相信祭祀必得福分，又信禳解、袚除，認為一定可排解、斥逐難以預期且不可知與見的凶險。巫鼓勵人們祭祀（拜）鬼靈，表現對彼等誠心敬意，希望能就此得到反饋。⑵悔罪求告以解—除了祭祀，巫也替病人書寫符咒上奏悔罪，祈請天帝原諒。此外，還有要求病者悔過自懺。病人自行書寫姓名及服罪悔過之意，共寫三份，其一上呈於天（放置山上），其二下埋於地，其三沈入水中，此謂之「三官手書」。⑶當藉由祭祀祈請、悔罪求告，仍無法驅除作祟鬼靈時，則巫不得不採直接對抗，與彼進行面對面溝通、談判，以此達到除邪療疾之目的。

雖然歷經了漫長歲月，在演繹神、鬼，在反映神、鬼、人三者關係，或者以智能梳理神、鬼、人三者關係，漢、魏的巫對照其先進，或者與其極久遠前輩，彼此之本職學能並無多大分別。時間的挪移，並沒有使巫在演繹神、鬼、人關係之作為上出現太大差異。時間移動，只調整了我們觀察巫的焦距，讓我們更清晰，巫是如何在神、鬼、人之間展現自我職能，以滿足人們需求。總之，周旋於已然的神、鬼信仰與意識，相沿相續之傳承者，在交涉彼等與人關係上，在展現自我職能上，仍須秉持先輩們已應用之技能。這讓我們更加肯定，從古到今，在演繹神、鬼技能，在操持彼等與人關係的對應上，不論何種身分，最早期和現階段者之間並沒有太多改變，只要他和她是巫或者巫之屬。

靈通者在呈現神、鬼與人關係上，一向就有不同演繹途徑，也有不同的演繹面向。從而，除了對巫演繹神、鬼觀察外，以下也將另有對「方仙道」，以及對「天師道」之論述。方仙道與天師道者，本質上也是媒介者，也是作為以技能和智慧表現神、鬼與人關係者；

雖然名稱有別，但彼等所呈現神、鬼與人關係的內涵，呈現時態樣、形貌與巫所展現，其實也並無不同。雖然，天師道在經理神、鬼、人關係的技能上另闢蹊徑，但無論其想法與技術如何變易，要能使祂們發生人所期待之效能，前提是彼等認可人或媒介者的示意方式。再進一步深入地說，不論時代如何更迭，媒介者如何應用其技能，只要其身影屬於巫，在操持神、鬼與人關係時，勢必就不出本質為神駕或靈駕，且必依神駕或靈駕之屬展現自我職能，只不過是否被識別出而已。

（二）「方仙道」

就心理論，因為篤信神、鬼有大威能，人人都想挨近祂們，乃至終日與彼等為伍，片刻也不分離。但就現實論，神、鬼是無形，人必須喪失形體後才能進入彼世界。不過，許多活靈活現傳說實在打動人心，興起帝王無限遐思，相信不須成為神、鬼，如能成仙則更為殊勝，何況聽聞此並非鏡花水月之事。凡人成仙與成為神、鬼不同，祂不須經歷死亡，依然可保有形體。當然，人也可以經過死亡後再成仙，但必須經歷喪失既有形體與生命，拋棄生前所有一切，包括家庭與親情。仙係神、鬼之變貌，但其特性大不同，既可優遊於無形界，也可回到及現身於有形界，在兩界間自由穿越。據說凡人可經由某些途徑，直接就到達仙的狀態，如同神、鬼般具有無比靈力，以及超越常人所能擁有之逍遙，此謂「飛昇」或「羽化」。

成於戰國時的《列子》、《莊子》等著作，書中都有神境、神人的寫照。《列子・黃帝篇》記黃帝神遊華胥氏之國，其國之人沉水不溺死，火烤不炙熱，刀砍鞭打不覺，指甲抓搔也無疼痛，騰雲在天就像腳踩實地，懸空寢睡如同臥床。至於《莊子・逍遙遊》則提到，在遙遠的姑射山上住了一個神人，其肌膚若冰雪，丰姿綽約似童子，不食五穀，只吸風飲露。神人的境界，除了乘著雲氣，駕馭飛龍，遨遊四海之外，精神也能凝定不散，並使物不生病而年穀熟成。這種神境、神人特性，不僅引發人們憧憬，也成為養生、修煉者潛藏於心之歸宿。後世對修煉成就者的種種傳奇、神異描述，無不以此為指向。神境與神人之描寫雖是虛擬，也可視為論述者的一種理念投射。但在傳播過程中，經宣傳者不斷添加、塗抹，最終被提及之神人已有血有肉，很容易使聽聞者相信真有此世界存在，

甚至貴為帝王者就是這樣動心的。

前揭神境、神人之描寫，其實說的就是「仙」。春秋、戰國時人們對神的認知已很具體，神是「無形」，不論天神、地祇，乃至聖賢而為神者皆係屬靈狀態。凡人們所禮敬、奉祀的神尊，雖皆有其名，但並未能見著其形像。何謂仙？仙字初做「僊」，《說文解字》釋僊為「長生僊去」，僊也就是遷的意思。《釋名・釋長幼第十》亦云：「老而不死曰仙。仙，遷也，遷入山也。故其制字，人旁作山也」。由此可知，仙或成仙者就隱遁山中，在那雲霧飄渺，似夢如幻的清靜之地養生修煉，以求永生不死。所以，除天神、地祇外，成神者係人們感念彼在生時無比英明，期其死後於無形界持續顯聖以護佑人間蒼生，從而敬上封號追念彼為神並賦予職司。但仙是人修煉長生(術)，經年累月已臻化境，終底於成；又或者因其人在生時勤於修煉，其修為亦已超世拔俗，死後乃轉化而成。於無形界，神與仙雖同列但彼此有別，神涉人世間事常須降駕顯聖，惟仙通常無職司，可不問人間俗事。

成仙之事與靈通神、鬼者，與巫或靈媒，或者與演繹神、鬼者產生連結，係由於：

⑴除了於有形的人世間持續修煉與存活，成仙後另一個實在境界、領域，說穿了就是無形界。無形界應該沒有「人」去過，能清楚地說道彼界者大概只有靈通神、鬼者，他們可謂無形界權威與先進（入）。⑵想成仙之人需要仙的助力，畢竟惟有仙才知道如何跨入成仙道路。但仙何在，仙之情狀如何，除傳說或書中所言外，現實中有無可能尋覓仙的蹤影？雖未能見著仙，但巫或者靈媒演繹神、鬼時所烘托，應該比較容易令人想像，也多少可以讓人擬真，他們正在交感的無形就如同是仙。⑶靈媒為了能更精進其靈通神、鬼，自己平時就必須不斷修煉。因為他們有交感神、鬼途徑，應該也可以接近仙，所以巫或者演繹神、鬼者想教人修煉近仙之道，亦屬合情合理。⑷無形界與有形界的接軌，就在人生、死之交。使人死後亡靈改列神、仙而不入幽冥為鬼，靈媒或可代為央求，疏通彼無形界，但前提是其人之靈有不入冥界的充要條件。⑸修仙有術之說法，明確指陳成仙方向，不僅使想遺世忘累者神往修仙道路，也使其感覺拜師有望。至於人們修仙所拜之師，無疑地背景必然要是巫，因為唯有彼等神通廣大，這類「人師」在當時被人們稱為「方士」。⑹從而，修仙之術亦稱為「方仙道」，其術一則修延生、長生，一則修煉「通達」神、鬼之境。修延生、長生之術，因受遠古神話影響，相信可藉服食長生不老丹藥達成。修煉通達神、

鬼之術，則博採陰、陽理論，以及廣泛運用五行術數為基調。⑺綜觀方士教人修仙過程，正是向人們傳布或演繹神、鬼的形成。

關於延生、長生之術，方士將服氣、煉氣作為修仙基本要務，並與服食丹藥相結合。在《楚辭・遠遊》中，有不少吐故納新、導引食氣之類的修仙思想。而《莊子・刻意》也載有：「導引之士，養形之人」，謂其「吹呴呼吸，吐故納新，雄經鳥伸，為壽而已矣」。這就是行氣術，係一種導引人體內之氣運行的功法。人體內的氣有兩種，一為呼吸之氣，一為元氣。呼吸之氣源自大自然，進入體內促成各器官正常運作；元氣既存於體內，為支撐人生命力的根本。服氣是將清新之氣吸納、攝入體內，汰舊換新，係針對呼吸之氣而言；煉氣則是設法將呼吸之氣轉化為動能，促使體內新陳代謝旺盛，如此則元氣綿綿不絕，生命可長可久。呼吸之氣進入體內後滋生元氣，使人展現體能、活力。呼吸之氣與元氣密切關聯，相互依賴：⑴此氣強則彼氣亦強，彼氣弱此氣亦弱。⑵兩氣都是人存活根源，也是人生命力強、弱的反應。⑶呼吸之氣帶動元氣，元氣承載元陽（精）。元陽是體內陽氣，如同人體內的熱力。人有足夠元陽才有精神，才保證身強體健，因此需要修煉，這就是生命恆久的基礎。

《韓非子．說林上．第二十二》中，有獻不死之藥於楚頃襄王的記載。因此，前往海上神山尋找長生不老藥，這也是戰國時方士採行的另一延生、長生方法，但類似行動始終事與願違，無功而返。《史記．封禪書》：「未至，望之如雲；及到，三神山反居水下。臨之，風輒引去（被風吹散、帶走），終莫能至云。世主莫不甘心焉」。至西漢時方士遂採行人工方法合藥，彼等所用原料主要為含金之礦石，並將燒煉所成藥物名之為「金丹」。金是表其性與質如金般不朽，丹則是形容其狀如丸似珠，故名金丹。但如用含鉛、汞等礦石燒煉而成者，其藥丸色澤未必為金。為什麼服食金丹能令人不老不死呢？東晉．葛洪所著《抱朴子．金丹篇》云：「夫金丹之為物，燒之愈久，變化愈妙。黃金入火，百煉不消；埋之，畢天不朽。服此二物，煉人身體，故能令人不老不死」。其實，金丹所含金、鉛、汞或其它礦石成份，無論燒煉多久對人體仍屬劇毒，經常服食可致死。歷史上不少異想天開，相信服用金丹即得以成仙者，往往因此斷送性命。

除了服氣、煉氣以及食用金丹外，修仙另一項途徑在修煉個人魂、魄，習成通神、鬼，

融入於神、鬼。《史記・封禪書》云：「為方僊（仙）道，形解銷化，依於鬼、神之事」。修或學方仙道，講形骸喪失，魂、魄離體，依於鬼、神的事。依於鬼、神之事中的「依於」係依附於，也就是進入其行列，乃至具有如彼等之能力。所以，雖然講要修仙，但論的依舊離不開成神而不為鬼。人要成為神固在生身亡故後，但個人在世時就要完備充要條件。《禮記・祭法》曰：「夫聖王之制祭祀也，法施於民則祀之，以死勤事則祀之，以勞定國則祀之，能禦大菑（災）則祀之，能捍大患則祀之。……此皆有功烈於民者也」。聖明的君王訂定祭祀制度，為民立法，為國劬勞殞命，為安定國家勞苦奔波，消弭大災難，抵抗大禍患等等，這些有大功且壯烈事蹟者，其英靈上封為神，永享後世子民奉祀。因此，沒有救民濟世事蹟，想要在生身亡故後成神，或者說想要在離世後登入仙班者，在生之際就要依靠方士因材施教、面授機宜，傾囊相授了。

在殷商王朝，有將已故先王（後）、功臣、賢巫等配享於天帝，上封為神之事例，但此措置有時未必靈驗。以修仙取代受封為神，是在闡揚人如何務實以及順利過渡到神的境界。不論是修仙或成仙，乃巫演繹神、鬼過程，以及和彼等無數交感經驗中，對生命必有終期，但人的靈魂卻可依然存在，所尋思出的銓解之道。當然，方士也深知，不可能有長生不老藥可突破生命限制，實現個人永生，否則為何彼等要搞失蹤，消逝於人間。世間絕無長生不老藥，此事方士不能實說，修仙只剩修煉魂、魄，教人修身、修心、修性積聚英靈，以期雖死而不死。或者，成仙之事即便於在生時不可得，但求死後因英靈永存不朽，則其人雖死猶生。

人如何成仙？仙的基本態樣及其形塑是：(1)長生不老；(2)幻化易形；(3)善施法術；(4)人盡可致。如此看來，不管典籍如何記述，生前從師修煉即得以成仙者，應該不曾存在，除非真有人可破解、改變造物者對人的生命、身體制約，能適時作千形萬狀變化，穿越不同時空。畢竟，要能往返於有形、無形界，除了以靈體，帶著血肉之軀是做不到的。但這並不是在暗示說，修仙和人的肉體無關。相反地，身體作為人魂、魄的載具，修煉者如何著重養生、延壽，

修煉魂、魄圖

以促成自（身）體長保健康並為靈體提供良好修煉條件，這經常是力倡修仙者對其從眾務實之期盼。總之，修仙是人在陽世間的作為，但成仙卻是身後之事。要成仙者和要成神者目標、方法都一樣，其重點在人死後不至於成鬼。換句話說，基於在生時的種種作為，使彼靈魂（性）因而有別，此之所以人死後可不成鬼。這樣說來，人想修仙就要實在地修煉自我靈魂，使其超越鬼靈。

人們對靈魂的概念、內涵，在戰國時已經很清楚，很具體。「靈」之為物，神、鬼、人皆具，惜無從見之也難以描繪。但靈絕非虛無，因為確實可感。人可以藉自身之靈感覺、感應異界他靈，知曉神、鬼實有。與此相對，神、鬼亦可以彼之靈讓人意識其存在。例如，進入人夢中說事，讓人於祭祀神靈時產生嚴肅敬仰之情，使人遇鬼靈時不寒而慄等等，率皆神、鬼刻意予人領會、體察有彼。人從出生就有靈，但絕大多數人畢生都不自覺，更談不上能以自我之靈與神、鬼互通。靈與魂雖連用、合稱，但其實魂是靈的一部分。靈分為「魂」與「魄」兩部分，魂主司人在有意識狀態下的情感、思想等心智活動，其性屬「陽」。魄掌管人在無意識狀態下的感知、代謝等生理本能，其性屬「陰」。《左傳・昭公七年》：

「人生始化為魄，既生魄，陽曰魂」。人生始化謂胎兒初於母體生成時，凡組織、器官、生理系統之形成與運作，這些都是魄的功能。既然有魄存在，屬於陽者稱其為魂。

靈魂與修仙有何關聯，為何人需要修煉其靈魂才可能成仙，方士如何助人修仙，凡此皆應細說。就過程論，人應該是先感應出鬼靈存在，因而有「靈魂不滅」信仰。接著，人除了鬼靈意識外，進一步產生「萬物有靈」之想像，從而有了神靈意識。與鬼靈不同，神靈係因敬仰、崇拜於彼而為人所體認或創造，但鬼靈卻是人死亡後之「遺存」。鬼靈其實就是人的靈，只不過人活著時，因為裝在自己體內而難以察覺。鬼靈與神靈，有相同也有不同之處：⑴兩者皆具靈力，惟其表現內涵各自不同，但這是人為的區隔。人認為，神靈庇佑黎民，予人福祿吉祥，鬼靈惹禍招愆，導致凶險災厄。⑵兩者皆存於無形界，惟神、鬼之靈各異其域，但這也是人為的劃分。靈通者係憑感通經驗與能力累積，區分處於無形界的神、鬼之靈，且見證彼等對人各有不同影響。但靈通者從不設想，現在要交感的是彼神界或者鬼界，只論行將交感或感通之對象為何。換言之，人在亡故後：⑴亡靈去至無形界既可為神靈，也可以為鬼靈。⑵但亡靈要成為神靈，豁免為鬼靈，必需有其充要條件。⑶如果沒有成神或者成仙的充要條件，人的亡靈就必然成為鬼靈，成為幽靈。⑷於是，人們便想像鬼靈或幽靈繫於無形界的「陰界(間)」，而神靈就處於無形界的「陽界」。⑸其實，無形界並沒有以一線隔開，謂彼區為神靈界，此區為鬼靈界。⑹神或鬼靈各安其位，絕不相混淆。神、鬼之靈各自以其性質存於無形界，每一個靈皆循各自機制，憑召或奉令始得以各施其能。

雖仍不失其子嗣奉祀，傳稱鬼靈常憂悶，多哀戚。戰國時，鬼靈繫處已有說法，人死後亡靈所在被稱為「幽都」。《楚辭・招魂》中有所謂「幽都」和「土伯」，這些都是現代冥府及其機制的前稱。此外，據云人死後亡靈會歸於泰山下，從而泰山神東嶽大帝便綰握、主制一切幽靈。當薪盡火滅，撒手人寰，人之魂、魄亦不免隨附幽靈而去。《左傳・昭公七年》載鄭國子產語：「用物精多，則魂、魄強，是以有精爽至於神明。匹夫匹婦強死，其魂、魄猶能馮依於人，以為淫厲」。在世時經常攝取各種精華之人，魂、魄就強盛，因此有精氣，死後可以成為神明。勞碌一生就死者，其魂、魄還是能依附他人身上，妄作胡為，滋生禍害。上述說法雖未必真確，但儼然預言無形界亡靈、魂、魄的狀態，破解彼等之背景：⑴因為具有魂、魄，所以人死後靈魂仍不滅。⑵在世時知攝生、善養自身者，魂、魄不僅有精氣且能成神。只知混混沌沌度過一生者，死後魂、魄還是可以轉附於他人，肆虐逞威。⑶人既可成神則成仙當亦可期，關鍵在其生前魂、魄，亦即靈之屬性。

秦皇與漢武兩帝對神、鬼必有「密契經驗（神祕經驗）」，否則不可能令彼等深自迷戀升仙之事，且百般相信方士所陳並為此再三投注心力。在一定條件下，一般人也可以與無形交感並頓感彼世界之存在。但人要體驗與無形之交感，以及經歷瞬間奇幻而不可思議感應，仍必須透過靈通者施術，這就有賴方士的智能。其例如，方士李少翁於夜間施術，使漢武帝自帷帳中望見已逝王夫人風貌。再如，《漢書・武帝紀》所云：「三月，詔曰，『有司議曰，往者朕郊見上帝，西登隴首，獲白麟以饋宗廟，……』」事例。

人死後或可上升神、仙世界，此說既是鼓勵也是安慰，著實打動了帝王、貴胄之心，令彼等萬般憧憬和渴盼，試看他們皆擁極盡豪奢的殉葬品及墓室裝飾，用以佈置死後世界，即為明證。但除非被譽為聖、賢者，想成神或仙的人在世時仍需要修煉自身魂、魄，

帝王亦不例外。修煉魂、魄之意義，在使人的本靈「適性」於有形、無形界，但這一過程又要在「有能力」者助益下才生成效。方士為有能力者，其可助人修煉魂、魄之因由在：⑴引介－方士可為欲求成神或仙者推開無形界之門，使其本靈認知與理解無形界。⑵舉薦－方士可引導欲求成神、仙者，一則使其本靈學習正確辨識神或鬼靈，一則使其本靈為無形界所識別與受納。⑶導向－方士可引領欲求成神、仙者，使其體會與神鬼之靈的感通，一則因熟稔無形界情境，遂使心神、志趣嚮往之，一則使其靈真能自由來去有形與無形界。⑷通達－方士可教導欲求成神、仙者，助其務實修煉魂、魄，使其本靈最終具有神性。

想體會神、鬼存在進而驗證彼等威靈，這只是人起心動念連結祂們的「試金石」。真有望與神、鬼之靈和氣交感，乃至於能隨想地親近祂們，以及進至彼、此兩界已儼然不分畛域，則常人應戮力與嫻熟者甚多，誠心修煉己身魂、魄僅為其中之一。帝王有成仙之想，但未必能身體力行其方。漢武帝晚年時即曾喟嘆自己修仙之路，《資治通鑒・卷廿二・漢紀十四・征和四年》曰：「向時愚惑，為方士所欺，天下豈有仙人，盡妖妄耳，節食服藥，差可少病而已」。對漢武帝說詞方士卻有不同看法，《神仙傳・卷六・李少君》云：「而陛下（漢武帝）不能絕奢侈，遠聲色，殺伐不止，喜怒不除，萬里有不歸之鬼，市朝有流血之刑，神丹大道未可得成」。

綜合說來，方士竭力想教人修仙，隱含如下意義：⑴因為自我對神、鬼之靈能有奧祕體會，不圖獨享此通天徹地訣竅，想讓他人也可理解祂們的靈妙。⑵想向非弟子傳授交感或演繹神、鬼智慧，讓一般人也能虔敬地感通彼等，自我體會無形的神奇。⑶想對他人證明，無形世界中神、鬼之靈各有不同際遇，而仙又居於有別且勝過祂們的境界，悠然恬淡，無盡地逍遙與閒散。⑷人能修仙，不僅現在可有超我體驗，未來離世後尚能進入超神領域，豈不快慰哉。⑸修仙特重養生，除長養自己外在有形之體，也精實了內在無形的魂、魄。此外，修仙因為注重調養與整飭無形的心、性乃至於精、氣、神，使自體無形之屬與有形之屬相互輝映，彼此舒暢，則有形與無形生命歷久彌新必然可期。

《莊子・天地》：「千歲厭世，去而上僊（仙），乘彼白雲，至於帝鄉」。仙的能耐就是，於有形與無形界之間沒有時間落差、空間隔絕，可以隨己意現身，但方士稱仙者在這方面應係以靈（通）的形式穿越。方士李少君曾向漢武帝自誇年歲已數百，其實情與原由可能如下：⑴轉世—所謂轉世，乃已離世者的靈經若干歲月後，降生在後世之人身上。被降轉之人，其靈體通常未必知曉前世屬何人。⑵附身—附身係外靈進入人體，使被附身者表現之言語、行為、意識等一如外靈所屬。附身時間可長可短，且又有志願與非志願兩種。通常如屬非志願被附身者，常因外靈勢強而導致精神異常。⑶靈通—靈通係藉自我本靈感通其他靈，此一感通對象可為神、鬼、人之靈。

方士自稱係仙未必是真，但受神、鬼之靈附身和與彼等靈通未必有假。原本單純的演繹神、鬼，具與無形和暢交融之智能，因輔以過多的假像和創造，方士既虛張了自我，也使修仙之事毀多於譽。方士想助人修仙，但並不是每個人都有「慧根」，雖不乏有心得者但未必能持志以恆。為了助人登上坦途，方士挖空心思排除其修仙「障礙」，或者解除其有形桎酷、無形制約，各種理論與奇怪作風紛紛出籠。加以有些方士素質良莠不齊，以至於如《資治通鑑・卷二二・漢紀十四・漢武帝征和二年》所言，平添冤孽。「是時，方士及諸神巫多聚京師，率皆左道惑眾，變幻無所不為。女巫往來宮中，教美人度厄，每屋輒埋木人祭祀之。因妒忌恚詈，更相告訐，以為祝詛上無道。上怒，所殺後宮延及大臣，死者數百人」。

人自意識到，生命可貴但歲月卻有限，自然會浮現長生不死之想。不願離開人世，希冀永生，這是任何身分者，無論其為貧、富、貴、賤都曾有過的奢望。然而造物者不僅為人生命安排了生、老、病、死之歷程，也設下令人肉體無法跨越時間和空間的限制，任何人都不可能例外。但在方士不斷鼓吹下，使人親眼「見證」了其術，相信世上真有不死祕方，才引得渴望長生永命者癡癡迷迷，始終不渝的信仰與追求之。方士的人可成仙之說，謂一則可讓人劃破有形與無形界隔絕，自由自在遨遊於兩者間，一則永生的靈命從此沒有今世與來世區別，予人無限幻想。至於方士所傳授修仙術，旨在教人於生命過程中，兼顧修煉靈魂與肉體，此不僅使靈魂千秋永存，同時藉不死之方長養性命，人就可在「未來」愜意上登清幽仙界。

為泯除生、死疆界，使人「生命」擁有無垠跨度，方士傳、衍之術分別為：(1)修煉靈命－教人於生時修煉靈命，追匹神靈以求身後羽化登仙。(2)長生不死－爐煉丹藥，企

圖從礦石中燒煉出不死丹藥，令人服後長生永命。(3)養生延命—教人煉氣，積極強身健體，一則固本培元，一則益壽延年。方士的成仙術，除了教人精煉無形靈命外，燒煉礦石以求長生不死藥，此項應用時間甚長，其後亦被稱「外丹」（術）。至於視身體為鼎爐，藉煉養精、氣、神使之在自體內結丹，以達還年卻老則稱為「內丹」（術）。總之，方士所採擇、信奉的成仙之道，其理論與術數均被道教各派別所承襲，持續流傳，成為「道士」修煉內涵。

由於論說有時過於玄虛，凡所傳述也稍顯浮誇，其術自然少有靈驗，方仙道備受攻擊勢所必然。傳揚和專務成仙祕技之方士們既思改弦易轍，這就使追求煉養成仙者各自走向，同源而異其述。其中一派借用陰陽理論比喻爐火煉丹之事，以東漢方士魏伯陽為祖。魏伯陽以陰陽對應與變化為煉丹原理和方法，為其丹道理論的依據，並藉此演說煉丹火候景象。另一派則繼方仙道之後興起，此即東漢桓帝時（一四七—一六七年）正式成形的「黃老道」。黃老道尊崇並依附於黃帝、老子的學說，主張自然長生，倡導人藉修道以養年壽。承襲、囊括了方仙道、黃老道之術及論說，另起之「天師道」則踵武彼等順勢登上歷史舞臺。

（三）「天師道」

張陵，東漢人（三十四—一五六年）生於沛郡豐邑（今江蘇・豐縣），學長生之道。雖曾為官，但張陵不慕宦途，順帝（一二六—一四四年）時棄仕並攜弟子入蜀地修神丹、符咒之術。感「太上老君」親降，授以道法並稱號「師君（天師）」，張陵乃立「正一盟威道」，創儀軌、教制、教團。不僅依照歷代郊祀與封禪儀禮釐訂各種科儀，以禮敬天、地神明，張陵還用符、丹為人治病並教導人們：⑴謹守誠信不欺之理，以立命、修身。⑵人如果有罪、有病，都可藉責躬引咎、清靜思過、誠心懺悔之法，以除己惡己疾。張陵所設布化行道組織稱「治」，蜀地與漢中初置二十四治，後增至二十八治。每治皆立有「祭酒」為其首以經理教化，從眾則名「鬼卒」。

張陵、張衡、張魯一脈相承，父、子、孫三人所立行道組織，係以傳承古來崇敬天、地，禮祀神、鬼之原始信仰為要旨，春秋、戰國時道家學說為綱領，方士神仙信仰為根基，

陰、陽與五行理論為應用，並汲取固有道德融合而成的宗教性體系。凡入此一體系，入彼「正一盟威道（正一道）」者納米五斗為信，有史家遂名其為「五斗米道」。正一道以「道」為最高信仰，以《老子五千文（道德經）》為至上經典，將「道」和老子相提並論。緣此，張陵著作《老子想爾注》宣揚老子道家思想，奉老子為「道祖」且敬尊為「太上老君」。張陵感召仰蒙太上老君親授「正一盟威符籙」、「三五斬邪雌雄劍」、「陽平治都功印」等，用以佈道、行道。因係五斗米道肇始天師，故徒眾尊稱張陵為「祖天師」，其行道組織、體系亦名「天師道」。

張陵—天師道祖師

除了修「道」之外，天師道修習（煉）者亦交感神、鬼。惟交感途徑與演繹神、鬼威能，天師道修習者所持之術異於巫。與巫藉自我本靈與神或鬼靈逕自交感不同，天師道者係以書畫之符籙奉請彼等，祈請祂們依符所示意臨降威靈以回應人所祈求。符籙既是有形有象的書畫也是意念表示，行天師道者用以向神、鬼表意，將人對祂們祈望、央求藉此媒介呈現，期使彼等感而應之，附而合之。符籙是符和籙的合稱，兩者皆各有其意。《說文解字》：「符者，信也」。符的本意是符節，一種憑信之物，古時被用於朝廷與外官之間，當作委任、調兵、遣將的憑證。符節一分為二，朝廷與外官各執其半。為防杜偽造，符節之上鐫刻銘文。當朝廷有任務時，遣使持半符至外官處宣達，外官用其另一半符勘合，分辨來者身分真偽。因此，《釋名・卷六・釋書契》曰：「符，付也。書所敕命於上，付使傳行之也。亦言赴也，執以赴君命也」。至於籙，原是古代帝王自稱受命於天的神祕文書，天師道則用以表：⑴上奏和稟請神祇之名諱、施法、從屬；⑵書畫符文時所持咒語類別；⑶與神、鬼相通相感後注入的靈氣與靈力淵源。得以畫符並具有行籙身分以演法，在天師道之修習者需經驗證，獲得認證後始授予其資格，謂之「授籙」。

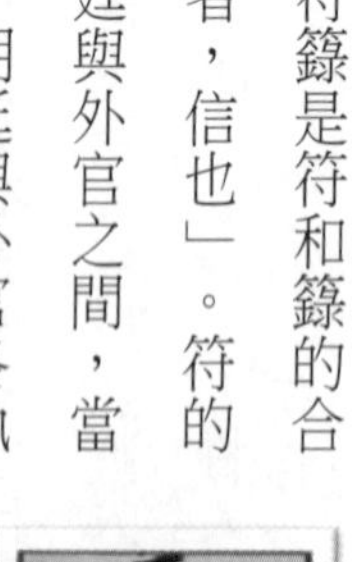
符一正一道派

依其修習（行），天師道由低階到高階之「法師（道士別稱）」逐級授籙，以定其法位次第、稱號、品階。天師道修習者經授籙後均獲頒職牒（亦稱籙牒），其現今之樣式即時

下坊間所見「萬法宗壇」。「萬法宗壇」通達神、鬼、人三界，此一文書性質等同獲授籙（牒）者的：⑴（無形界）身分證明；⑵（有形界）職能證明；⑶獲授權與神、鬼溝通之憑證的合併。籙牒中載有法師延請神尊、星宿、諸天曹神兵天將名稱與數額，以及演法應用之印、令、旗、劍，乃至修持戒令等。

綜合符、籙之蘊含和體現，我們對天師道者運用此一媒介途徑與無形的神、鬼交感，央請神靈施威顯赫，演繹神、鬼與人關係，可有以下印象：⑴符在外觀上，就是書寫於黃紙或帛上，且使用屈曲的篆籀文字，並帶有似字非字、似圖非圖星雷符號的書畫。⑵依所設想，書或行符者以其符文傳知冥、陽兩界，向無形的神、鬼祈請與表意，懇求彼等威靈永耀，驅疾逐穢，厭邪劾煞。⑶在無形表意上，出於對神、鬼所想望，行符者以為因有此一「書寫」呈現，以及人的祈求已言明於上，懇請神、鬼惠予受而納之。⑷因書符者自信，自我已有一定且經認定之資格，遂擁有適等感召神、鬼威權，則所書之符當為無形界認同，應生其效力。⑸書畫於黃紙上的符雖屬「有形」、可感之象，其實表意「無形」、不可見之事。由於人（書符者）與彼等之間心念契合，神、鬼對符所隱含的央請想必能欣然受納，不論該符以有形或無形狀態存在。以故，符可用於張貼，隨人佩（攜）帶，乃至於將之燒化後和入水中飲進體內，皆同具效能。(6)符是用以交感神、鬼的媒介，也是演繹彼等威靈載體，更是書符者職能之反映。為發揮其功能，符常融入、表示符合書畫者身分之標識。因此，符上必見鈐記，以往解注、鎮墓瓶上有「天帝使者」，天師道則有「天師」、「陽平治都功印」之印記。(7)事實上，書符的儀式就是本著通神、鬼而展開，其過程與目的就是書畫者經和祂們充分對話，期使欲運用之符滿載與蘊含彼等無窮靈力，無比威赫。(8)符的結構、格式並無定制，可只由一個或幾個符字簡單構成，亦有連圖帶字拼合而成內容極其複雜者。符之所以常見難以讀懂者，係因為書畫之人專注於與神、鬼交感，在隨氣運筆下，順心、順意、順勢而成，惟其刻意令人無從捉摸者則另當別論。(9)若蒙神、鬼護持，符的效力可極其久遠。實務上可見，即便畫符之人雖已離世作古，但並不影響該符的威靈。

天師道者行其法（術），應用符文演繹神、鬼之威能，演繹彼等如何回應人的想望：(1)與巫直接感通神、鬼途徑有別—巫演繹神、鬼威靈，行以靈對靈交感並進行心念溝通，

藉其過程充分感通神、鬼對人所祈望之回應，並傳述彼等諭示於當事人。換言之，巫在演繹神、鬼時可見與彼等交感態樣，乃至如有需要亦可使當事人與祂們互動，發揮媒介功能。⑵用符時旁人未見感通神、鬼過程─畫符有制式過程，每一步驟都是行法者感通與表現對神、鬼的敬意，以期自我筆下之符明明赫赫。符之效能係屬無形，亦即其功能將於無形界持續衍生，此一情狀常人雖難以體會也無法想像，但就演繹神、鬼與人關係而言，畫符者的媒介角色與巫並無不同。⑶符之應用可代表媒介者角色─符之目的約可有此四項：神靈永鎮、祓災禳劫、醫治病疾、厭劾邪穢，既可為單一個人應用而書畫，也可在書畫後為人人所適用。換言之，符的形成過程就是書畫者在行儀式，在依個人職能稟明天、地神祇，謹請彼等恩允並施法顯靈，澤被有所祈求之人。於是已畫就之符就可現成並普及應用，有相同需求者無須再央請重新畫符。

必要再次強調，符能否於彼無形界散發其神聖，遂行其目的，理順神、鬼與人關係，端賴畫符者能否與眾神靈心、氣（息）相通，真切地感知自我祈求已獲得祂們允諾，使此符不僅得以一氣呵成，既注入無比靈威且必將擁有無窮法力。換言之，畫符者需講求確能與所奉請之神尊「心心相印」，務實感通已蒙彼聖澤，存神威靈於符之中。天師道者大多自信，認為：(1)憑藉已經獲「授籙」和「撥將」，且已有通神「心印」，故對神靈界行「調兵遣將」毫無問題。(2)修道者層次（級）愈高，可奉請神靈愈多，法力愈靈驗，所畫之符愈見其效能。

一般說來，用符交感神、鬼，祈請神祇演法施化，肇祥啟瑞，其益在於：(1)符既是現時的，也是長久的。因為已經向神、鬼稟明，奉請並注入神祇靈力，所以符不僅有在當下的威能，也保證其長久靈效。(2)因為符上常帶有「三清」名諱併其他神祇入符，除了藉至上神尊之威儀統攝群靈，加以其他神明已承央請而共同護持，所以威效可期。換言之，畫符者因稟請了至上、高位神，得其明命，而又附加了演法之神祇在列，確保了符的效能。(3)符既已注入神祇名諱及彼等威靈，等同祂們實質的降駕與化身。出於對神祇虔誠信仰，以及對畫符者充分信心，符在人心理與意識上能產生安定、撫慰作用。

實務上，天師道者畫符時：(1)存想與奉請神靈當依授籙品級而行，以相稱自我在無形界所具身分。換言之，畫符所迎（央）請神靈，其實在基礎必須符合畫符者層次，不得逾越。⑵有些人以為，符之用係對神靈（界）的「役使」，這種心態與認知應該調整。畫符之前，畫符者必須齋戒、沐浴、焚香虔禱，敬備紙筆，如此才可「誦咒」與請神。誦咒即是與神、鬼虔敬交心，誠摯向彼等稟明與陳述祈請緣由，萬望祂們能行法施恩，化災救劫，禳解倒懸。⑶因此，神祇既受虔敬恭請而入靈力於符中，一則此符神威永鎮，濟佑群黎；一則此符必將於無形界依法演化，萬邪自消，這一意義與效能正是畫符旨趣所在。換言之，畫符者當為不辱使命之媒介者，既可成功的傳達人之殷殷期盼於神、鬼，亦能代演三清道祖靈聖，央請奉行彼明命之神尊聖駕，央請諸神將天兵長存威靈於符中，共同循所受稟請不息不止行法、施化。⑷稟請於外（在）而存想於內（心），這不僅是畫符形式與過程之表現，本質上畫符者更必需達到真實的人、神交融。換言之，天師道者畫符之根基，在於能使無形與我心志合一，我思我想轉成聖神所思所想，彼此毫無軒輊。⑸符的靈驗與否，正是畫符者能否達到與無形神、鬼齊一心志之檢證，此一基礎又源於個人修為（持）。畫符者個人之修為，全賴平時守道養心、修身正行，進而仰蒙眾神、鬼欣賴，漸能和合。如其不然，畫符者縱得以盡悉符法祕訣，臨壇畫符，不僅奉請之神將天兵不至，其符亦難以靈驗。⑹內心始終謙遜，敬尊天、地萬法，外在謹言慎行，對神、鬼無盡虔摯，無所懷疑，這是畫符者所畫之符必然靈效的要素，允為不二法門。

藉文字、圖像書畫於紙上以表意，符不僅是媒介者衷心央請神、鬼演法，以救災祛劫、招祥納福於人的具體憑信，也承載著神、鬼無邊無盡之威靈。符表徵了天師道修士與神、鬼之合意，並藉此一書畫演繹祂們濟世救人懿行。然演繹神、鬼，使人知與識彼等威能（靈），使人仰蒙祂們恩澤，天師道修士所行法門並非僅此一途（徑）。藉行「科儀」請求神、鬼在無形界施法，這也是天師道修士交感彼等，進而迎請祂們降澤與福慧世人的另一途徑、法門。科儀就是行交感神、鬼的「科（項）目」以及「儀式（禮）」之法事，天師道修士透過此一途徑，虔心向彼等稟告和叩請，央求眾神靈廣施法雨，澤被四海，靈佑萬方。

「科」是一個項目，也可視為人（媒介者）欲達成某一項目的，遂詠頌一定之經典並依據一定程式及儀禮進行其流程，誠敬地向神、鬼表意，此一全程亦可謂「照本宣科」。「儀」為依經典內容所制訂的禮節與形式以表現該項目，亦即「行禮如儀」之意。行科儀就是，媒介者恭敬地在一項科目中行禮如儀以感召神、鬼，懇請彼等彰顯赫赫威靈應和人們祈盼。行科儀也就是俗稱的作法事，實務上其類別有二：⑴太平類法事—祈福謝恩、

祝國迎祥、解厄禳災等；(2)濟幽度亡類法事—攝召亡魂、破獄破湖、煉度施食等。進行科儀必需先設立「道（壇）場」，以作為人（媒介者）與神、鬼交感的境域，順利各種科儀之進行。從外觀上看，科儀以媒介者詠、頌、唱、念「經本」為核心，輔以豐富的肢體語言以代表許多有形、無形意像，以及常人視覺可見、不可見之人與眾神祇交接儀禮而成。如此說來，行科儀的內涵就是，媒介者經由各項儀禮表現對神、鬼的誠摯祈請與禮敬，以及央求彼等對此一連串致意之垂鑒和哂納，從而或賜福賜祿於眾人，或免災除厄於家家戶戶，或者濟助、超薦、拔度諸幽靈。

科儀中，媒介者既藉儀禮（節）烘托人與神、鬼間虔敬互動，則科儀內容也可以說就是各種儀節的組合。總體而言，科儀的儀節主要有設壇、上供、焚香、升壇、存想、畫符、念咒、鳴鼓、發爐、降神、迎駕、奏樂、獻茶、散花、步虛、讚頌、宣詞、復爐、唱禮、祝神、送神等等，但並非每一科儀都包含上述所有儀節。換言之，科儀的結構，可由行科儀者依其規模、項目、時間安排，綴合其中若干儀節而成。於此需稍加說明，也有直接將儀節稱作科儀者，如升壇科儀、接駕科儀。值得注意，當進行某一科儀（節）時必須就此科儀的主旨誦唱相關經典（文）。誦經是科儀的核心，是科儀的靈魂。誦經的意義不僅只是在對神、鬼進行交感，也是對彼等的頌揚、禮敬、央請（求）。進行科儀時，一則透過各種經典唱誦，一則輔以虔敬地儀節烘托，媒介者成功地匯聚並呈現了神、鬼、人之間的共融。綜上所述，我們又可以說進行科儀就是媒介者在行其交感、感通法門，藉由看似虛擬的儀程及行持，透過詠頌經典虔心地稟告、叩請諸天眾神靈，懇乞祂們雅納與附和人們所祈求，或即時降恩錫福，或悄然消災釋劫，裨益有形與無形界眾生。

以角色與功能論，巫、方仙道、天師道者之職能率為神、鬼與人之媒介，既可憑其靈通智（技）能演繹無形界神、鬼，亦可解析彼等對人影響。但如果進一步辨別或區別此三者，則彼等演繹神、鬼之途徑確實存在差異。為稟請無形界神、鬼之靈施恩和降澤於人，「巫」是以自我本靈直接交感彼等並會通祂們所回應，過程中神、鬼之靈或者降駕附體媒介者諭示，或降駕而不附其體。究其實，與神、鬼交感時，巫除了要能與彼等之靈會通，也要懂得如何與祂們交接，以及應藉何種形（儀）式表現人對彼等之禮敬，以博得恩遇。方仙道者名為「方士」，係講求方（數）術之用以解析無形與有形對應關係，以及教人突

破生死界限，引導志心者修煉成仙的「有形師」。人想修仙或成仙必須得神、鬼於無形界助力，順利自我本靈未來籍隸，此謂之「無形師」的提攜。而人要能成仙，除了要理解有形界與無形界對應之術，其根本要務更在生時自我靈體的不斷優化和形塑，此則又賴於有形師點撥（化）及「牽成」。教導志心者修仙，身為有形師之方士經常因材施教，適時交感與延請合宜的無形師降駕、顯靈，傳授修習者「心法」。總之，凡志心修仙、成仙者，必須仰承無形師與有形師交相琢磨，長期蒙受此起彼落地激勵與鞭策，始克有成。如此說來，方士實乃明晰有形、無形對應之術，進而極盡靈通神、鬼者，既能交感彼等又通曉如何與祂們深入交融。世人所以對方士淩厲批判，只因片面之知見。

天師道修士並獲授籙者被稱之為「道士」，亦神、鬼與人之間媒介者，係藉畫符和行科儀交感、交接祂們，惟其演繹彼等途徑和形式與巫、方士稍異：⑴跳脫神、鬼之靈附體（身）—畫符或登壇行科儀皆依儀、禮、式，循序漸進地演繹與神、鬼的交感及交接，這就是道士職司其媒介者之作為。道士之職能，乃是有形界人們藉其媒介功能以穿越時空，求得與彼無形界神、鬼交融（感），央請祂們發揮靈力，解懸拯溺。但道士行使職司，其間一切過程都遵循程式與形式，並在適切儀禮襯托下完成，以益加顯現人們內心對神、鬼之靈的誠摯和虔敬。⑵藉存想鋪陳其實境—横亙與神、鬼之靈交會的全程，為了營造彼此交接情境與場景，呈現相互交融態樣，道士既迎請了眾神靈蒞降，乃懷著「存想」併依禮儀「作動」或與祂們「互動」。所以，自迎迓起，經拜謁、啟請，入意、悃意，乃至最後的敬謝與恭送，道士對神、鬼一切尊崇和表意，都在悠揚樂曲及讚頌之聲中，祥和、莊嚴、清靜氛圍下，有禮有節地次第完成。⑶出神與入化兼具—但最關鍵的是，道士要真能和神、鬼之靈交感（融），所以科儀核心仍在於媒介者確實「出神」與「入化」。換言之，有形的道士與無形神、鬼間既要行交感和交接，則仍不出依靈對靈方式進行。因此，道士不論畫符或演科儀時，一則必須行啟師、請聖之儀禮，有效地匯出（元）神並以靈對靈方式向無形界表意，恭（迎）請諸至尊神靈與護壇官將、功曹使者臨降。與此同時，道士雖已有疏、奏章、表、申、狀、牒、關、榜、悃意等等文書向神、鬼表意，但本靈還是要能入化其界（境）並「真實地」與彼等對話，稟明虔心央請緣由，叩請彼等靈佑群黎，普濟眾生。

巫、方士、道士三者，比較彼等於神、鬼與人間的媒介之能與相互感通實質，我們

可以有以下具體認知：⑴凡是神、鬼與人之間的媒介者，率須經有形師與諸無形師交相啟發、誘導、陶鑄其靈和心性，傳授心法，於潛移默化中益增其靈通智能，此謂之「(受)傳度」。⑵巫、方士可以交感與會通神、鬼之靈，順暢發揮媒介職司，係獲無形界認可其無形的身分，此即等同擁有「無形授籙」。至於巫、方士個人靈通智能或級別之提升，則賴平常潛心修為以求精進。⑶與巫、方士獲無形授籙不同，道士須歷制式傳度與授籙，經體系認證方可行使職司。之後，隨其個人修持，道士逐級晉升品階與位次。據傳，天師道自漢中遷徙至龍虎山起，即開啟傳度門徒與頒授籙牒制度，釐訂出交接和感通神、鬼各項科儀，顯示經理神、鬼之事既神聖而又莊嚴。⑷從角色、功能論，從「媒介實務」論，道士之職司在依禮、法、式有效地傳達人們對神、鬼請求，未必需要會通彼等對己所稟請的回應。加以因為已跳脫了彼等之靈附身，所以道士無法受神、鬼示意影響，不會出現主動或被動反應。依其感通實質與形式，道士雖歸屬靈對靈交感的「靈駕」，然其交感為單向的感通。與此相對，除了有靈駕的靈通形式外，巫、方士中也有可受神、鬼之靈附體，並及時反映祂們示意的「神駕」。⑸於是，演繹神、鬼之靈的型態或途徑便有兩種──神駕與靈駕，不論媒介者名稱為何。

三、巫的嬗遞（二）─從媒介途徑、技能、實務論說

天師道與道士演繹神、鬼靈聖，從媒介途徑應用及媒介作為上，我們清楚看到古代巫的遺風流韻。職司演繹神、鬼威能，任神、鬼與人之間媒介、代言，道士承繼、沿襲、總合上古祭祀中的「齋」、「醮」儀禮（式）並發展出科儀，以此交感神、鬼並為人們祈福禳災。道士應（運）用科儀，不僅只是以之為與神、鬼溝通的平臺，也以之模型化其媒介途徑，制式化其媒介作為。綜觀其媒介和演繹神、鬼技能（法），道士既不脫巫與彼等之交感、靈通，又融合先進們一路走來的通神、祀神、侍神經驗與行事，以及匯集古代巫、祝、史等之職能於一身。因此，道士可說是巫在歷史發展過程的歸納者。

（一）從媒介途徑、技能上論說─(1)

為完善其媒介、代言，道士依科儀，依「有模有樣」和「有板有眼」儀禮（式）與無形的神、鬼交感，這種發展和現象既屬應然，也是必然：(1)緣於媒介者、代言人長久心得

累積，無形界各種神、鬼之角色以及彼等和人的對應關係，至道士嶄露頭角時（代）已經確立。不僅如此，道士堅信透過制式儀禮可以向神、鬼虔誠表意，和祂們融洽溝通，完成媒介和代言目的並實現人們對彼等想望。⑵從另一個角度看，道士既受託交感神、鬼，其行事必須合情合理始能說服人們，使他人認同媒介過程中一切作為的意義與價值。但人們看不見神、鬼，無法感知彼等對眾人所祈求如何回應。道士基於人們可能會存這種心理，必須昭示其作為，遂以制式儀禮表現其媒介、代言途徑與過程。在行制式儀禮過程中，道士還會（要）搭配靈通神、鬼技法，以建立人們有形與無形儼然如實流暢交感的印象。⑶這樣說來，以制式儀禮交感神、鬼來達成人們期望，道士不僅可取信他人，也可督促自己規矩地竭盡職能。⑷說的更深入些，道士內心所渴盼，就在媒介、代言過程中自我能真實靈通神、鬼，自我所稟告與所央求都能為彼等鑒納。從而，制式儀禮也就成為一切媒介行事是否有效的保證。也就是說，之所以對媒介途徑如此設計，因為標榜道士不僅可在儀式過程中交感神、鬼，也可達到與祂們感通，從而順利完成媒介和代言之任務。

如此說來，職司神、鬼與人之間媒介，為彼此代言：⑴道士不僅只自我理解應如何交感神、鬼，更必須讓他人也能體會各項媒介技能的意義，讓他人感受科儀中媒介技法應用之完整性，以博取他人認同。(2)道士是否得以感（靈）通神、鬼，與彼等交感是深或淺，兩者都是媒介的實質，都關係其媒介使命。因此，道士在行科儀之際都講求對神、鬼虔敬，豈止申稟詞藻洋洋灑灑極其謙恭，其一切技法也都周詳而又精細以營造神、人交感情境。但發揮職能（司）過程中，真正促進道士媒介及成就其使命的關鍵，重點並不一定在此。(3)早期的先進，如北魏・寇謙之（三六五－四四八年）、劉宋・陸修靜（四○六－四七七年）、南朝（梁）・陶弘景（四五六－五三六年）、唐末五代・杜光庭（八五○－九三三年）等等，雖然深悉道士在媒介實務上良窳之癥結，但也只能著力於修訂科儀內容，使其完備、嚴謹沒有疏漏，以助益道士完竣、圓滿其任務。

媒介者、代言人受人們央請藉科儀交感神、鬼招吉祛災，由於有制式場域、儀規且過程較長，既周折耗時又緩不濟急。如果人們對神、鬼的企求非常簡明，只在：(1)不必透過紛繁儀節，瞬時即可懇請到彼等降駕。例如，一般民間廟會常見的清壇、祝壽、調營、開光、神明出巡等，未必經科儀同樣迎請到神靈蒞降，靖氛除穢，威靈赫赫。(2)隨機為

某事祈求於彼等，或者只是請彼等為尋常之事即時釋疑。例如，為工作、交易、運途等事難以抉擇之際，人們不僅想請神明火速指點，也想迫切聆聽祂們示意。(3)莫名的原因使人身、心痛苦，遍訪名醫也束手無策，只能誠心求助於神明，問清其原因。以上所述乃坊間道場時時可見之事，皆需假神、鬼與人的媒介者急速地親力親為。總之，既受央託，或者想藉己技能謹請神明降駕，使人們頓感靈氣縈繞、祥雲瑞彩、鸞飛鳳舞；或者想藉己智能懇乞神靈點化，使求助者霎時雲開見日、陰霾盡掃、時來運轉；或者藉己媒介之能央乞神靈顯化，為受苦者除災解厄於急迫，諸如此類設使不應用科儀方式，則媒介者、代言人又當如何？

神、鬼信仰所以歷久彌堅，固然在於民眾內心對祂們的依賴，也在於靈通者能適時發揮其功能，使人們深信無形與有形世界確有連結，彼世界確與此世界相依相存。緣此，人們有時特意央請靈通者交感神、鬼，或者是為了向彼等請求對己賜福或懇乞消災，或者是為了對已逝親人行救亡拔度。但更多時候，人們會請靈通者交感神、鬼，這是因為自我臨時逢事卻無法抉擇，於是想勞煩祂們惠予濟助。由於一般民眾面臨問題難以決（判）

斷或看清其利弊，總想仰仗神、鬼照拂和關愛，從而做為祂們與人的媒介者、代言人便不乏用武之地。與此同時，人們又認為請靈通者交感或疏通神、鬼，並非凡事都要以籌辦祀典為途徑，或者也無法（力）負擔此一方式所需花費。例如請求靈通者行收驚（魂）、祭煞等事，既要借助彼等有效感通神、鬼查明真相，又要對自己需求快速產生實益，則人們就會選擇不同媒介途徑，從而媒介者、代言人就有區隔。所以，雖同為神、鬼與人的媒介者、代言人，但因其媒介實務不同，媒介型態、方式也就有分別，這種區別是適應人們需要而來。

依其行科儀演法時之裝束、舉止，道士予人「正規」媒介者、代言人的印象。特別是，從科儀進行時的壇場結構、方位、佈置、動線之講究（求），都著眼於如何營造出天、人順利交融的神聖境域。此外，神尊畫像高掛也使得道壇氛圍莊嚴肅穆，燭燈、花卉、鮮果、素筵、水酒等之擺供齊備更顯人們欽敬之忱。在身著金絲銀線法衣的道士（們）一連串焚香、化符、念咒、上章、誦經、

行科儀的道士

讚頌儀式過程中，無一不是在表現其與神、鬼之虔敬溝通。與此同時，更有手持法器的步罡踏斗，掐指捏訣，並配以悠揚樂聲的唱作，翩翩起舞，再再都顯示道士與神、鬼之順暢交感。但無庸諱言，道士的本質仍在能確切感通與交感神、鬼，才可達到疏（溝）通彼等之目的。在行科儀時，道士的華麗陳詞、謙恭儀禮、優美樂音、昂揚唱誦、軒秀禹步，一切雖然都是向神、鬼極虔誠地表意，傳達眾人對彼等之仰望，然而這些只是烘托、渲染其氣氛，只可視為形式上表現。行科儀時，道士還是要和神、鬼之靈有實質交感或感通，一則諸般行止始能博取彼等附和與認同，一則施法才會產生效益。因此，只要形式上不忽略對神、鬼應有的禮敬，在實質上又能與祂們明暢、融洽交感，彼此心意相通，則媒介者、代言人之功能與作用（力）自然得以發揮，人們所期盼也才會為祂們受納。

道士藉科儀演法以交感與溝通神、鬼，這種應用途徑、技能伴隨著「齋醮」發展逐步定型。換言之，因為齋醮及其形制逐步成熟，豐富了道士與神、鬼溝通面向，也擴張了與祂們溝通的深度與廣度。為了更加完善其溝通神、鬼以裨益眾生之目的，在科儀演法上，雖然仍是植基於自古以來既有基礎，但我們相信在技能應用上，道士必然會對其先進者所操持予以優化。齋醮起於（東）漢末，其淵源當即夏、商、周三代的「郊祀」。郊祀係古代君主在郊外設立祭壇，並在其上舉行向天、地諸神祇敬謝和祈禳的祀典。在郊祀時，「巫」都會受命交感神、鬼之靈並向彼等致意，或者仰祈眾神靈福國佑民，或者懇求息災免厄。說到齋醮，由於在祭祀前必需齋戒，要求參加（與）祀典者數日不葷食，以表淨身與誠心，因此謂之齋。醮者，祭祀也，或者祭祀之法事、儀式。在晉代，齋、醮就已合二為一，成為道教的正式祭祀儀式。流傳至今日，大凡人們想藉某一名目祈求神、鬼助益，就會籌辦相應的齋醮（齋後設醮，先齋後醮），如為感謝神明庇佑有「清醮」或「祈安醮」；為慶祝廟宇落成有「慶成醮」；為祭拜瘟神有「瘟醮」；為恭祝神明聖誕有「神誕醮」。在齋醮中，著重的是「醮事」，也就是由道士設壇念經做法事。依其目的和性質，醮事舉行之天數可分別為一朝（天）、三朝（天）、五朝（天）、七朝（天）甚至可達四十九朝（天）者。由於行科儀道士的派別以及民俗差異，各地齋醮科儀演法內容未必一致，但仍都是依據道教禮儀書，故基本上並無多大區別。

比較古代的郊祀，齋醮應該與之稍有差別，因為：⑴雖然都屬途徑運用，都是有形

世界想向無形世界傳遞信（訊）息的方式，但是人們在齋醮中的祭祀儀禮應該較郊祀繁複。此外，一場齋醮也可能為了達成綜合性之目的，所以其中的醮儀可能會分成幾段（場）法事，或者說由不同祭祀內容組（綴）合而成。⑵雖然都屬於人們透過祭祀之儀禮對神、鬼祈求，都是由媒介者在祀典過程向無形界疏通，表達人們心願。但在醮儀中，道士做為人與神、鬼之媒介者、代言人，其一切交感途徑、流程、作動皆經過「設計（想）」並被稱為「科儀」。⑶因為道士各人交感神、鬼的技能不同（等），不同條件者遂司理不同祭祀之法事，或者司理同一祭祀法事之不同部分。因此，一場醮儀常需要數位道士共同演法，攜手合作。⑷一言以蔽之，要使齋醮圓滿達成任務，使科儀中的演法獲得效益，就要做為「信差」同時也是「信使」的道士發揮媒介、代言功能，克盡職司，務實地交感神、鬼之靈，成功地傳達人們期盼。

但是，我們也知道：⑴靈通神、鬼是論條件與機緣，如果任其自行交感，未必見得每個道士就能感通到這場科儀中想祈求的神靈。因此，齋醮的壇場（內）雖然都會懸（神）像掛幡，有著許多模擬神境之陳設，但不論有形與無形神聖空間的呈現，都只能藉供道士們「存想」，以「幫助」彼等在科儀進行時順利演法。⑵媒介者預想交感神、鬼，其過程順暢與否並不一定，速度快慢也不等。再說某甲媒介者可以感通此神尊，某乙媒介者則未必。但科儀為求流暢，不能任道士就其條件稍有遷延，俟其確實交感神尊聖駕後始進行演法。⑶媒介者、代言人對無形的神、鬼能有感應，不代表就能夠與之感通。神尊聖駕回應媒介者、代言人之交感，讓媒介者與祂們感通必有其神聖條件和情境，非遇其時、非逢其事、非適其格通常彼神尊聖駕不見得會現身或臨境。再說，媒介者、代言人能看清、篤定降駕的神靈，就是演法時預想交感之神尊者有幾人？直言之，受稟請而降駕的神靈，究竟是本尊或是彼聖駕之輔助神？媒介者、代言人如何確定？⑷一場科儀中要延請的神靈為數眾多，方方面面、層層次次都需周延，不容有疏漏，這對媒介者、代言人已經是項考驗。遑論還要能進一步與至上神靈交感，向彼具申本次科

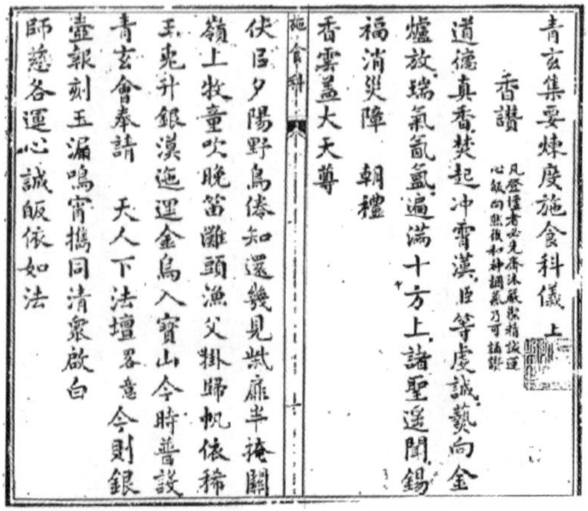
青玄集要煉度施食科儀 上

香讚 凡登壇者必先齋沐嚴整精誠運心叙內然後和神調氣乃可誦讚

道德真香焚起沖霄漢臣等虔誠爇向金爐放瑞氣氤氳遍滿十方上諸聖遥聞錫福消災障 朝禮

香雲蓋大天尊

伏以夕陽野鳥倦知還幾見柴扉半掩關嶺上牧童吹晚笛灘頭漁父棹歸帆依稀玉兔升銀漢迤運金烏入寶山今時普設青玄會奉請 天人下法壇 畧意 令則銀臺報刻玉漏鳴宵攜同清衆啟白師慈各運心誠皈依如法

施食科 一

科儀本

儀主旨並仰蒙俯允後交付天、地各有司順行，這些演法內容對沒有絕對修為之媒介者、代言人皆未必可及。(5)所以，至少根據以上幾種因由，於是就要有科儀本，一則作為「導引」道士們在祀典中與眾神靈交感的「腳本」，一則作為各項儀式自始至終之縝密「套路」，如此不僅方便演法者施作其法事，也保證彼等能完美（善）各項敬神、祀神、（上）奏神流程。(6)在實務與應用上，各門派之同一名稱科儀本，其內容不盡相同。而各家之科儀本就如同祕笈、寶典，鮮少向外人出示。因為自家科儀本是指導門下道士與神靈連結、互動的手冊和指南，其內容深藏、滿載先輩演法之神祕體驗與感悟，因此被視為獨有祕訣，只能師承而絕不外傳。

綜觀科儀及演法過程，道士和神靈交感的途徑與作動有二，一是「存想」，一是「變身（神）」。存想就是道士懷（帶）著想像，設想自我猶如神仙般身歷神境，置身與周旋於眾神靈間。因為演法的目的就是向神、鬼表意，而最直接之陳述方式當然就是與彼等面對面。所以道士遂應（運）用存想，一則創造出有形與無形世界實虛互存之景象，一則以自我本靈融入於眾神靈，以利自我演法，完成自我媒介、代言職司。自此次科儀發軔，道士就必須開啟其存想，之後也時刻順著科儀本一面存想，一面作動，讓自我始終沉浸在人、神交感的境界中演法。例如，在「化壇」、「捲簾」科儀中，化壇是道士存想將有形的醮壇幻化為無形之瑤壇仙境；捲簾則是啟請降臨壇場之至上神尊，如同人間君王般捲簾以聽取道士面陳奏疏。又例如，演法「出官」時，道士也是藉由存想呼出身內真官，捧疏飛天上奏。總之，道士在科儀中的念咒、掐訣、步罡、誦經、唱讚、步虛等各項作動，雖然都各有其意義，從其外觀上看顯然是在與神靈進行交感、交融，但這些都需要伴隨著存想始能達成目的。

變身，顧名思義是道士想像自我已超脫凡身，與此同時在態勢與言行上彷彿臨降的神尊聖駕般。道士雖變身為神靈，但仍維持其自我主體意識，持續依科儀（本）演法。道士變身，這是因於媒介、代言角色與功能之需要，使科儀的法事得以依所設定目的進行。道士變身為神靈，一則理論上應經該神靈認可，一則等同與該神靈已達完全交感、心意相通。做為神、鬼與人之間的媒介者、代言人，道士為何變身成神靈而不被神靈附身？被神靈附身後，道士的媒介、代言角色豈不更清晰，功能豈不更快速？媒介、代言途徑

豈不更直接？

說到底，道士應用變身：⑴這是道士本靈與神靈交感並相互感通後，為了完成演法而有的存想。在變身時，道士本靈並未取代神靈的地位，而神靈也未附身於道士。⑵在變身時，如果受神靈附身，則彼神靈直接取代媒介者、代言人之靈，如此一來道士將失去其本靈之自主。因此，為了要保持其媒介、代言功能與角色，道士不能被神靈附身，否則無法依循科儀本演法。⑶就功能比較，坦率地說，被神靈附身相較於變身為神靈更能呈現與施展媒介、代言之角色，前者更能顯示彼神尊聖駕已然臨降。但道士用變身而非附身，其原由雖已如前揭，惟根本癥結仍在於媒介者、代言人請神和降神附身之過程需時較長，而且不保證神靈真能及時附身。為了流暢其演法，道士只能化被動為主動，變身為彼所代言之神靈。⑷總之，變身神靈是道士在科儀進行時運用存想的產出，這一作動的意涵不僅反映了媒介者、代言人在演法上借助此術之必要，其實也在表意媒介者、代言人可與無形界神聖融通無礙，彼此心意合一，充分發揮其媒介、代言功能。

道士如何變身以成己媒介、代言身分，助己演法？例如，在「煉度施食」科儀中，道士（高功）除了啟請主神「太乙救苦天尊」降駕外，也運用存想，手掐訣，口念咒，變身為彼神尊並代表祂：⑴登壇（台）演法，宣說靈章濟度亡靈，使各類孤魂野鬼永離幽冥；⑵咒施法食，使「三途五苦盡得沾濡，十類四生悉皆飽滿，即超陰境共涉仙鄉」（《上清靈寶大法・卷十三》）。值得一提，在授籙時道士就被授予天官品秩，被賦予天界成員身分並名為「仙官」。例如，有「上清錄事玉府掌法仙官主管雷霆都司事」、「從太極右宮領法仙官掌雷霆上令事」等等。此外，獲授籙道士還可補充天宮玉府之職任。例如，有「神霄玉府九天採訪使掌決五雷便宜行事」、「神霄玉府掌判雷霆三界便宜行事」等等。獲授天官品秩並補充玉府職任，這不僅為道士在演法時交感、感通神靈確立基礎，也為彼等在科儀中行存想與變身建立信心。

在科儀中，為了順利其媒介、代言職司和演法，道士也應用「疏文（或稱文疏）」、「符（文）」、「咒（語）」向無形界神、鬼之靈表意，和彼等溝通。應用疏文的意義，簡單地說就是：⑴道士將人們舉行祀典或進行科儀的目的，「依其格式」以文牘傳達於有形與無形界；⑵此一文牘，除了用以呈現祀典與科儀之核心意旨外，更重要意義在將人們所求所

願，代為奏報於眾神靈祈請哂納，或者代為佈告有形與無形界謹請無數眾靈周知並適行，以完成祀典目標並顯現道士媒介、代言職能。⑶疏文是道士代表眾人向神、鬼之靈表意的「公文書」，應用各種疏文使道士與神、鬼之靈的溝通更具體，更周延。

疏文之類別計有表、疏、牒、關、榜、申、狀、悃意等，道士必須先依科儀之科目書寫就相關疏文，用以在演法時申告神、鬼。在應用上，表、疏為上行文疏，「表」上於天尊、天帝，須以最恭敬之禮儀呈進，一般稱為「拜表」或「進表」；「疏」上於一般神祇，通常以道士誦讀行之並稱為「呈疏」、「上疏」。「牒」、「關」為下行文疏，其受文對象為官將、神差以及鬼靈；「榜」為公開張貼之文告，意在曉諭大(信)眾。「申」是申述之意，係向在上神靈的表意。「狀」屬於向眾神靈之陳述，僅用於焚化，不宣讀。「悃意」係道士向神靈的奏牘，科儀範本中有註明「入意、意文」者即指此。悃意內容主要為此次眾人建醮酬神之大要，乃道士置於桌案上的備忘錄，俗稱「手疏」。總之，在科儀演法中應用各種疏文，充分顯示了道士媒介、代言角色：⑴將人們對神、鬼之靈的殷殷祈求化為優美文字與謙遜語詞，以示眾人至誠至意。⑵人們一則藉道士宣讀疏文、誦經祈求時聲聞於天的意象，一則懷著眾人誠心表意必能蒙眾神靈惠予仰鑒之存想，達成此次虔敬祀神或祭鬼的目的。(3)疏文固然具體呈現了眾人對祀典之祈盼，但不論其性質為何，概須借重道士在無形界被認可的「身分」與「職權」，有發文者的鈐印，始具備上達天聽、三界見證、冥陽遵照之效。

符是結合符號與文字而成的圖像（形），被道士用於向無形界神、鬼表意，藉此為媒介或途徑以遣神役鬼、驅魔厭邪、招吉避災。在科儀演法時，道士每每視需要藉著焚符溝通神、鬼，所謂：「假尺寸之紙，號召鬼、神，鬼、神不得不對」（《道法會元》‧卷一‧〈道法樞紐〉）。符以硃筆書畫於長一尺闊四寸左右之黃紙上，道士在建壇、召將、上章（拜表）、破獄、煉度施食等科儀的演法上都要用符，或者以之敕壇、淨壇，或者以之召將行科（儀），或者以之普召孤魂。由此可知，符就是道士本其職能對神、鬼發出的號令，具有強制與約束力。

符之所以靈效，之所以對神、鬼能生效力，乃是因為透過恭謹的書畫程式：(1)靜心—道士畫符前必須澄靜心思，與此同時開始念咒，既清淨場地也知會天、地神靈自己擬開始畫符，慎重此事。⑵存想—道士一面存想擬畫之符的用意（途），以及擬央請並注入符中的神靈，一面存想向至上神靈「三清道祖」虔敬稟請，奉可後將代表彼神尊符號置於符頭開筆畫符。⑶合真—道士交感與感通欲書入符內並延請主事（執法）之神靈，謹請彼等遵奉至上神尊聖令彰顯赫赫靈威。⑷念咒—書符時道士需念相應神咒，出聲或默念皆可，邊畫邊念，其意一則注神入符，一則在以本靈通告無形界畫符者正在行筆。⑸布（運）炁—道士將此符的目的或對神、鬼之諸般請求，一面運氣一面藉筆勢以自我靈力注入符中。⑹收勢—符必須有收筆形成收勢，俗稱「符腳」，以顯示此符之嚴整與權威。⑺送神—畫符時既然請了神，就一定要念咒送神，才算恭敬。附帶一提，一般符中常有一「罡」字，落在符腳之上，此謂之「符膽」。符膽用以表意畫符者業已與神、鬼溝通，與主事神靈彼此合意，此符的最終目的經驗證後確定無訛。符膽，書寫時融合了神咒與靈力，據說是符咒靈驗的根源。在「天師符」中，符膽常形成一團墨跡。

論其效力，符是因為針對某事而畫，因此對普遍人且有此需要者都發生效力，如鎮邪除煞的「平安符」。但有些符是「短效型」，只有短期靈效，或者一次效力；有些則是

「長效型」，可以經久與重複運用。有些符具針對性質，只對某些人發生靈效。也有些符，從筆勢上看雄勁流暢，外觀上看工美俊秀，但此符未必靈效。除了以筆畫於紙或布帛上見形見像外，符也可以（手）指沾硃砂畫於人體上，或者以指代筆在空中書畫，皆具靈效。在坊間常見，以硃筆在金（錫箔）紙上「隨意」一筆、二筆畫就，不僅談不上符形也全無符頭、符架、符膽、符腳，這是乩童起乩所畫的神明符，依然有其威力。

符或者畫符之事，自有其奧妙高深，一般人很難窺其玄祕。假使就著他人所畫之符臨摹，雖然一模一樣，但此符是否靈效？答案是，恐怕未必。畫符仍有祕訣，並非曉得符的結（架）構與其書畫要領即可。畫符者除了知道符的結構外，其祕訣在於嫻熟即將畫的符要延請哪位神靈入符，請其主事，以及自己確實有能力交感和延請到該神靈。除此之外，畫符時念的咒以及所念之咒有效也很重要。道門之中，畫符的祕訣自古以來均採師傳口授，不形成文字，故《道藏》中未載，史籍亦無從考。在師對徒口授時，弟子往往還要起誓，畫符祕訣不得洩露，也不可以符害人。總之，具備畫符資格者必須有在無形界被認可的身分與職能做基礎，如此所畫之符才有效，才會為神、鬼所接納，不論用於張貼，

或者佩掛於身，或者焚化於水中後為人飲用。

咒或者咒語，也是道士溝通神、鬼和交感彼等的媒介，當（默）念某一特定咒時，就是在對彼等發出訊息，向彼等表意，請（祈）求祂們配合在相關事宜上施法。道士在科儀演法時，廣泛應用咒語。例如，結壇（界）念「淨壇咒」、「鎮壇咒」以清淨玄壇，除邪除穢；登壇時念「衛靈咒」，迎請諸神靈肅清氣象、拱衛各方、護我形靈；誦經先念「開經玄蘊咒」稟告眾神靈起始奉誦經典；步罡有（各種）步罡咒以禮拜星宿（斗）、請神召將、降魔伏妖；畫符時除念咒敕筆、敕水、敕紙外，另念書符咒召神遣將；在普施大齋法事時念「變食咒」，使幽靈得以飽足。除了科儀演法中的應用，舉凡日常生活中為人治疾、內丹修煉、驅邪逐祟、行雷法等事，道士也都會念相應的咒。道士應用咒語，看似用以表達自我行法的意念，但其實是在向無形界神、鬼傳達心聲。但不論如何，以咒語和演法結合，總之益增了道士對無形界神、鬼施術和行法的權威。

究其淵源，咒語由古代巫的「靈語」發展而來。何謂靈語？靈語是：⑴巫在感通神、鬼之後，其本靈與神、鬼之靈的對話。這種對話腔調、語音怪異，旁人完全無法會意，有人亦稱之為「天語」。靈語是巫與神、鬼之間彼此靈通和心意相通下的產物，因為神、鬼回應了巫所言，而巫也理解神、鬼所述，故雙方持續會通，有如水乳交融，巫遂不斷發（說）出靈語。俟彼此對話結束，巫可以將剛才和神、鬼所言內容向他人明白解說。(2)巫在感通神、鬼後，其本靈向無形界神、鬼之靈示意，但彼等是否回應巫，如何回應，以及回應了甚麼，巫並不清楚也無從解說。換言之，雖然此時巫口中也是靈語連續不止，但所做的只是單向表意，其內容可能是對神、鬼的祈求，或對彼等之致敬，意思無法確定。(3)雖然巫都是在說靈語，但比較上述兩種現象與事實，我們可以理解前者是成熟的靈語，後者只得其半，靈通並未「到位」。換句話說，前者能與神、鬼以心意相通，是在「用心」對談（話），而後者與神、鬼顯然並未到達（可）心通境界。所以，說靈語只是媒介者或代言人與神、鬼交感和溝通之表像，真正的實效是在說靈語過程中能與彼等「心心相應」，才能傳達人們祈求並理解祂們示意。

靈語在語調上並不固定，也無長短格式或語法限制，隨媒介者、代言人所說而異，但可以自說者語氣判別彼與無形界神、鬼對話時的氣氛。然而，其角色和功能既在神、鬼

與人之間傳真，則媒介者、代言人：⑴要真能將與神、鬼以靈語所作對話向他人如實傳述，才符合眾人需求。⑵要能夠直接以白話和神、鬼之靈對話，讓其他人也能明瞭自我與神、鬼交感的一切內容，才是稱職的媒介者、代言人。⑶雖然也任神、鬼與人的媒介者、代言人，但和神、鬼之靈間，因為捨棄了靈對靈的媒介途徑、方式，道士既不說靈語，則勢必要衍生出不同的對話法。於是，咒語遂應運而生。

咒語是巫、祝將其靈語「白話（文）」、「表像」化，是以他人可以理解的語言（文）向神、鬼述說其溝通內容。至於真正能向神、鬼傳達咒語本意的方法，應該是藉彼此靈通和心通。也就是說，巫、祝念（或說）咒語只是有形、檯面上的，無形、人（念咒者）不可見的是念咒時對神、鬼藉著相互感通，以心傳心，稟告並請彼等遵行咒語的訴求。道士承襲了巫、祝的職能（司），在咒語的運用上，不僅將其定位為與神、鬼溝通的媒介，也視為一項載體，承載著自我在無形界威權因而能對彼等訴（要）求。《太平經》・卷五十・《神祝文訣》曰：「天上有常神聖要語，時下授人以言，用使神吏應氣而往來也，人民得之，謂為神祝（古代，祝與咒通用）也。……道人得知之，傳以相語」。其意是說，（各種）咒語乃是與上天神靈對話的「祕密語言」，其中隱含著巨大神力，神靈經常下凡教授人如何說此語言，使神兵天將可以應和說者之「運（行）氣」而受召遣，人們知道有此（咒語），稱為神咒。而習道者得知此神咒，口耳相傳，以之治病，禳災除禍，避凶避險。

總之，舉凡為科儀演法、攝養修持、通神（真）達靈等道士皆應用咒語。但我們始終強調，咒語對神、鬼有效的淵源：⑴不在道士因自我之無形身分與威權而使用「急急如律令」、「攝」、「敕」等語辭，或者以至上神尊之名行咒，要求神、鬼按「法令」執行，違律必究。⑵咒語的作用，既是媒介者、代言人在向神、鬼之靈傳達心聲，祈告如願之詞。而道士在念咒時一則體內要運氣，一則在意念上必須「存想」相關的神靈以及央請彼等作為，如此才可以使自我之咒語順著氣傳達至彼神靈，為祂（們）受納。⑶這樣說來，道士就必須真能與神、鬼之靈交感，相互感通，彼此交心，從而其咒語才能在無形界起作用。

（一）從媒介途徑、技能上論說──⑵

人謀藉媒介者、代言人向神或鬼靈祈求，央請祂們在無形界施法或者前來有形界相

助，除了前揭各項媒介途徑與技能，有沒有可能不講求其形式（制），沒有需要應用那麼多繁瑣技法者？換句話說，在求告神、鬼之靈懇乞彼等襄助時，媒介者、代言人可否直接與祂們交感，經相互感通後逕直傳述彼等意思？在日常生活中祈請神或鬼靈為人納福祛殃，媒介者、代言人可否不必大費周章的施術？假使將媒介者、代言人溝通神或鬼靈並為他人招祥除災之智慧與技能視為「術」，只要有效，簡便又迅速當然是人們對其術的最大期望。

人們有求於神、鬼，但必須透過靈通的媒介者、代言人，這是因為：(1)知道有神、鬼的存在，但既不見彼等形與像，也無法與彼等搭接；然而有具體事實證明，可委請媒介者、代言人代為溝通，祈求彼等為人排憂解難。(2)因為神靈的諭知可貴難求，但不能確定自我直接向彼等表白（達）、懇求會否為祂們接納，需要靈通的媒介者、代言人代為表意以確保求得祂們回應。(3)假使神、鬼真回應了自我請求，但因為常人聽不見也無從感通其應答內容，需要有靈通的媒介者、代言人代為傳達與解說。(4)不知自我當如何周密應對神、鬼所諭示，以滿足所願所求，需要有靈通的媒介者、代言人予以詮釋或指導其程式及適當作為。從以上這幾項需求因由看來，神、鬼與人之間的媒介者、代言人，其功能與價值就在：⑴協助—自當事人擬向神、鬼稟告起，就要協助其清晰地陳述央求事（因）由，以免模糊虔心求神目的。⑵傳達—正確傳述神、鬼和當事人之間的問與答，將彼此表意都精準傳達對方，不加增減。⑶釐清—除了正確傳述神、鬼示意，當事人如對祂們諭示有不解之處，依據自我在媒介過程與彼等交感的體悟（會），仔細釐清其疑義，免除其困惑。⑷溝通—對神、鬼諭知之事，有時候當事人確實一時之間力不能及，需要媒介者、代言人代為再溝通，請求祂們恩允，稍作變通或調整。

所以，既然人們想求助於神、鬼就必須借重靈通的媒介者、代言人，則我們在任何一次媒介、代言過程中，不僅會見識到這些景象，也應該建立這些認知：⑴媒介、代言是即時且迅速的作為—在神、鬼與（當事）人之間溝通，講求的是當神、鬼臨降時，媒介者要能即時感應並且會以肢體動作、語言、面部表情等顯示，此謂之「靈通」。接著媒介者與神、鬼交感，進而相互感通，彼此心、意交融，隨後開始代言。⑵媒介者通常為固定神靈代言—雖然無形界有眾多神靈，但媒介者、代言人只能與其中若干，乃至絕大多數只

能與唯一的神靈交感。事實上，當事人想求問神靈時，會先探明媒介者、代言人個人條件。人們常因自我擬求問於神靈之事，選擇不同的媒介者、代言人。因為，人們相信神靈在無形界各有職掌，從而會針對不同需求，選擇求問於能解決自己之事的神靈與媒介者、代言人。(3)媒介者的實質只做傳話—雖然(當事)人與神、鬼之靈進行問答時，需要有媒介者同時在旁，呈一個三角形態的互動，但媒介者不過替另外兩方傳話。媒介者在向神、鬼口述時，要根據當事人一言一語，而反映彼等示意於當事人也要直接、完整，絕不可混入自我意念。(4)媒介者與神、鬼合或分體—當媒介者在為神、鬼代言時，神、鬼之靈可能與媒介者形成合體，也可能是呈分體狀態。換句話說，神、鬼之靈可能降駕並附身於媒介者，亦即與媒介者合體；神、鬼之靈也可能降駕但並未附其身，與媒介者為分體。如果神、鬼之靈附身於媒介者，則當事人在求問事於神、鬼之靈時，會有另一個「媒介者」置身現場，用以代為傳話並保持一個三角形態的互動，在坊間道場謂此媒介者為「桌頭」。

桌頭，這是閩南語，係時下坊間道場的「行話」、「術語」。桌頭，其角色與功能是：

(1)當人們在求問事於神、鬼之靈時，因為祂們已臨降並附身於媒介者，與媒介者成合體狀態，因此需要另外有一人在當（問）事人與神、鬼之靈間代傳問與答。所謂代傳，並非由桌頭覆誦問與答於彼此，而是理順當（問）事人疑問，以及澄清神、鬼之回答。因為被附身的媒介者有時語調並非十分清晰，或者語意中有難明之處，需要桌頭明確代為轉述。⑵與被神、鬼之靈附身的媒介者不同，桌頭未必靈通但也有能靈通者，雖然其角色可以助益人們問事於神、鬼，但無論如何應保持客觀立場，不影響問事之實質。⑶人們在求問事於神、鬼之靈時，有沒有或者需不需要桌頭助理，取決於媒介者、代言人的本質。如能依據當事人求問，隨之與神、鬼之靈交感並會通彼等示意後，即刻明確、詳盡地應答當事人之媒介者、代言人，則不需要桌頭助理。相對的，在當事人求問神、鬼時，務期當事人一則確實理清其疑難於求問之際，一則無所疑義於神、鬼示意之後，均須由另一「媒介者」助理，則需要借助於桌頭。

人們向神、鬼問事時，既然已有靈通的媒介者、代言人在場，為何仍需要借助於桌頭？這是因為，靈通的：⑴媒介者、代言人已為神、鬼之靈附身，一則自我的言語和行為等同已然降駕和具像化神、鬼之表徵，一則必須（完全）按祂們心、意回應求問者，沒

有自主意識。⑵媒介者、代言人既已為神、鬼之靈附身，勢必無法再為當事人與神、鬼之間傳話，無法一人分飾兩角，自問自答。⑶降駕並附身於媒介者、代言人的神、鬼之靈，即便彼等回應當事人所有提問都使用白話並無靈語，不過其中諭示仍有可能令當事人無法理解之處，需要有人疏通，因此借助於桌頭。總之，至少根據以上三項原因，在坊間道場問事時，當靈通的媒介者、代言人係屬被神、鬼之靈附身者，則必須由另一個祂們認可的媒介者—桌頭在旁助理，使求問事於神、鬼依然形成一個活絡的對話形態，保證問與答過程流暢、順利。

我們已知道，在與神、鬼溝通時，媒介者、代言人需要桌頭在旁助理的意義。但也有媒介者、代言人不需要桌頭助理，這是因為他(她)並沒有被神、鬼之靈附身，不僅可以隨己心、意、靈、氣與祂們交感，並且能將和祂們的感通親自向當事人說明。不論是同步地一面與神、鬼交感一面向當事人說明，或者在交感與感通完畢後再做說明，媒介者、代言人都維持其自我意識，按照職司客觀地說清神、鬼之靈示意。媒介者、代言人在與神、鬼交感和靈通時能維持自我意識，則其本靈和神、鬼之靈間係屬分立，為相對之主體。

雖然如此，但對降駕的神、鬼之靈，媒介者、代言人依然由於受彼等靈氣與靈力之感召，顯現萬般虔敬和謙恭。

媒介者、代言人不論是否被神、鬼之靈附身，都屬靈通，都是靈通者。但被神、鬼之靈附身的靈通者，與未被神、鬼之靈附身的靈通者，比較兩者對傳輸神、鬼諭示於求問者，彼此會不會有差別，哪一個較為可信？事實上，交感與靈通神、鬼時（會）被彼等附身與不被附身，媒介者、代言人這種靈通本質的區別（隔）並非自我選擇，多半係因靈通者個人與神、鬼之機緣，在靈通者修習靈通過程時就已註定。因此，無須對比靈通者被神、鬼附身與不被附身，或哪種情況之代言較可信，較接近神、鬼真實的諭示。只要靈通者在交感和靈通神、鬼時都確實脫離自我意識，完全聽憑與信任祂們主導，不加思索並靜心地將彼等傳遞訊息悉數予以反映，這就是神、鬼的真實諭示。

綜上所述，無論係屬被附身或未被附身，靈通者也有能夠純以靈通與神、鬼之靈交感，代他人向彼等求問，在感通祂們示意後向求問者詳盡傳述，其間過程都依個人「天賦」技能，不藉助其他媒介、技法。此一交感與靈通神、鬼方式自古即已存在，從未流

失，即便今日仍屹立於坊間道場，為人們求神、問事的主要門道。靈通者不假其他技法，逕自以自我靈通交感神、鬼為彼等代言，此一途徑與過程具有如下特性：(1)神、鬼真實臨降─以靈通途徑交感神、鬼，靈通者必需先虔心祈求、延請到彼等降駕，以利求問。理論上，靈通者能祈求到神、鬼降駕，就能與彼等交感和靈通。在神靈方面，因為每個靈通者都有「主神」，作為平常自我靈通、交感與求問之對象，所以祈求彼聖駕臨降不是問題，往往只消一眨眼的工夫。至於鬼靈，一般靈通者要能與之交感則需視個人條件。求問者雖然無法見著降駕的神、鬼，但在目睹靈通者與祂們對話情景，內心可以感受祂們宛如確實存在現場，因為靈通者不僅可以洞察自己疑難，乃至有時竟然會說出自己從未令人知道之事，這一定是神、鬼向他(她)透露。(2)神、鬼當面諭示─靈通者不只能使求問者直接和神、鬼對話，使其當下即得知祂們示意。對於神、鬼應答如有不能領悟之處，求問者也可透過靈通者再三詢明。(3)媒介時程彈性─由於求問者可能隨時增或減其疑問，所以靈通者要順狀態維持與神、鬼的交感和靈通，此一時程長短不定。媒介時程可以彈性，可以視需要調整，這才是靈通者交感與靈通神、鬼職能之展現。(4)陰、陽事皆經理─不論是為了身在陽間之人與事，或者為了陰間亡靈之事前來祈求，靈通者皆能為求問者稟請神、鬼示下籌謀之策，或者化解之道。不僅如此，靈通者也可指點或借箸代籌，設法使求問者妥善地圓融自身與陰、陽兩界之關係，以期納福招祥、避災祛邪。(5)神降不拘時間—靈通者祈求神、鬼靈降，稟請彼等為求問者解疑釋難，理論上不僅不拘時間，甚至場地亦不限。因為只要自我條件俱足，靈通者可隨時隨地與神、鬼溝通。但因媒介途徑講求(究)氛圍，所以一般的靈通者想與神、鬼交感和靈通普遍還是在道場之內進行，並且與主神「約定」求問時間。

正是存在這些可即時應和人們需求的特性，使得神、鬼與人之媒介者、代言人展現了不同風貌。這類媒介者、代言人後來被稱為「乩」，其媒介途徑、技法顯然有別於先前所論的道士。同樣作為神、鬼與人的媒介者、代言人，但乩與道士在如下幾項都各有特性：(1)媒介途徑—乩一則直接交感和靈通神、鬼之靈，一則在交感過程會變化其形色與像(樣)貌，顯示已然感通臨降之神尊聖駕，如語(腔)調奇特，肢體扭曲，氣勢淩厲(或委婉)等，與道士運用科儀並藉以和神、鬼之靈成靜默式交感的形態不同。(2)媒介條件—乩雖未必係屬於哪一門派，歷經何種制式培育過程，但也必須從師學習並受嚴格調教，

最重要的是博得無形界認同，以逐步形成其真實靈通神、鬼技能。此外，乩也須通曉如何持用各項法術，俾便應付、排解民眾因遭遇無形界影響或妨礙所生的困苦。道士的媒介條件，除了在侍師過程用心觀摩與學習如何在科儀中演法外，最重要在學成後被授籙，如此才具備演法資格，所施法術才會對神、鬼發生效力。(3)媒介形制—乩通常一人單獨行其媒介、代言，藉交感和靈通之能居中為神、鬼與人傳輸彼此意思，即便有桌頭在旁助理但與交感無涉。與乩單獨一人直接交感、靈通行其媒介和代言不同，道士係藉助科儀程式進行媒介、代言，且視科儀內容定其參與媒介人數。(4)媒介態樣—乩雖然多在道場進行其媒介、代言，但個人能力超群者則未必需要。乩與神、鬼交感在外觀上並無特殊之處，至多在腰上或頭上綁一條紅布。講求與神、鬼交感之有形與無形情境，道士在進行媒介、代言前一則需依身分裝束(穿戴)，一則必需依科儀設置媒介場域。此外，除了依儀與禮於科儀中向神、鬼虔敬地表意，道士為求遂行其媒介、代言尚講求技法應用。乩雖無科儀，但也像道士般會為民眾經辦法事以求消災祈福，其規模、程式雖都較簡略，惟意義與目標仍相同。

解析任神、鬼與人之間媒介者、代言人的初衷，應該是基於其個人自認確實有此能力，有能力向無形界神祕又神聖的神、鬼表意，且此一表意會獲得彼等回應。換句話說，向神、鬼表意卻不能獲得彼等回應者，即便渴望但也無緣任祂們的媒介者、代言人。因此，神、鬼與人之間媒介者、代言人的基礎在條件和能力，在於具備和祂們互（靈）通的本質、學能。至於此一與神、鬼互通條件和能力的形成、造就，有些人是先天就被賦予，有些人則是經後天從師學習，有些人是兩者兼而有之。不過，以上所說是針對乩而言，至於道士任神、鬼與人媒介、代言的基礎則與乩有不同。道士的基礎不論先天和後天，在歷經從師學習過程後因為獲授籙，所以道士自認既已奏職就有「權」和神、鬼溝通，代人們向彼等表意，請求祂們依令在無形界執行受央託之事。乩講求的是「能」，因為身分係經無形界認同，可以依自我條件交感和靈通神、鬼，有資格成為祂們與人的媒介者，替人們向彼等表意，替祂們回應並為彼等代言。

神、鬼與人之媒介者、代言人，不論其媒介基礎如何，最重要目標在滿足人們對神、鬼的想望。進行媒介時的聲勢、架勢，虔敬儀禮，各種技能運用，與彼等流暢對話，代

言彼等諭示等等，這些都是人們在媒介過程必見之景象，往往會激發一種意想，認為媒介者、代言人與神、鬼已形成有效互動。但神、鬼並不可見，媒介者、代言人有可能刻意地「創造」媒介過程的景象而不為人所識破。換言之，媒介者、代言人可以為了虛應，不管與神、鬼是否真實交感，都表現出那些動作，一般人反正也無法看穿。因此，為了正確觀（體）察媒介者、代言人與神、鬼的互動，應該對媒介過程有另外認知，對媒介者、代言人之作為導入另一種意象，那就是「演繹」的觀念。以演繹觀點看神、鬼與人關係，以及理解媒介者、代言人的作為將會更加「精確（準）」。因為演繹有展現、表現、推演，以及鋪陳，推斷，闡發等含義。從這些詞義上看，不正都是媒介、代言過程中，媒介者、代言人對其與神、鬼互動的表徵。所以，如果能將神、鬼與人的媒介者、代言人視為神、鬼之演繹者，才能對彼等身分與功能有更周延的詮釋與體認。實在說來，媒介者、代言人的媒介過程與代言是否可信，其關鍵在演繹神、鬼的虛與實，這一點人們是可以依理性判斷。總之，代人們向神、鬼表意，代神、鬼諭示固然都是媒介者、代言人的職司，但我們無法在媒介、代言過程體會神、鬼如何回應人們的訴求。但演繹卻不同，因為演繹的概念會驅使媒介者、代言人鮮活地呈現神、鬼，將媒介、代言過程中神、鬼的反應展現出來，可達到「傳神」之效果。所以，演繹更能看見媒介者、代言人詮釋神、鬼與人之間的關係。

除此之外，在反映和呈現神、鬼與人的關係時，有很多情狀(境)並不適用媒介概念。因為，神、鬼自有其「特性」與「主張」，由不得媒介者、代言人自我想望，認為以媒介者的身分就能親近、接觸、說明祂們。經常面對神、鬼者都略知一二，雖然看似單純，但「現身」交感與顯靈這一項就可看出祂們的深奧有時讓人難以理解，令人捉摸不透。在神、鬼現身交感與顯靈的問題上，最容易遇到的就是：(1)當媒介者、代言人為某事稟請(問)時，彼等並未現身交感，並未顯靈，這代表何意；(2)神、鬼對媒介者、代言人之交感，未必次次都會現身與顯靈，這代表何意；(3)神、鬼對媒介者之交感，其現身與顯靈有時如白駒過隙，有時卻不疾不徐，從容不迫，各代表何意；(4)同一神、鬼為何對彼媒介者、代言人現身交感，但對此媒介者、代言人則不現身，各代表何意。從這些實例我們應該知道，在與神、鬼互動時，祂們才是主體者，才是決定者，媒介者、代言人只不過順彼等之情、意、勢而為，在呈現祂們，演繹祂們罷了。

有了這種認知後，我們對神、鬼與人關係媒介者、代言人如果能同時以演繹者視之，

乃至於就以演繹者看待，如此一則對神、鬼特性的認識將更清晰，一則對媒介者、代言人的一切作為也能了然於胸，不致受其所為迷惑。再說，媒介者、代言人（道士以外）想表現其與神、鬼的互動，一般有兩種途徑：⑴與神、鬼之靈交感後，受彼等附己身，媒介者、代言人言行悉依附己身的神、鬼之意志。⑵與神、鬼之靈交感後，彼此相互感通，媒介者、代言人言行反映神、鬼之意志。根據這兩種現象，我們稱與神、鬼之靈交感後，受彼等附己身的媒介者、代言人為「神駕」；稱與神、鬼之靈交感後，呈彼此相互感通的媒介者、代言人為「靈駕」，以分別其媒介途徑與特性，而這也正是坊間「乩（身）」的兩種類別。但不論稱其為神駕或靈駕，很顯然地在媒介、代言過程都是依據神、鬼諭示，呈現彼等意思表示。總之，藉著神駕或靈駕居間「穿針引線」，以及彼等務實地演繹神、鬼諭示，滿足了人們對神、鬼靈降人間的祈盼。

綜合而言，神駕與靈駕兩者：⑴皆能以自我本靈與神、鬼之靈對接；⑵皆是人與神、鬼之靈間的媒介者、代言人；⑶皆呈現了人（媒介者、代言人）交感、靈通、會通神或鬼靈意思時之情境；⑷皆是人（媒介者、代言人）與神、鬼交融途徑的寫真。當然，神、鬼與人之間的媒介者、代言人，必須是確實靈通者，如此方能傳真與十足演繹彼等諭示。在人們想對神、鬼之靈表意時，在人們想與祂們進行交涉時，神駕與靈駕不僅是媒介者、代言人，也是詮解者；神駕與靈駕不僅是無形界為有形界設定的條件，也是無形界為有形界提供的智慧；神駕與靈駕不僅是人們與神、鬼交涉的途徑，也呈現了人們與神、鬼交涉的狀態。因為神駕與靈駕能為神、鬼與人們彼此之間傳遞訊息，所以是媒介者、代言人。至於詮解者，神駕儼然是神、鬼化身，因為承受彼等之靈直接降附己身，如同祂們已臨、已現於現場。而靈駕是以自我本靈與神或鬼靈相互感通，神、鬼之靈雖已降駕但並未借體現身，此兩種型式率皆詮解了神、鬼的存在。

神駕與靈駕都能靈通，但神、鬼之靈是否降駕附體媒介者、代言人，或降駕使媒介者、代言人得與祂們感通，端視媒介者、代言人以及演繹者個人條件，而彼等能否擴展對無形界的靈通領域則更賴個人智能。神駕與靈駕是兩種交涉神、鬼不同途徑，也是媒介者、代言人演繹祂們對人示意的不同形式。神、鬼之靈既已取代神駕本靈，則人們與神駕問答等於和神、鬼直接對談。至於神、鬼之靈因並未取代靈駕本靈，則人們尚需藉由靈駕

作為媒介者、代言人而與神、鬼交涉。

神駕與靈駕都是演繹神、鬼者，兩者演繹彼等靈降態樣雖有區別，但亦有共通之處：⑴在交感和感通神、鬼之靈霎那，瞬時的靈感使演繹者精神為之一振，內心湧現極端虔敬。⑵此誠摯的景仰之情，竟接連不斷於胸，炙熱血氣充斥全身。⑶與此同時，完全在神、鬼之靈引領下，演繹者的心、意、靈、氣竟難以自抑地想和神或鬼靈形成共振。⑷彷彿已與神、鬼之靈融成一體，不僅順情順心的體會彼等威靈與聖德，演繹者瞬時昇華自我靈性，渾然忘我。⑸上述情境，一言以蔽之就是演繹者徹底受神、鬼之靈的感應，不能自已，亟思攀比。值得一提，因為受到感召而湧現無盡的敬仰，從而在呈現神、鬼威能時，演繹者可能會擴大或延伸彼等示意的內涵；在表現上，演繹者也可能會將彼等所昭彰推至新境界。但重要的是，演繹者絕不能誇張神、鬼的實質與彼等之諭示，以符合坊間道場所謂的「真神與正駕」。

演繹是人的一種作為，其目的在銓解，以及具體呈現某人或某事物之特性、目標、價值。演繹的對象或內涵，可以是可見、有形有象者，也可以是不可見、無形無象者。

能演繹，這是因為演繹者具有十足智慧，熟稔、通曉該人或該事物。不僅如此，因為演繹者掌握竅門，遂能在過程中將演繹之對象或內涵，做淋漓盡致地呈現。雖然無形無象，但因為人可與彼交涉，神、鬼被視為同樣具有人格，成為神駕與靈駕演繹的對象。演繹神、鬼之靈，神駕與靈駕不只在扮演彼等角色，更重要的是展現祂們的特性與特質。是否能對神、鬼作登峰造極演繹，尚需視演繹者─神駕、靈駕個人條件與能力。具足靈通智慧，只是神駕與靈駕名實相副演繹神、鬼威靈之基礎。

（二）從媒介實務上論說─(1)

不僅對當下與現實清楚，神、鬼尚且知曉人的過去與未來，而這只是祂們所以威能之一。演繹神、鬼這項英明，早期由巫以龜卜或筮占表現之。細心體會，設想（計）出以龜卜或筮占呈現祂們對人示意，思索出這兩種交感與感通神、鬼途徑者之智慧，由衷令人敬佩。人們既已經感知無形世界存在，也猜想可藉由神、鬼事先洞悉自己未來境遇，預為籌謀。但由於神、鬼並不能與人直接對話，要與神、鬼產生連結並謹請祂們對人釋放訊息，

人們透過媒介者行龜卜和筮占（卦）並解讀、領會彼等諭示。龜卜是觀看燒灼龜甲後顯現裂紋，以推斷神、鬼示意。筮占則是迭次揲蓍後，將歷次所策之數轉成圖像，依圖像所代表意涵推論人的禍、福，事之吉、凶。事實上，筮占結論也就是祂們的表意，因為圖像源自於揲蓍策出之數字，而該數字則係筮占者憑感通神、鬼揲蓍而來。如此說來，龜卜、筮占這兩項智慧都是為靈通者設計，因此它們的原創者也必然是靈通者。

所以，不論是行龜卜或筮占，都不由一般人司理，而是以「巫」為之。巫之所以被認定可領會彼等示意並演繹祂們心念，因為具備靈通神、鬼的條件與智能。正因為有媒介無形的條件與智能，巫遂有其脫俗身分與社會地位，此全拜彼等為人們想得知神、鬼諭示的唯一依據。巫為何被認定可媒介彼等，權威地演繹和詮解神、鬼示意？係受誰認定？神、鬼認定？巫自我認定？人們認定？巫具特殊條件與智慧，可以感通和演繹神、鬼諭示，當係：⑴神、鬼賦予基礎資質，再歷經其有形、無形師教導，逐步厚實自我條件與益增智慧後，受神、鬼肯定與認定。⑵巫充滿自信確定，自我具有嫻熟應用靈通條件及智慧，既可媒介無形與有形（界）兩端，又可會通神、鬼諭知，充分演繹彼等。當然，巫是否真擁有全然理解與傳達神、鬼示意能力，雖可欺騙他人，但很難蒙蔽自己。(3)巫被認定可靈通神、鬼，係因為每當向他人演繹彼等示意俱能靈驗，進而受人們肯定。總之，可確切地與神、鬼互通，真能領會彼等示意並代宣諭示，才是令人們有信心與信任之靈通者，才是如實演繹祂們的媒介者、代言人。

能靈通神、鬼，這是媒介者、代言人演繹祂們的基本要件。因為演繹對象不同，靈通者境界也不同，反之亦然。換句話說，有的靈通者只能靈通神靈，有的只能靈通鬼靈。而神、鬼之靈在無形界又各分處不同領域，高低深淺不一。靈通者有始終只能靈通低階神、鬼靈者，有可隨其智慧、技能提升，遂得以擴增其靈通境界者。只是邁過能靈通門檻而已者，其靈通實質尚未純熟，既難以一清二楚地分辨神、鬼之靈，有時感應祂們也若隱若現，偶而能琢磨出彼等示意，不過歪打正著，碰巧而已。瞬息間即可辨別神、鬼之靈，對靈通能力極致者不成問題，但對一般靈通者有時卻是考驗。

古往今來人們都刻意區別兩者，但其實神、鬼皆具威靈，祂們予人的靈、氣、磁場感應有時也往往無分軒輊。靈通者在與祂們驟然交感時，如果「功力」不足，也難以判定係屬何者。靈通者對神或鬼靈不能明確辨別，其原因主要在於：⑴能依彼靈、氣、磁場感應出無形存在，但無其他辨識條件與智慧搭配，如：(天)眼見、耳聽、心通、附身。⑵不能感通或探查神、鬼意思，無法明白祂們為何現身、顯靈。⑶不知應如何回應已現身的神、鬼，無能力向彼等表意。上述原因中，第二與三項是一體的。因為靈通者沒有權限感通自身所遇神、鬼，以致無法交感並瞭解祂們來意，當然更談不上回應與陳述己意，所以無法感應出所面對的是神或鬼靈。

綜上所述，靈通講求感通與會通，亦即靈通者與神、鬼能流暢交感並相互融通，進而使代人求問之事獲得彼等具體回應，這樣才是靈通的真實展現，也才是靈通者媒介與演繹神、鬼之能的發揮。如此說來，靈通或靈通者目的與要旨，就在依人們請託並恭請神、鬼靈降後，精確地為祂們代言，務實地演繹彼等對人的慈心與聖明。當然，因為靈通者可感通與演繹對象不同：⑴所以恭請彼等降駕的神或鬼靈有已設定並固定稟請的，此係對靈通者中的神駕而言；有未經設定但可視需要稟請的，此則係就靈通者中的靈駕而言。⑵但無論如何，擬謹請彼端降駕的神或鬼靈，均應先存於靈通者自心，以利行事。⑶此外，敬請與央求彼端神或鬼靈降駕，此係為某人之某事而為，神、鬼聽聞稟問後，自會對其事詳盡考量予以定奪。⑷其為神駕的靈通者，當神、鬼靈降駕並附於己身後，就實脫口而出神、鬼諭示。而屬靈駕的靈通者，在交感與感通降駕者後，當靜心會通神、鬼對該事回應，並且如實傳述，不可增減其意。

在媒介與代言實務過程中，我們會看見神駕或靈駕傳述神、鬼意思時，常有說不清也說不明者，但這絕不是祂們回應求問之事時該有的情況。神駕演繹神、鬼示意，凡口中吐露，不應存在隱晦、含混；靈駕演繹神、鬼諭示，經其口傳述，理論上也不可以曖昧、籠統，這些都在避免啟人疑竇，將信將疑媒介者、代言人靈通的真實。總之，靈通者謹請神、鬼靈降並演繹彼等，其具體作為即將以下諸項予以次第反應：⑴意識出神、鬼靈降情境，體會彼等對當事人，對求問之事心念。⑵彼等既已降臨，如實把握神或鬼靈對求問之諭示，理清事情關鍵與環節。⑶審慎明辨神、鬼意念，避免囫圇吞棗。⑷靜心聆聽神、鬼回覆，是否與當事人及求問之事，若合符節。⑸深思熟慮，當事人如何踐履神、鬼諭示，若有需要可予以指導。⑹當事人對已求問之事確有其窒礙難行者，則稟請神、鬼再諭示。

總歸一句話，靈通者既為神、鬼諭示的傳真者，若不能將祂們回應全然地反映並傳達於相關當事人，則不僅與不識祂們無異，也談不上周延地演繹神、鬼。

一般人逢神、鬼，既聽不到彼等言語也看不見祂們形貌，但靈通的媒介者、代言人則不然。媒介者中的神駕，可讓神或鬼靈附身並借己之口言語，而靈駕亦可與祂們相互感通並代為傳諭，使他人得聆彼等諭示。至於見著神、鬼形貌，不論降附或未降附己身，既受神或鬼的靈、氣、磁場驅使，則神駕與靈駕瞬間即轉變體態、神情，且宛若變身為神、鬼一般。於是其態樣遂可見，神駕、靈駕有聲如洪鐘而精神抖擻者，有手舞足蹈而把臂伸指者，有低吟泣訴而悲嗆難止者。凡此，率皆為媒介者、代言人與神或鬼靈相互交感情狀，也是彼等正在演繹神或鬼靈降駕。若其勢威風凜凜、氣宇軒昂、語氣鏗鏘則知為男神降臨，若其姿態委婉嫻靜、端莊威儀、輕聲軟語則知為女神降臨，若其情時而憤懣咆嘯，時而咒怨不休則來者肯定為鬼靈。

神、鬼既已現身必有其來意，然而祂們意欲何為，如何可得知並確定？不論其為神駕或靈駕，靈通者反映和演繹神、鬼示意，一切過程及主旨在求與彼等心志合一，以確保忠實呈現祂們，或為他人順利消災解劫，或為他人圓滿納吉增福。然而，神駕或靈駕生動「表演」神或鬼靈之聲、形、氣、意時，儼然已具現祂們身分及意圖，但這只是神、鬼與人交感的序幕。神、鬼既為某人與某事而來，神駕或靈駕必要竭盡智能，求得祂們與當事人彼此交融、交織，對神、鬼與人間當如何齊心合力實踐該事達成一致共識。就當事人而言，在使其深明神、鬼意念，不僅心悅誠服且額手稱慶地再三感激祂們聖德。就神、鬼而言，則因令當事人或胸中塊壘盡釋，或內心愁苦冰消，或潛藏不安率皆頓除，使神靈顯赫，神、人同歡。果如上述，一則可知媒介者、代言人務實演繹了神、鬼，確不失其職司；一則可知神、鬼來意已明，精準可信，不容當事人心存絲毫懷疑。

人們因為不時地感受其奧妙與威能，遂信仰並折服於無形（界）力量。而神、鬼既是彼無形界的主體與威能者，所以人們便經常向祂們祈求，或稟請錫福賜吉，或懇求逐災除厄。但人們知道，神、鬼對人回應有可能是：(1)應允所求——人對神、鬼以誠以敬，神、鬼也對人以慈以愛，但凡人所乞求均能獲彼等默許，如願以償。(2)未允所求——人雖對神、鬼百般虔敬地禱告，請求施恩，但神、鬼既未應答也不置可否人的央求。(3)允違互見——人

雖不時誠心膜拜且殷殷相求，但神、鬼未必皆如人所願，不過也未必令人失望。就上述神、鬼對人回應形態看，人明顯居於被動。為了找到平衡點，於是有媒介者、代言人出現，致力於人與神、鬼間的溝（疏）通。

神、鬼媒介者、代言人必須是絕對靈通者，因為其條件與智慧，就是人們想藉之與神、鬼溝通的依據，以探究神、鬼何以未應允人所企求，或者為何允違互見。如果真具有十足理解無形的條件與智慧，靈通者才能恰當媒介與演繹神、鬼，讓一般人也知道祂們意思，從而圓滿並安撫人心。但人心總是好奇，也總是奢想。既然知曉有形與無形界相對存在，也瞭解有形與無形會相互影響，或者雖相對卻可能互不影響，於是好疑的人心無論如何都會想再進一步探明。人不僅想對自己現在或未來之吉凶與福禍，和存在於彼世界的神、鬼是否有關得出結論。與此同時，人更發奇想，能否與彼無形界神、鬼搭接，或建立良好關係，期能長享祂們護佑並保證自己畢生祥和安康。

一般人內心常湧出這些想法，非常普遍且從古到今都相似，尤其個人遇有不順遂時：⑴自己目前處境是否受無形界中哪位影響？⑵為了哪樁事而受影響？⑶能否向祂們問明確實原由？⑷能不能應用甚麼方式予以改善或改變？以現今坊間常見實務為例，不少人但凡遭逢困厄，遂以為涉及神、鬼，其心態及內心所存疑惑一如上述，但其實未必凡事皆與祂們有關。神、鬼樂於助人，向無身分之別，惟對其心只求益己卻不思利他者除外。一般人常煩勞祂們釋疑解惑，賜知個人禍福，神、鬼無不欣然。神、鬼之所以必古道熱腸、扶危濟困，因為祂們想讓世人稱心如意，安樂度日。但人千萬不可誤會，以為凡事都可寄望神、鬼奧援。無論人多麼熱切懇求，如有既失公允又不符社會正義之事，神、鬼定置之不理。因此，遇其人存心已偏離公義與世道卻仍奢望祂們施恩時，演繹神、鬼聖靈者當嚴詞詰責，切不可只充耳不聞、漠然置之而已。

人們所謂的某事涉及神、鬼，應係指存在於某人之某事，與混淆或不混淆神、鬼威名，扭曲或不扭曲神、鬼形象，誤導或不誤導他人對神、鬼立場有關。為何有此等事？也許該當事人曾有極盡詆毀神、鬼之言語，或曾為神、鬼代言者卻有虧其責，或曾藉神、鬼之名掩飾個人不當行徑等等。於演繹神、鬼處理其人與事時，靈通者正確心態應該是：當完全請神、鬼作主，由彼等定奪與裁處。也就是在演繹神、鬼時，靈通者應聽憑祂們

自性抒發。換言之，當事人已造成甚麼困難局面，神、鬼與彼關係當如何調處，演繹神、鬼者皆不可存任何想像。演繹神、鬼者必須遵從神、鬼，謹請並悉依彼等示意，自己不懷一丁點主見，否則在呈現祂們態度時必將失真、失實。

神、鬼向來慈愛，不忍世人沉溺。雖見當事人已深自懊悔，如今一切痛苦與難堪全係咎由自取、自食其果，毫無埋怨可說，但神、鬼總想施以援手，予人生生之氣。以曾經眼見之實務為例，一般靈通者此時演繹神、鬼聖明，其核心以建立與鼓勵當事人對神、鬼信任，使彼此齊一心志，共創雙贏局面。就受苦之人而言，因為銘感神、鬼適時施手，盡除身心枷鎖，使自我得以出脫泥淖，從此可望棄舊圖新。就神、鬼而言，因此建立了當事人自新的信念，教化了當事人檢視、回顧自我，使當事人體悟當如何像祂們一樣行善於他人。

但對其人其事隱晦不明，對當事者為如何之人，蒙受何事，為何陷此苦境等等毫無頭緒時，靈通者演繹神、鬼，發揚彼等聖德之次序則為：⑴詢問當事人意願，是否願委請無形界神、鬼助力，禳解眼前困難。⑵當事人如首肯後，隨即查明彼為何如此困苦。

當事人可自行口述其困境之因由，如果本人不能溯流窮源，也可向「當事人本靈」問清。如果以上都不能查出，靈通者可請自我相關主神賜知並向當事人求證，以喚回其記憶。(3)一旦當事人有了印象並吐露、說清其事後，分析此事前因後果，瞭解問題癥結。(4)查明是否與無形之間存在瓜葛，如有係與何方聖駕關聯，彼神、鬼能否解開與當事人糾結，無形界哪位聖駕願力保當事人並承擔化解之責。(5)必要有其位階高於與當事人先前之事關聯的神、鬼願出面主持，方能產生承前啟後之效，既解除當事人以往重重纏繞，又許以當事人爾後新生。

根據上述引證，我們又充分見識了靈通者演繹神、鬼的要件：(1)因為要向當事人本靈詢問，因此要有召喚他人本靈的能力。(2)因為有時要自行探明當事人為何受苦，因此不僅必須有篤定與感通神或鬼靈之能力，還要能謹請祂們賜知詳情。(3)換言之，不僅要能與神靈務實感通，有時也要能與鬼靈充份交涉。除此之外，更要有為當事人成功說項之智慧與策略，以使相關神、鬼既往不咎，盡釋前嫌。(4)但最重要的是，能順利恭請到至上權威神靈，周詳了結一切糾葛。總之，靈通者主要職能既在演繹神、鬼威能，弘揚彼等聖德，

助人消解災厄，其靈通能力的內涵不只相當廣泛，而且樣樣都要深入，都要是真本事。

（二）從媒介實務上論說——(2)

演繹神、鬼威能與聖德以之濟世助人時，媒介者、代言人有所謂「權限」問題。權限，顧名思義很容易被理解成權力限制，也就是客體者權力受到制約，無法發揮其應有作用。但其實權限的意義是指，主體者明確設定某些限制，使客體者意識出自己能否行使權力，自己權力是否發生作用。換言之，客體者因為已經曉得自己受限，所以不行使權力；或者即便行使權力也不發揮作用、效力，因為自己不具權限。所以，有權限就是可以行使權力且發生作用、效力，反之則無權限。有或無權限與個人能力沒有絕對關係，但也不能說彼此無關。有時因為有能力，才擁有權限，因為沒有能力就不具權限，或者因為沒有能力就不被賦予權限。

神、鬼與人之媒介者、代言人—神駕、靈駕的「權限」，與一般認知和概念的確稍有不同。因為面對的是無形，其權限主體者是無形界之眾神、鬼，神駕、靈駕權限是否受彼等制約，有時無法先行得知，必須進入靈對靈的交感狀態才能確認。換言之，神駕、靈駕有時會因遇不同的神、鬼，不同的事，而出現不同權限，很難定論。神駕、靈駕的權限是甚麼，其內容為何？神駕、靈駕的權限即彼等和無形界神或鬼靈互動之依據，這種依據主要是：(1)資格—資格就是條件和能力，其內涵為神駕、靈駕的靈通之能，以及解析和判別，乃至重整神、鬼與人關係威望的綜合。(2)身分—神駕、靈駕身分雖然隨著條件與能力而來，但更重要的淵源在其塑造背景。所謂淵源在其塑造背景係指，神駕、靈駕曾跟隨和侍從哪位有形師細心教導，加上曾受哪些無形師愛心提攜，從而使彼對無形界的知見與智慧確實有別於一般。這樣說來，能得有形的名師引領，再得眾多無形師呵護、加持者，自然可以有如虎添翼之勢，其資格、身分特別不同，權限因此也不同。

神、鬼為何會設定神駕、靈駕的權限，與彼等演繹「自我」有何關聯？首先，設定神駕、靈駕的權限以演繹自我，就是視其「能」而定其「格」，依其「學」准其「事」，以使神駕與靈駕在行媒介、代言、演繹時：(1)無所非議—使媒介者、代言人能真實交感與會通神、鬼之靈，使其演繹並非憑空想像，虛張聲勢；(2)無所遺漏—使媒介者、代言

人依能力井然有序地代傳諭示，周延展現其本職與學能；(3)無所謬誤—使媒介者、代言人能正確解讀神、鬼示意，毫無偏頗呈現其職能(司)。其次，因為有些神駕與靈駕以為，自我本靈已正確和如實地演繹了神、鬼，彰顯了祂們威靈，但其實並不然。之所以如此，係因為經神駕或靈駕演繹彼等後，神、鬼的諭示是否符合當事人祈求並未加驗證。未加驗證，這在實務上是常見現象，因為要驗證就會涉及神駕或靈駕能力檢視，也會針對彼等演繹神、鬼是否靈驗的評論。畢竟，神駕或靈駕很少於事後仍請問當事人，現今是否依舊困苦不已，一如之前未祈請神、鬼施恩之時。緣此，我們可推想未能全然演繹神、鬼，這可能是神駕或靈駕端的問題，也可能是神、鬼端的問題。也就是說，神駕或靈駕以為，已經成功為當事人稟求於神、鬼，免其災厄，但並不知自我本靈受制於權限。同樣，神、鬼本身也可能因權限問題，以致未完全應允彼所求之事，但神駕或靈駕並未察覺。說得再深入些，不僅自我媒介、代言條件因權限問題，神駕或靈駕有時也還是因智能、經驗受限，以致未能縝密思考，成熟理事。所以，神、鬼會設定神駕、靈駕的權限。

神駕、靈駕演繹神、鬼既要有權限，而權限又是根據無形界對彼等資格與身分而定。

如此說來，資格與身分既都由無形界認定，則神駕、靈駕如何知曉自我本靈權限？明瞭自我本靈權限不難，當神駕、靈駕涉及某人或某事時，如果存在以下諸項，則可篤定自我具有權限：⑴感應—在靈通或交感神、鬼之前，神駕或靈駕對眼見之人瞬間即有感應，知悉眼前之人身陷苦楚，受事滋擾。⑵知策—不僅了然其人其事，對如何破解彼所受苦處不只計上心頭，神駕、靈駕尚且成竹在胸。⑶朗見—此時，好似那端無形界也因為清楚和接納、首肯此端神駕與靈駕心思，於是呈現一片神、鬼與人意念交融的景象。⑷確認—如果經靜心審視後，肯定真具足以上所述情境，則神駕、靈駕可知自我確有涉事權限。當然，實務上因為神駕係屬神靈降駕附己身後始能感通，啟發其演繹時機與演繹對象率皆已設定，以故權限問題的探討幾乎不存在於神駕，除非此神駕亦具有如靈駕之能。

在此，我們必須再詳細說明神駕的權限問題。關於神駕的權限，其必須闡述者為：⑴神駕權限，通常是指神駕所演繹之主神涉事的權限。因為要讓神駕演繹自我本尊，神駕的主神一則必須靈降附身於神駕，一則必須有涉事權限，始能彰顯神聖權威。⑵神駕主神權限之探討可以很深入，但依實務並淺顯地說，就是有沒有獲得無形界至上神授權，

可以調處神、鬼與人的關係。再說明白與通俗一些，就是現時下一般人常說的，那間宮廟主神領了那些旨、令。當然，宮廟主神要充分展現其權限，還有比領了何種旨、令更進一步的要件。(3)附身於神駕之神靈，通常就是其主神而已，其他至上神尊幾乎不可能來附身。神駕皆有其主神，視彼神尊之靈所源自，權限從而有別。依時下民間語言，即主神由何處分靈而來，就是其涉事權限的基礎。同名的神尊，至威至靈、至聖至德之本尊聖駕只有唯一且必在天上，其餘降至凡間並受各地民眾膜拜者率皆分靈。凡同名但皆屬分靈之神尊，依享祀人間歷史排比其權限高低，至為公允。(4)神駕演繹神、鬼直接了當，凡其所恢弘皆明白呈現了主神之聖靈、神明、慈德。說來奇妙，神駕如在人品上漸增自我修為，精進自我德行，則不僅會滋長、裨益其主神之威能，也會擴增主神涉事之權限。反之，若始終了不長進，不學無術，胸無點墨，則神駕也會拖累其主神威靈。

但靈駕的權限問題又不太一樣，其與神駕相異者在：(1)因為可主動投射其本靈至無形界，搜尋、交感相關神或鬼靈，從而靈駕有涉入彼界之權限問題。與此同時，神、鬼也會決定回或不回應靈駕，以顯示彼是否具權限可跨入無形界，想為某人之某事向祂們交感，請祂們示意。⑵靈駕通常主動演繹神、鬼，但也有被動演繹的時機。所謂主動演繹，係靈駕以本靈交感與感通神、鬼之靈，謹請彼等為某人某事諭示以彰顯威德。但靈駕在祈請神或鬼靈臨降並施恩消解某人身、心、靈之困苦時，若祂們明確俞允所祈請，一則表示靈駕獲得權限，另一則表示可請祂們諭示後續行止。反之，則表示靈駕並無涉事權限，沒有演繹神、鬼資格。除了主動演繹彼等，也有靈駕被動演繹神、鬼事例，但實務並不常見。所謂被動演繹神、鬼，係指靈駕獲祂們示意可為某人處理某事。⑶除了主動、被動演繹神、鬼，靈駕也存在直接與間接演繹。直接演繹是指，方神、鬼應允某人之某事後，靈駕敬謹遵循並直接呈現祂們諭示。間接演繹是指，因為該當事人另涉及相關之神、鬼，靈駕請自我本靈所感通之神、鬼與祂們交涉後，再將不同神、鬼間交涉結論轉知當事人，此為間接演繹。

在論神駕與靈駕演繹神、鬼型態時，事實上就是在分析與述說，神駕、靈駕如何呈現自我本人本靈地位，演繹自我本靈角色。而神駕與靈駕演繹自我本靈角色時，就等同在演繹神、鬼，使祂們展現威靈。在神、鬼與人關係建構的過程中，我們理解神駕與靈駕：(1)皆具條件與智能傳述神、鬼意思，演繹神、鬼對人的恩澤。(2)但神駕、靈駕又各因其本人或者本靈的條件和智慧不同，而被神、鬼設定或賦予不同權限。(3)值得一提的是，神駕與靈駕的本人或本靈條件和智能有些屬於有形、可見，有些則係屬無形、隱密。例如，品德、言行為可見條件與智能，他人亦可感；神或鬼靈授予之「嘉許」或「恩賜」等無形旨、令，他人未必知曉。(4)神駕或靈駕與神、鬼之靈始終存在融為一體的神聖時刻，此時彼此不僅相輔相成、相得益彰，兩者亦呈水漲船高之勢，誠可謂休戚與共。(5)基於此，神駕、靈駕如皆能日漸增進、累積自我本人條件與智能，如此不僅推進自我本靈演繹神、鬼能力，也相對擴展自我本靈涉事之權限，更為神、鬼與人關係爭取較多贏面。

神駕、靈駕演繹神或鬼靈時，就一般人而言，不僅存在可見與不可見現象，也有可感與不可感情境。所謂可見及可感，為神駕或靈駕口出之話語、肢體動作、氣勢。至於不可見與不可感者，則為神駕或靈駕本靈對神、鬼之靈的交感情境、頂禮膜拜、虔誠致敬，以及祂們回應之情景。神駕或靈駕演繹神、鬼過程與態樣，就是現時坊間道場的「起乩」，亦即「問事」或「辦事」全程所見。神駕或靈駕的起乩、問事、辦事，三者分別是彼等演繹神、鬼不同階段。起乩就是神駕、靈駕以本靈起始交感神或鬼靈，惟靈與靈之間互動過程和狀態全都無形無像，除了專業行家，否則難以意識、感應、「看清」。問事是神或鬼靈降駕後，人們請神駕、靈駕向彼聖駕求問，請求惠予施恩拆解疑難。問事的方式與過程，依媒介者、代言人係屬神駕或靈駕各有不同。辦事則是，神駕或靈駕請神、鬼諭示問事者疑難的解決方式並予以處置之，或神、鬼直接為處置但由神駕或靈駕代言（行）。必須加以說明的是，涵蓋問事與辦事全程，神駕或靈駕都維持起乩，也就是媒介者、代言人本靈與神、鬼之靈呈互通狀態，相互支撐。

具有神駕、靈駕條件與智慧者才能演繹神、鬼，但這又隱含了甚麼，說明瞭甚麼？神駕、靈駕有些條件與智慧不以人的肉體予以表現，不能以肉體或人為刻意運用。神駕、靈駕的條件與智能，簡單而言即「真實靈通」。神駕、靈駕的「真實靈通」，其所具情境應如下：⑴既以本靈與神、鬼之靈交感，因此神駕和靈駕必須具有（天）眼能見、耳能聽、心能感、氣能通於神或鬼，感受彼等磁場之條件。⑵上述對神、鬼之感應或感通條件，神駕、靈駕必有其一，但不能只唯一；若只唯一，尚不具足，明顯欠缺真實靈通者之要件。

(3)神駕和靈駕，除感受彼等磁場外，其靈通神或鬼靈的眼、耳、心、氣都屬於本靈之作用，而非其肉體器官功能，不可起心動念想去創造，應放任本靈自行產生，這一點常是許多自謂真實靈通者做不到的。(4)因為要演繹神、鬼之靈，長久以來神駕或靈駕的本靈會學習、模仿祂們。但與神或鬼靈交感的眼、耳感知與印象都可創造，唯獨心、氣所得，以及磁場感受不能臆造。換言之，神駕或靈駕可以形塑神、鬼之靈降駕景象，隨興想像，但無法以自我意識引起與祂們心、氣相通的情感，以及創造神、鬼與人之間，因靈與靈交接所激發的磁場效應。這一點也是神駕與靈駕應心悅誠服的，切不可自欺欺人。(5)神駕、靈駕者自此當知，有持續不止的磁場效應，有令人震撼情懷，則神、鬼之靈已然降駕為真，為真實靈通，領受彼等降駕者為「真駕」。

四、巫與其術跨古越今

確實迎來神、鬼之靈並順利解答祈求者內心疑難（惑），這是作為神、鬼和人之間媒介者、代言人所深受期盼，更是彼等無負其本職、學能的體現。對媒介者、代言人而言，只要在實務上確能迎請到神、鬼靈降，以及如實代傳諭示，則：⑴彼媒介者、代言人確為神、鬼所信賴，既沒有虛構交感與靈通現象，也未蒙蔽自己和欺瞞他人。⑵顯示人們求助於神、鬼與人之媒介者、代言人，從來沒有在意其為神駕或靈駕，也未區別其媒介途徑。⑶表明靈媒都能真實地演繹神、鬼之靈，應用途徑既無高下分別，彼此媒介、代言效能也在伯仲之間。⑷靈媒當下都如同神、鬼之靈現身，不但是祂們的真正代言人，且所傳述也毫無疑問地可受人們敬信。

但是，我們仍然想對媒介者、代言人再深入探討，分辨彼此之不同，一則在幫助我們更加認識神、鬼與人之間媒介、代言的實情，一則在藉由解析媒介者、代言人學能，廓清彼等靈降的實質。特別是，如果我們將媒介者、代言人分別成神駕、靈駕，就可因

為媒介、代言途徑不同，理解媒介者、代言人的境界與效能。換句話說，我們將更認識，媒介者、代言人之媒介境界或彼等可司理他人向神、鬼問事之範疇，以及可交感與感通神、鬼的層次，會因媒介、代言途徑不同而有差異。這種差異，乃是源於媒介、代言途徑之特性，以及媒介者、代言人個人資質。

神駕之媒介者、代言人，因為基於神、鬼受稟請靈降並附己身後始行媒介、代言，發揮媒介效能只在神、鬼之靈附身期間，此期間媒介者、代言人的言與行等同神、鬼意思表示。靈駕之媒介者、代言人，在確認神、鬼已受稟請並靈降後，一面與之相互交感與感通，一面進行媒介、代言。靈駕的媒介效能只存續於與神、鬼之靈相互感通期間，此期間媒介者、代言人的言與行代表神、鬼意思表示。如果有人想對神駕、靈駕媒介之實質作評判，有時從問事者的反應就能見其端倪。換言之，如果神、鬼真實靈降，神駕真實受彼等附於己身，或者靈駕真實與彼等融洽交感和感通，則媒介者對求問者之回應往往都能切中肯綮，令求問者稱謝不已。反觀，媒介者、代言人如未使求問者露出心滿意足神色，則顯示求問者之內心一則泰半仍有未解疑惑，一則對神、鬼是否真實靈降，恐持保留心態。

雖然彼等作為未必盡如人意，但自有神、鬼與人之媒介者、代言人起始，他們即備受期待，只要人們相信確有無形世界存在，以及認定彼世界確實與人的有形世界產生連結，確實會對人影響，就不免要依賴他們。關於神、鬼媒介者、代言人，由於太專注描述其「代言」之職能，作者顯然過於著墨彼等如何為神、鬼與人之間傳輸彼此意思表示。其實，神、鬼與人之間媒介的內容很廣：(1)為神、鬼與人之間代言，這雖然是任無形、有形世界間媒介者、代言人的主要職能，但只是其中一環。(2)在無形、有形世界間行媒介的事務還有許多，例如：祈雨、招魂、驅鬼、避邪、詛咒等。這些媒介事務都屬於「術」的應用，乃媒介者運用自我與神、鬼的溝通能力，說服祂們在無形界做或不做某事，以滿足自我或他人需求。媒介者說服神、鬼做或不做某事就是「施術」，因此媒介者就等同「施術者」，而這些「術」的應用一般謂之「巫術」。

巫術或者巫施術，人們雖然不能理解其原理，但事實上都不脫靈媒靈通途徑的運用。換句話說，巫透過靈通的方式，以自我本靈向神、鬼之靈表意，祈（要）求彼等在無形界

有所為，或者有所不為，以至於改變在有形界應該發生，或者不應該發生之事。例如，使某人與某人原來不和善的關係轉為彼此和睦，或者原來和好的關係轉變為對立，相互仇恨，這就是巫（施）術。巫術之應用或者巫施術，其所以有效的原因在於：⑴巫施術時，神、鬼之靈認可巫本靈的請託，認定巫所為有益於有形界，也有益於無形界，因此願意配合其術。⑵巫施術時，神、鬼之靈在意的是巫的無形界身分，並不在意巫使（應）用了甚麼器具、物品，那些不過是巫對人們的障眼法。⑶巫施術時，受招徠、驅遣之靈可能與巫存在交換條件，這在坊間「養鬼」的實務中即是如此。以實例所見，通常巫會答應濟度所（供）養的鬼靈，以換取祂們在無形界從事刺探與偵蒐的「服務」。

巫術或者巫施術之目的難免存在巫個人私益，但大多數是受他人央託而為。巫術在社會生活中的範疇與運用自古以來即很廣，更早期不論，殷商時代即常見巫以其術祈雨和治疾，卜辭中散見此事例。「癸子（巳），其求雨於□□」（《合集‧三〇一七六》）。「庚寅卜，癸子（巳）奏舞，雨」。庚寅日占卜，在癸巳日奏樂並舞蹈，下雨（《合集‧一二八一九》）。「鼎（貞），王疒（疾）身，隹（唯）匕（妣）己害」。鼎（卜人）貞卜，（商）

王身驅患疾，可能是受妣己所害（《合集・八二二正》）。「王辰卜，其寧疾於四方，三羌又九犬」。王辰日卜，請求四方各神靈寧息疾病，以三隻羌九條犬為牲獻祭（《屯南・一〇五九》）。由上述可知，巫大多是以獻牲祭祀，或者是以儀式禱祝的方式和神、鬼之靈溝通，其術並無特殊之處。至於祈雨時舞蹈，此係巫和神、鬼之間交感時靈與靈的互動，這也屬於相互溝通。

如何解讀、定義巫術，卜、占之術是否為巫術？行卜、占本在向神、鬼問事，懇請彼等釋疑，而龜卜所見「兆璺」與筮占所呈「卦象」則被視為神，鬼的示意。在行卜、占過程時，巫可以藉與神、鬼的交感和靈通感知（應）彼等應答，無須再解讀兆璺或卦象。換句話說，巫能藉和神、鬼之靈交感與感通，不用看燒灼龜甲之兆璺，或者不需解析揲蓍所得卦象，也能感知祂們對求問之事的示意，這是巫的「本能」與「本質」。巫雖然可秉持自我與神、鬼靈通所得述說彼等回應，然而為「佯裝」與取信他人仍借助、搭配兆璺或卦象，這種「媒介（物）」的輔助應用也就是術。於是，巫靈通神、鬼的「本能」與「術」兩者相和就是「巫術」。反觀，有些巫不本著媒介（物）—兆璺或卦象，就無法傳述或解說神、鬼對所問之事的回應；或者必須本著兆璺或卦象，才能述說神、鬼對所問之事的回應，嚴格說來這種巫只能算是卜人、占人，彼等所行就不能稱為巫術。

總之，巫借用「媒介（物）」表現與神、鬼互通，實際上是藉由靈通請求祂們在無形界針對特定或不特定對象，遂行某項目的之作為，此一過程稱之為「巫術」。因此，巫術具有如下特質：⑴施術者以能靈通神、鬼為基礎—施術者必須能以自我本靈感通神、鬼，央求彼等在無形界作為或不作為，使某人之靈因而受影響乃至於受害或受益。例如，「招魂術」就是央請神、鬼將離開人身的靈魂帶回來。⑵應用媒介（物）為施術表徵—應用媒介（物）目的或為取信於人，或用以向神、鬼指涉施術對象。例如，早期民間社會中有人會在路上丟「紅包袋」供人撿取，這是為過世的年輕女性亡靈尋找「冥婚」對象。⑶施術對象為人之靈，但受影響的是人—巫術的作用對像是（某）人的靈體，但受影響的卻是人身。例如，施「厭勝（鎮）」術，雖然厭勝物不接觸人，但卻會對人產生負面影響，很顯然此術就是藉斲傷、壓制他人的靈體來加害其人。

比較能看清楚巫如何施術是招魂術的應用，（西）漢武帝時，方士李少翁曾於夜間招徠王夫人之鬼魂與武帝相見（見於《史記・封禪書》）。此巫術應用的是召請亡靈附身，方士以一靈通的女子為媒介，使王夫人鬼靈前來附其身並藉其口說事。這種招魂術並非罕見，即使在今日坊間仍可覓其蹤跡。招魂術在台灣也稱為「牽亡」，其媒介者通常謂之「尪姨」，現時中南部較鄉野的地方仍可見其路招（牌）。尪姨作為亡靈的媒介，不僅能借體讓亡靈附己身且可經己口述說生前種種事蹟，此一情景常令熟識亡者驚奇詫異。

嚴格說來，巫術要能起作用，主要的不是巫有多大本領，而是在彼無形界神、鬼能配合巫的請求。巫術的效用與分類，一般有所謂「白巫術 (White Magic)」、「黑巫術 (Black Magic)」。白巫術，按照字面的意象是善意的法術，係指巫採取方式有效治癒病體，解除災殃，使人恢復健康。黑巫術係惡意的巫術，乃利用惡靈做害人之事的巫術。白巫術的技法在我國古代商、周時都為巫普遍應用，計有：(1)卜、筮—這兩項是對神、鬼的最直接請求，懇求祂們明示災疾。卜辭中都有各式各樣事例，其中不乏料事如神者，證明卜、筮這項巫術的效能。(2)禁咒—禁咒即現時的「靈語」，巫施禁咒就是以常人聽不懂的語言向神、鬼說項，要求彼等對受害者除病除殃。巫應用禁咒之術向神、鬼不斷表白，看在病人眼裡，

對增加其信心也有一定作用。⑶祝禱—祝禱是對神、鬼最簡易的請託，巫利用奉獻牲禮祭祀並虔誠祝禱，請求祂們施恩，讓受害者早日康健。如果知道是何因由致疾，巫也可直接訴請相關神、鬼惠予解除。⑷祝由—祝由也是以巫口念咒語為主，再附加其他作勢驅趕動作，以袪除病邪，祝由術也具有心理治療的成分。⑸祓除、儺舞及桃茢—《周禮・春官宗伯・女巫》：「掌歲時祓除釁浴」。祓除是撢去身上的污穢、邪氣，釁浴是以樹葉、青（藥）草洗浴身體，除去黴氣，具有袪災驅穢作用，如同現代人端午節以艾草與菖蒲沐浴一般。儺舞，這是巫在每一歲末驅逐疫鬼的活動，《周禮・夏官司馬・方相氏》：「掌蒙熊皮，黃金四目，玄衣朱裳，執戈揚盾，帥百隸而時難（儺），以索室驅疫」。「桃茢」則是以桃木為柄作的蘆葦掃帚，古人認為用它清掃屋內屋外有驅魔除邪及治疫的效用。至於黑巫術，因為多屬損人以及不正當技倆，雖有流傳，但很少公諸於世。

從商、周至漢代，雖然時間已歷千餘年，但常民仍有「信巫不信醫」（語出《史記・扁鵲倉公列傳》）之風氣，顯見巫的社會地位。此外，因為人們相信疾病是由神、鬼作祟所引起，且巫又是人與神、鬼間的媒介者、代言人，故人們有疾病時會去找巫施術，把巫當成能溝通神、鬼順利治療疾病之人。巫在民間具有莫大影響力，反映了：(1)人們認為人是骨肉與靈魂的複合體，人一旦生病，靈魂很容易遊離身體，或者生病就是靈體受到傷害，因此要請巫協助施術治癒。實在說來，巫對人所以患疾病的說詞，其影響力有時的確超過醫者。(2)社會醫療資源嚴重不足，一則醫者在群體中的比例少於巫，一則能有效治疾病的醫者未必普及，讓巫有很大揮灑空間。(3)社會潛存著不安全感，人民需要自保。由於常民大多屬於自力更生，公權力保護與保障未必可及，很容易受瘟疫、天災、匪盜的威脅，民眾普遍存在強烈不安全感。尤其三不五時又有來自無形界的侵擾，莫明襲來變故，常令人無力招架。因此，多接近巫，請他們定其或不定期施術以求保衛家人，這是常民普遍心理與行為，也是民間的傳統文化，自古至今並沒有多少改變，只是其勢盛或衰而已。

演繹神、鬼或向彼等示意，巫大都是本於靈對靈的交感後為之。當然，如果巫想向神、鬼表意但又不以靈對靈交感方式，則運用最多的是「符咒」。符咒是巫的法寶，也是應用最廣泛的巫術。符咒多用於保人吉祥平安，使人招財啟運，為人驅疾治病。巫用符咒向神、

鬼表意，訴請彼等執行所請求之事，常見功效。巫以符咒行術起源甚早，例如，三國時期即有「太平道者，師持九節杖為符祝，教病人叩頭思過，因以符水飲之。得病或日淺而愈（癒）者，則云此人信道，其或不愈（癒），則云不信道」。（《三國志》•《魏書八》•《張魯傳》注引《典略》）而更早的張道陵天師也用符水咒法治病，教人悔過奉道。

符咒是巫的自我靈力表現，巫自認其靈力可招徠神、鬼故才會畫符施術。因此，符咒是巫對神明威靈的信仰，以及對鬼靈驅使的自信。除此外，巫用符咒是在表現一種與神、鬼長久性的媒介以及約定關係。大體上說，巫用符咒施術，比之運用所謂「交感律（交感巫術—Sympathetic Magic）」、「相似律（順勢／模仿巫術—Homoeopathic/Imitative Magic）」、「接觸律（接觸巫術—Contagious Magic）」等任其自行發生與發展所施的巫術會更為有效，因為符咒的形成過程乃圍繞著通神而展開。換句話說，不論在符咒上可見、有名的神靈，乃至隱含其中不見其名的神尊，這些神祇在畫符時巫都要先行溝通，向祂們表（稟）明此符咒的意義、目的並獲彼等首肯與回應，才能持咒下筆書畫，如此符咒才會有靈性，才能發揮效益。

在歷史轉變過程，我們清楚地見到道教的成立，不過是將巫術「昇華」，將巫「羽化」成道士。然而，巫的許多技能幾乎並未變貌而為道士所承襲，如「符咒」、「招魂」，以及「步罡踏斗」等。但我們也要知道，以下諸項：(1)神、鬼與人的連結；(2)神、鬼與人關係的媒介、代言；(3)無形與有形世界事務的交涉等，其途徑、技能不會因媒介者、代言人的「性」或「質」有異而改變。換句話說，在神、鬼與人的溝通上：(1)道士持經懺、科儀為術溝通神、鬼，未必會比以往的巫有效能。(2)形成道士與科儀制度，這是為了「媒介、代言形式上的一致，以及周延與完整」。(3)雖然社會中有道士任神、鬼與人的媒介者、代言人，但仍然有其他類型的神、鬼與人之間的媒介者、代言人存在，無法被道士取代。(4)因為沒有任何一種媒介者、代言人可通曉、處理所有無形界之事，因此一定會有不同類型的媒介者、代言人存在，以符合社會對其術之需求。(5)神、鬼與人的溝通，因於媒介者、代言人與神、鬼之機緣，以及個人在與祂們溝通上擁有的技能與智慧，非關媒介者、代言人的「性」與「質」，曾見聞看來並不起眼的靈通者其法力、法術超絕竟令人難以置信。

總之，在歷史發展上，不同名稱的神、鬼與人之媒介者、代言人始終和道士並存於世，

不論其社會評價如何，始終就是有這些現象：⑴名目繁多，身分混淆；⑵職司不分，彼此競爭；⑶以術維生，虛實難辨。茲試引連橫所著《台灣通史》為例，「臺灣巫覡凡有數種：一曰『瞽師』，賣卜為生，所祀之神，為鬼谷子，師弟相承，祕不授人，造蠱壓(厭)勝，以售其奸；二曰『法師』，不人不道，紅帕白裳，禹步作法，口念真言，手持蛇索，沸油於鼎，謂可驅邪；三曰『紅(尪)姨』，是走無常，能攝鬼魂，與人對語，九天玄女，據之以言，出入閨房，刺人隱事；四曰『乩童』，裸體散髮，距躍曲踴，狀若中風，割舌刺背，鮮血淋漓，神所憑依，創而不痛；五曰『王祿』，是有魔術，剪紙為人，驅之來往，業兼醫卜，亦能念咒，詛人死病，以遂其生。凡此皆道教之末流，而變本加厲者也」（《臺灣通史・卷二十二・宗教志》）。

第三章 巫與其術在今日態樣

人們宗教和信仰意識的根植，多半緣於內心對神靈聖德與威能之崇敬。自我內心總感和神靈相連結，仰蒙祂們時刻關照者，宗教與信仰意識尤其強烈。人們都曾見聞，只因堅信神靈偉大，遂鍥而不捨地祈求，加上虔誠哀告，最終果然獲得彼等慈心回應，使遭逢困頓者峰迴路轉，改變命運。不勝枚舉事例充分昭彰，神靈不是只能撫慰人心，在神、人共濟下，經常存在化不可能為可能之事實。然而，神靈必須真能「鮮活」，才能深入人心，並且促使人們渴盼與祂們更緊密對接，此一關鍵又在於：⑴能有人將神靈請到人間，使人們相信祂真的與聞了企求者心聲。⑵又要有人能央請神靈在無形界展現威能，改變企求者可能際遇。所以，要有「人」稱職地媒介與代言，穿梭有形與無形世界，真實助益神靈與人在冥冥之中互動，或者使神靈得以昂揚其聖德，或者使人們得以堅實其信仰，或者使宗教得以證實其理念。

為有形界交感無形界，替神、鬼和人相互之間代言，靈通神、鬼者當竭盡所能忠實傳達彼此心念，也要適切活絡兩端關係。但無形界非常深邃，其主體者—不論是神或鬼靈都極奧祕與玄妙，因於靈通神、鬼者個人條件與智能，自古以來詮解神、鬼威靈即有不同途徑。靈通神、鬼者各以不同技法表現自我與神或鬼靈的交感，猶如八仙過海，各顯神通。歷經千百年來演變，坊間靈通神、鬼並為彼等與人的媒介者、代言人面貌多元，名稱不同，形塑途徑各異，職能型態分歧。但既作為媒介者與代言人，其角色、功能仍大致相同。換句話說，媒介者與代言人在司理神、鬼事時，因智慧、方式不同，使得他們各有不一樣技法，但對神、鬼之靈通的呈現，仍屬異曲同工，殊途同歸。

神或鬼靈與人之間的媒介者、代言人，古代雖俗稱為巫，但典籍中則謂其為「神仕」。神仕，《周禮》如是云：(1)神仕有上、中、下等級；(2)神仕以「其藝為之貴賤之等」；(3)神仕之「藝」即俗話的「能耐」、「本領」、「招數」，亦即靈通神、鬼之靈，祈請彼等靈降的本事、技法，以及施作法事能力。神仕於最初期已具多樣之特性，「巫」雖為代表稱，但亦有其他職能與稱謂相異者，計有：⑴巫；⑵卜；⑶方（馮）相氏；⑷保章氏；⑸難（儺）等。雖然彼此有別，但究其本質，神仕都是靈媒。降及今日，靈通神、鬼並為彼等與人之媒介者、代言人，整體言主要有：⑴乩身；⑵道士；⑶司公；⑷術士；⑸其他（與巫覡較近似者）等，這些都是巫在今日的傳人。我們必須強調，綜合以上各種身分，合彼等之術始等同於昔日的巫。

一、乩身

「乩（身）」最近似殷商時的「巫」，雖歷經數千年但其職能如昔：⑴交感神、鬼之靈，虔心祈請彼等蒞降並供人們問疑；⑵扮演媒介者、代言人，傳達人們對神、鬼之靈的稟問；⑶感通神、鬼示意並代為諭知，真實傳述彼等對人們祈求的應答；⑷以靈對靈方式，在祭

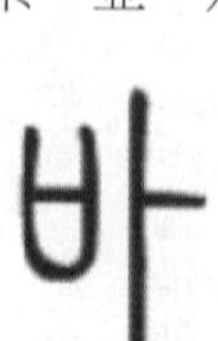

乩—小篆

祀神、鬼時依儀禮表達人們對彼等真誠崇敬。時至今日，每當人們想渴求神、鬼俯聽哀告，央請祂們釋疑某事或示意某事吉凶，仍循乩辦理，惟乩是賴。關於「乩」之淵源，《說文解字》曰：「卜以問疑也，从口卜，讀與稽同」。既從口、卜，則乩與另一字「占」的組成雷同。占字，《說文解字》曰：「視兆問也。從卜從口」。乩與占在小篆中，「卜」字一在口之側，一在口之上。

乩、占為會意字，卜表示行卜者藉物交感神、鬼，就某事請求彼等釋疑；口之意則係行卜者將神、鬼諭示傳述，以及解說於他人。因此，乩、占者包含了以下特性：⑴彼等為媒介者、代言人，能以自己本靈與神、鬼之靈相互感通，在（為）神、鬼與人之間傳述彼此意思；⑵彼等以代人求問於神、鬼並感通祂們示意為職能；⑶彼等採「藉物」及「技法」以演繹或解析所感通的神、鬼示意；⑷「乩」並未言明係藉由何物及採何法；⑸「占」依其行事係藉由分揲蓍草，以迭次所策之數畫成圖像後，由筮占者演繹神、鬼示意；⑹具有靈通神、鬼智慧始能為乩、占者；⑺乩、占指的都是，以靈通為本質並藉由技法為人們求問事於神、鬼，經獲祂們示意後傳述、解析其事係吉或凶。

人們央請神、鬼昭示以釋疑，殷商時行龜卜之術為其主流，至周代起則漸改易。《說文解字》：「筮，《易》卦用著也，從竹巫」。筮（占），即卜、筮巫分揲著草（或竹枝）求出陰、陽數（字）後轉成易卦，因此合竹、巫以名之。根據法則連續分揲著草，將迭次策出數字予以定義並據之畫成卦象，這是依筮占成卦及解卦以探求神、鬼示意的技法。分揲著草的步驟又稱「揲策定數」（見《史記・龜策列傳》），也就是筮者將每次揲著最終數字代換為陰、陽符號並記為一爻，從而經六爻後排列成為一個「卦象」並以之預言吉、凶。筮占者在揲著過程中，除了虔心祈請神、鬼對稟問之事示意，與此同時他也必須靜心感通祂們的回應，如此成卦後才能分毫不差地解卦（象）。惜旁觀者始終無從體會，也難以想像筮占者藉問事與神、鬼交感的情境。

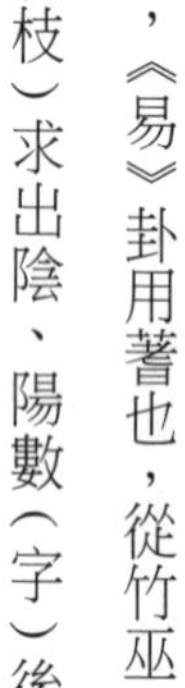

占—小篆

依原創者設想，認為藉觀察灼（龜）甲所生裂紋，或者憑揲著求出數字轉成卦象之技法，可推論神、鬼示意某事的吉凶。但推測神、鬼諭示某事吉凶，不管應用何種技法都只是表像，真正關鍵在卜、筮巫對神或鬼靈示意的感通。這樣說來，依龜卜請神、鬼釋

疑者如改行筮占也並無差別，對具靈通智慧者而言，只是變換技法。更再進一步地說，龜卜者可免除灼甲見象，筮占者也可捨棄揲蓍策數，巫根本無須借用任何技法，也可直接將神、鬼對某事吉凶昭示之感通，或者彼等對某事的諭示傳知於他人。

於是，稟請神、鬼示意某事吉凶便有如下發展：⑴出現不同推斷（測）神、鬼示意的技法—後人改進揲蓍成卦技法，以擲錢幣方式占卜謂之「金錢卦」，以手撚米方式占卜謂之「米卦」。這些技法雖各有巧妙不同，但要能極致推測神、鬼示意，其核心且難以言傳之處仍在應用者的靈通能力。⑵靈通的媒介者也可省略推測技法—體解神、鬼示意，其最上乘能力既然還是在靈通，於是媒介者可否在會通祂們後，將彼等對某事之諭示逕行表述，不必借用任何推測技法？答案是，當然可以。從而，不懂或不能運用任何推測技法但卻能靈通神、鬼者，依然可任媒介者、代言人藉供他人問疑並傳述祂們示意。

靈通的媒介者、代言人不運用其他技法，但卻能在感通神、鬼後直接傳述彼等示意（者），謂之「乩」。依其傳述神、鬼示意的形態，乩可有「文乩」與「武乩」之別。顧名思義，文乩即靈通者交感與感通神、鬼後，以文字或語言傳述彼等示意。而武乩則是靈通者交感與感通神、鬼後，以口說或肢體語言演示彼等示意。因為要以口述，要精準而毫不遲疑且無所改易地口傳神、鬼所作回應，對有些文乩未必能力可及，於是遂允許其擁逐字書寫形式，以放緩並確真對祂們示意的感通。與文乩比較，武乩很少書寫，幾乎都以肢體動作或經己之口以言語表現與神、鬼之感通，不論是祂們的諭示或應答。

乩的存在，對神、鬼與人之間媒介、代言有如下意義：⑴因為文乩可以逐字寫下對神、鬼的感通，使媒介途程可以逾越窘迫的問與答形式。⑵允許文乩逐字書寫彼等示意，則媒介者與神、鬼間可進行細緻而綿密感通。⑶對照兩者媒介、代言技能，文乩擴大了神、鬼與人之間交感的期程和內涵。武乩以肢體動作或語言演示與神、鬼感通，呈現彼等真實臨降，即刻反映祂們示意，使神、鬼、人三者互動更富情感，更加鮮活。⑷以媒介技能論，文乩可以平鋪直敘及娓娓道來神、鬼諭示，而武乩與祂們卻只是肢體動作或語言的感通，文乩與武乩確實予人不同觀感和評價。⑸但擁有其媒介技能，不是文乩與武乩個人喜好，係無形界經簡擇後賦予能力，這一切都視媒介者、代言人與神、鬼的緣分而定。

乩，其意本是央請神、鬼釋疑的去技法化，或去技法化之人。既如此，則乩作為神、

鬼之靈的媒介者、代言人，乃是以自我本靈在感通神、鬼之靈對某事的示意後，或寫下（出）或者直接以口傳述於他人。但古人卻故作神祕，又刻意複雜化乩的行事，於是創造了「扶乩（箕）」。因此，「乩」便有三義：⑴為名詞，即乩（者），具靈通能力並為神、鬼與人之間的媒介者、代言人。⑵為名詞，專指一種靈通者藉以顯示神、鬼示意的工具，稱之為「乩架」或「乩筆」，用以書寫（畫）。⑶為動詞，即靈通者行乩之事，或者以靈通方式表達人們對神、鬼的禮敬，一則迎請、恭送祂們蒞降，一則頌揚神、鬼英靈，此係祭祀時所行；或者為他人之惑央請神、鬼靈降以釋疑，此即「問事」時之作為。在前者，當靈通神、鬼後，除了以口說，或者以朗讀文書，或者以心中默念等方式外，靈通者亦常附帶肢體動作用以展現與祂們的交融，以及向彼等之虔誠致意。在後者，當順利央請神、鬼之靈蒞降並感通後，靈通者或者扶著乩（架）逐字寫下，或者以口述，或者以肢體語言反應祂們示意。

以之為靈通者書寫神、鬼示意工具，乩架的形狀為丁字

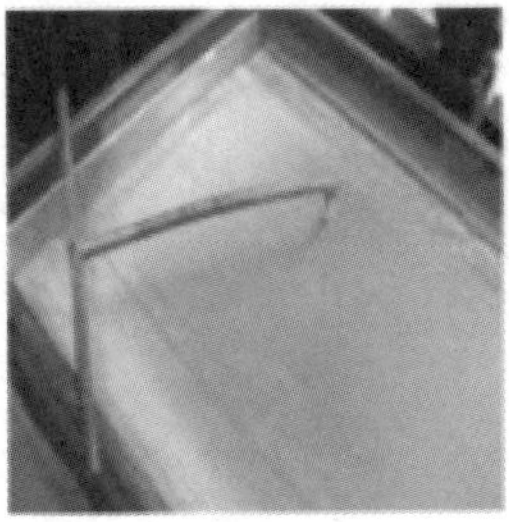

乩筆、乩盤

形木架，懸木如錐於垂直端。當向神、鬼求問時，由一或兩名靈通者輕扶（持）乩架兩端，依與祂們之感通，藉錐於「乩（沙）盤」寫下（出）彼等示意，此謂之「扶乩」。舉凡扶乩（架）者之書寫內容，或詩詞歌賦，或示人吉凶休咎，或為人開方治病，率皆依人虔心祈請與叩問並蒙神、鬼施恩惠降。方求問事畢，神或鬼靈退其駕，扶乩者終止感通。

總之，「乩」就是藉由靈通者扶乩，謹請神、鬼蒞降，供人質疑問難以釋其惑。因為凡人無法感通神、鬼示意，於是扶乩者乃憑其感通之能，以乩架（筆）寫出祂們諭示。有關扶乩，必須再進一步說明：⑴扶乩者所扶之文，其內容最常見者或說事係以導正風氣，或論理以開化人心，或勉人修德以敦倫盡分，十足彰明神靈降駕曉諭世道之主旨。⑵扶乩者所扶之文，體例不拘，文言或白話隨靈通者表現。偶見學養不深的乩，竟也能扶出意境優雅且對仗工整之詩詞，這豈非神來之筆？由此可知，扶乩成文雖亦重個人素養，但其關鍵仍在靈通者對神或鬼靈的感通能力。⑶乩架以一名乩者手扶（執），稱之為「單人乩」，以兩名乩者分別手扶則為「雙人乩」。乩架之所以設計成兩人手扶，係防患單人乩一旦有感通神、鬼示意不足，將難以成事。⑷雙人乩之益在於，兩名乩者中只要有

一人順暢感通神、鬼示意，就可以快速行筆。

靈通者藉扶乩以感通與演繹神、鬼示意據說起於南北朝時，此一技能至今仍散見於坊間道場。扶乩之乩架（筆）原為「畚箕」，可以一人，亦可雙人手扶，其應用如附圖所示。「扶箕」是靈通者之作為，其目的在行「乩」，在為他人謹請神、鬼蒞降以釋疑某事。由於「箕」與「乩」同音，因此便以「扶箕」指稱「扶乩」。靈通者在扶箕（乩）過程中，經感通神、鬼之靈蒞降後，有：⑴扶著乩筆寫出神、鬼示意者；⑵以口直接唱念祂們回應者，這種情況較少見。對能扶著乩筆寫出神、鬼諭示之扶乩過程，後人另有美稱謂其為「扶鸞」，能扶著乩筆為文的靈通者被稱為「鸞生」，所扶（寫）出的文書則名為「鸞文」。扶鸞曾於明、清之際盛行，士大夫間喜以鸞文相互唱和，彰顯自我文采玄妙。

扶箕用具—乩架、乩盤

不論是扶乩或扶鸞，靈通者大致都依此程式進行：⑴焚香叩拜神尊—焚香有兩重意義，其一，靈通者向無形界眾神尊傳送訊號，表示即將開啟道場；其二，淨化、清整場地，靈通者欲營造與神、鬼之靈合宜的交融情境和氛圍。至於叩拜神尊，除用以整飭自心，靈通者於此同時也稟知彼無形界道場內即將行扶乩（鸞）。(2)誦念咒語請神－在馨香嬝繞中逐漸寧靜己心後，靈通者就定位並虔心誦念咒語以迎請神靈臨降。靈通者誦咒請神，可以出聲，也可默念。在此必須加以說明，有些靈通者扶乩時不設定此次恭請降駕之神尊，完全由道場神靈自行蒞降，有些靈通者則設定好此次降駕神尊並加以迎請。(3)確真神靈蒞降－靈通者以自我本靈迎請神尊聖駕，如已臻至慣常交感或感通神靈應有之境地，舉凡出現強烈心動，或者是意念起動，或者是體內氣息加速流動，或者是感受外來強烈磁場，又或者是嗅出現場飄著不同的淡淡異香，則知受奉請神靈已降駕。(4)依感通而行筆－靈通者本著對降駕神靈的感通，順心、順意、順情行筆寫出祂們諭示。(5)恭送神靈退駕－扶乩畢，靈通者口誦謝神咒語，恭送神靈退駕，終止感通。

扶乩過程中，靈通者在感通彼神尊諭示時，可以是「（天）眼見」祂所浮現的字，也可以是「心聽」其言，於是遂能順利扶（寫）出祂們示意。此外，以乩筆在沙盤上書寫時，靈通者可以張開雙眼，或微張眼皮，或閉其雙眼，視其「等級」而定。但為求完全靜心，靈通者行筆時通常閉其雙眼且不發一語，以避免干擾、影響自己對神靈之感通。扶乩者在沙盤上所寫的字則另由他人讀出，如有過於潦草無法辨識者也可請求重寫。靈通者扶乩(鸞)，絕非任乩筆在沙盤上「自動」書寫。如此訛傳靈通者降筆，一則故作降筆的神祕，一則有推諉之嫌。前者意在隱瞞靈通者自我與神或鬼靈交感的實情，後者則想避開他人對降筆或鸞文真假之議論。

扶乩的核心既在於靈通者對神、鬼之靈的感通，因此是不是可以捨棄借用乩架(筆)寫出，直接以口說傳述祂們諭示？答案是可以的，只要對神、鬼感通夠快，能不假思索和修飾便反映祂們示意，幾乎在感通後便即時、直接傳述彼等諭示，如此更可顯示靈通者的精湛靈通能力。但這種省略以書寫方式反映神、鬼示意卻要注意，靈通者必須做到：(1)避免預設立場—靈通者必須排除對神、鬼的想像，以為彼等此次臨降將有何諭示，有何指點；或者對這一求問之事，彼等將會如何答覆，或者以為祂們不會如何答覆。(2)避免斷章取義—靈通者要徹底瞭解神、鬼回應，完整感通彼等示意的前後內容，不可因為要快速反映卻只摘取其中片段。⑶避免錯誤判斷—神、鬼表意明示與暗示皆存，靈通者要準確拿捏。在回應人與事時，神、鬼經常會針對不同對象，有的正面直接露骨指陳，使其頓然警醒；也有的側面含蓄隱喻，以使其能保住顏面而自行感悟。但不管如何，「重話要輕聽，輕話要重聽」，神、鬼諭示經常存在這原則，靈通者要懂得分辨。

所以，央請神、鬼臨降並藉著靈通與彼等交感或感通，此即靈通者之「起乩」。靈通者起乩的時機與目的有二，其一在祭祀神、鬼時，藉起乩表達對彼等的虔誠禮敬；其二在懇請神、鬼指引與開示時，藉起乩祈請彼等靈降並解答問事者疑難。總之，起乩就是靈通者：⑴作為神、鬼與人之間媒介者、代言人的職能展現；⑵在人們祭祀時，以自我本靈交感或感通神、鬼之靈，向祂們表達祭祀者及眾人的感恩與謝意；⑶應某求問者請求，以自我本靈交感神、鬼之靈，懇祈彼等自無形界降駕，解答該求問者疑惑。⑷感知現場有神、鬼靈降，於是以自我本靈與彼等交感或感通，一則表達對祂們的敬意，一則探明彼等為何降駕；⑸演繹神、鬼，將祂們救世拯民意念以及對人求問的回應，依據自我本靈交感或感通予以忠實反映。

起乩雖是靈通者的作為，但卻必須在靈通者本靈與神、鬼之靈互通時始能產生。但即便條件與基礎受限，靈通者在起乩時，在展現其與神、鬼靈通時仍萌生差異，並且有如下現象：⑴就反映神、鬼示意型態論，靈通者可區分為「文乩」與「武乩」。文乩與武乩，顧名思義就是以口語、文字，或者是以肢體動作呈現與神、鬼交感或感通，或者反映彼等示意。⑵就交感或感通，或者反映神、鬼示意途徑論，靈通者可區分為「神駕」與「靈駕」。神駕是神、鬼之靈取代靈通者本靈後，藉靈通者的口或肢體直接展現祂們自己已經臨降，逕至面對人群。靈駕則是靈通者在自我本靈交感或感通神、鬼之靈後，毫無遺漏地將祂們示意傳述給他人。⑶就反映神、鬼示意定位論，靈通者可區分為主動與被動反應。主動反應是以靈通者為發軔者，主動將神、鬼示意向他人反映。被動反應是以神、鬼為發軔者，祂們令靈通者感應出彼等有昭示，促使靈通者交感或感通祂們並向他人反映神、鬼所示意。

總之，乩身是指涉靈通者：⑴在乩之身—這是靈通者與神或鬼靈處於靈通狀態，以及此一情境之寫實。此時的靈通者可以天眼見神、鬼之像，或者可以天眼見神、鬼之形，或者可以感應神、鬼之磁場，或者嗅出神、鬼氣味（息）。靈通者處於此一情境，無非就是為了交感和感通神、鬼之靈，或為理解彼等示意以傳述於他人，或為表達人對祂們的虔敬。⑵起乩之身—這是靈通者對神或鬼靈起始進入靈通狀態，以及此一過程之描述。此時的靈通者，不論被神、鬼之靈附身或者並未被附身，但都開始了或者手舞足蹈（肢體語言），或者口述，或者手寫等傳達（述）祂們示意之行為。又或者，起乩之身不在傳達彼等示意，而是在展現自我應盡本職與學能，展現人與神、鬼之靈交感或感通應盡的禮儀。在起乩之身中，被神或鬼靈附身的靈通者是神駕，不被神或鬼靈附身的靈通者是靈駕。⑶行乩之身—這是靈通者與神或鬼靈處於靈通狀態，以及其本靈作為之描述。因為身體是本靈的載具，靈通者本靈之表現必須透過肢體予以具象化。因此，行乩就是靈媒以口說、動作、文書（寫）等方式表現與神、鬼之靈交感或感通，演繹彼等示意，或者呈現對祂們的禮敬。⑷在乩之身即起乩之身，起乩之身即行乩之身，率皆靈通者本靈與神、鬼之靈交感或感通的狀態、情境、行止表現。由此可見，雖然稱靈通者為乩「身」，但「乩」乃本靈作為，只不過借用了（身）體予以呈現而已。⑸至於稱其為「乩手」，這是對乩身文雅的稱呼。

於此趁便比較乩身在時下坊間的稱呼，以利進一步說明之。首先，在「客家語」中只用「乩身」、「乩手」稱呼，對行乩之事則謂之「起乩」。與客家語相同，「閩南語」也稱「乩身」、「乩手」。不過，閩南語還有更流通的「乩童」、「童乩」稱法。至於行乩之事，閩南語甚少用「起乩」，多稱「起童(khí-tâng)」，這是因為閩南語的「起(khí)」、「乩(ki)」兩字音太相近，不易辨識。關於乩童的「童」，其根源與意義之說法莫衷一是，有人認為係：⑴童蒙幼稚、童昏愚昧之意，形容被神或鬼靈附己身的乩身，其態樣彷彿無知兒童般癡顛、瘋狂。特別是手持法器之武乩，其起乩後的張狂經常令人瞠目結舌，使人心驚動魄。⑵童即孩童之意，表示乩身為年幼者，但這與實情又不相符。⑶童只是「tâng」的音譯，文獻上也有寫作「僮」、「獞」等別字。

其實，「童(tâng)」即「動(tāng)」，在閩南語的白話中，這兩字如果快說，對聽者而言其音都很相近且幾乎不容易區別。所以稱「動(tāng)」，這是：⑴當己交感或感通神、鬼之靈時，因為本靈與祂們相互感應，靈通者會油然而生心動、意動、氣動、靈動、體動的感覺。⑵於是，站立一旁的人師便張口催促，要求靈通者順著己有感覺，迅速反應，開始動起來，彼所說的命令語就是「動(tāng)」。(3)在一面持續交感或感通神、鬼之靈，一面動起來之下，靈通者各種動的能量就愈來愈累積，各種動的反應與現象也就愈來愈劇烈。(4)出現動的反應和現象，這就代表靈通者與神、鬼之靈交感無礙，相互感通順暢。(5)靈通者的動，不僅只是自我本靈與神、鬼之靈交相激盪下的產出。就靈通者而言，存在自體的各種動能會彼此互推，心、意、靈、氣、磁場的動能與連動總是綿密不斷，陣陣襲來，無法自已。此外，因與神、鬼之靈交感或感通所生反應和體內動能，靈通者必須積極向外呈現予以釋放，這就是乩身起乩後所以會出現各式各樣劇烈肢體動作的原因。(6)總之，有沒有反應?是否會動?具有哪些動的現象?動的情狀如何?這些不僅是觀察靈通者是否已然感通神、鬼之依據，更是檢視靈通者交感祂們真假的指標。準此，靈通時的動，就是乩(身)應具之本質與特性，就是(起)乩的內涵與表徵。(7)基於對外人總想神祕其實際，或者對外人也難以說明其情形，又或有通曉其情形者想說但卻無法說清，於是就萌生了以「動(tāng)」指稱「起乩」之人與現象並訛為「童(tāng)」，籠統帶過。(8)用以表示和神或鬼靈交感與感通的靈通者、乩身，以及指涉彼在當下處於靈通現象，稱「童(tāng)」而不稱「動 tāng)」似乎較適宜，因為「童」是人，可以扮演角色並行使本

職學能。

與「童」常連用的詞語有「乩童(ki-tâng)」、「童乩(tâng-ki)」與「起童(khí-tâng)」，其各自意義如下：(1)在「乩童」中，「乩」與「童」實質內涵相同，兩字之所以連用，這是對「童」涵義的明確指稱。因此，「乩童(ki-tâng)」與「童乩(tâng-ki)」無分別，依個人習慣使用。(2)事實上，在閩南語中較常聽見人們使用「童乩(tâng-ki)」，因為其指涉對象係起乩時會動的乩身—「武乩」，用以和那些起乩而不會手舞足蹈的乩身—「文乩」作區別。(3)但「乩童(ki-tâng)」與「起童(khí-tâng)」對說者與聽者都容易混淆，所以閩南語多以「童乩(tâng-ki)」稱乩身。(4)「起童(khí-tâng)」只有用在閩南語的口語，其意義是「起乩」，文書上並沒有「起童」的寫法。

二、道士

做為神、鬼與人之間的媒介者、代言人，道士雖不為彼等之靈附身，但卻能與祂們順利交感並代人們向彼等表意。道士是神駕或靈駕？以神、鬼之靈是否附己身來認定媒介者、代言人之本質，並緣此區別其靈通途徑係屬神駕或靈駕，則道士應為靈駕。確實，道士係在「一定情境」之下，以「一定程式」和神、鬼之靈順暢交感，或致以無比虔誠禮敬，或祈請彼等施法福佑群黎，或懇請彼等施法解厄消災。何謂在一定情境之下順暢交感？此情境是自然或人為形成？為何必須設在一定情境？此一定情境有何特性？以及何謂一定程式？如能通透理解道士本質，以及彼為神、鬼與人媒介與代言的途徑，則對以上諸疑義定能豁然開朗。

雖然做為媒介者、代言人，但道士捨棄以神或鬼靈降附己身之方式為媒介、代言途徑。也就是說，自入門受培訓起始，道士就沒有藉神、鬼之靈降附己身以交感或感通彼等，而是學習如何操持禮儀，詠頌經文，書畫符籙，掐訣念咒等並融入「科儀」中應用，完成對祂們的表意，達成人、神在心思與意念的合一。因此，對初入門修習道士者，其本職學能的啟迪與育成主要在使之達成：⑴具有執（進）行各項科儀之條件與能力；⑵熟悉執行各項科儀之理論與技法。初入門修習道士者的培植和技能教導，（天師道）常採師徒相

傳或父子相傳兩制併行，以維家學淵源。在拜師、潛心研修一段時間並經「試煉」合格後，修習道士者才能獲授「法籙」和「道職」，正式取得其道士身分，具備執行科儀的基本條件與能力，再之後可逐步擢升，循序漸進己階。與此同時，經長期觀摩前輩和參與實務，道士對各項科儀中應用的經典、咒語、指法、步罡、書諱等等，不僅能日漸嫻熟其理論，乃至日益通曉其意義，進而日趨精進其技法。

和神、鬼之靈交感，向神、鬼之靈表意或說項，建立有形世界與無形世界相互交融的平臺，道士借助科儀，執行科儀。科儀，一般人只看見其有形的程式、儀式與陳設，但看不見因於其有形範式所創造之無形「意境」。此一無形意境之創造，其目的即在鋪排出一個「人們」與神、鬼溝通的管道，搭(組)建一個「人們」和彼等親切交融的場景，而這個「人們」係以道士為代表，為媒介者、代言人。這樣說來，藉「科儀」所創造的「意境」就是「介面」，使道士對神、鬼與人之間的媒介、代言順利在其中進行，使有形與無形的心念、情愫在其中和暢交感。再進一步說，意境就是：(1)「以意化境」—道士進(執)行科儀，以科儀所隱含的各種意念來創造情境，創造一個符合神、鬼與人交融的情境。

在這個情境中，參與和神、鬼交融的「人」，不僅只是道士本人和其靈（體），還包括參加科儀的其他人和他們的靈（體）。(2)「以境化意」─前揭以意化境，這是從人的主觀立場出發，希望藉科儀創造出與神、鬼得體交融的情境。但以境化意則是客觀事實的導入，也就是既然有了人與神、鬼妥適交融的情境，望蒙無形界諸聖駕能悉依所請而惠臨，與此同時更萬望彼等笑納群黎誠摯禮敬，垂鑒人們所思、所想、所陳，恩允眾人對彼等殷切期望。

進行科儀（時），首要就在建立「道（壇）場」。但建立道場，不僅只是有形有象地陳設、佈置出一個儀式「演出（示）」空間，更重要的在開創一個媒介者、代言人與神、鬼能通暢交融之無形無象情境和場域。為求完成此一目標，以及助益自我於媒介、代言過程與神、鬼交感，其癥結仍在媒介者、代言人職能的具體發揮和應用。就實務論，科儀就是：(1)道士在「道場」進行「演出」，在進行（作）法事，在依流程演出各種儀式、禮式、法式，在透過智慧與技能和神、鬼交感，在藉由恭謹程式、虔敬儀禮向彼等表意。(2)道士行科儀以交感神、鬼並向彼等表意之目的，一則祈求祂們賜福降澤萬民，一則懇

請祂們禳除人間災厄。⑶每一場科儀可能由幾個較小「科儀」聚合而成，這是因為也有將某一段法事演出即稱之為科儀。例如將開壇之法事稱為「開壇科儀」，請聖之法事稱為「請聖科儀」，揚旛宣榜稱為「揚旛科儀」等等。⑷在進行每一項科儀時，通常會有「科儀本」以之為道士演出的腳（底）本。道士每一段科儀或法事的演出，以及在此演出中所需之章、表、疏、牒、狀等用以對神尊入意、敬陳悃旨的文檢總集，乃至演法時各種咒語、印訣和步罡踏斗的玉訣，與科儀中各種唱段或過場音樂都在科儀本中。⑸因此，道士依著科儀本念經（懺），或者以此讚頌神、鬼，或者以此祈求神、鬼，這就是「照本宣科」。⑹此外，在進行科儀過程中，道士不僅講求儀式莊嚴、禮式虔敬、法式正確，而且也都照章循制對祂們「行禮如儀」，以昭示自我內心赤誠、態度謙恭，從而產出符合人與神、鬼交融應有的情境。⑺無疑地，照本宣科與行禮如儀絕對是行科儀時的基本要務，也是道士在行科儀謹守不逾的準則，以期完成眾人所託付之神聖使命。

這樣說來，科儀所呈現的就是：⑴道士的唱、詠、頌、念經懺，加上許多對神、鬼禮敬或行法之肢體語言。⑵因為唱詠經文，輔以現場樂器之奏鳴，成功創造了一種意境，不僅激昂道士自我與自信意識，也激發其本靈與神、鬼之靈交感的渴盼，將自我本靈完全導入、沉浸此意境中。此一景象正可套用行話，即所謂的「守形」、「存思」、「和合陰陽」、「通神徑路」。(3)與此同時，道士的肢體語言就是「像」，就是對其所創造意境的反映，就是道士本靈與神、鬼之靈進入實質交感之呈現。所以，舉凡科儀進行中的步罡、書諱、指法、印訣、咒語（明、暗咒）、符籙、運炁（氣）、走位、持簡、持令、持器等等，一切皆係道士為求和神、鬼交感與感通，一則對彼等發出信號，向彼等表意；一則反映彼等回應，反映彼等示意的像。(4)雖然道場（壇場）掛設有神像以及各種紙紮佈置，這都使人們有眾神靈（明）存在之感。而道士的打躬作揖和磕頭禮拜，也使人會意這是遇神靈臨降應有之儀節。(5)但整個科儀的真實，就是演法全程不只要能「存神」，道士還要能「行氣」，還要能有其一切「行止」都係因面對「實境」而發，這才是和神靈的實質交感，才是科儀的核心。(6)總之，從道士的本質、使命，從科儀的效益、目標，兩者的作用完全在踐履與實現，在有形有式的醮典中以文詞宣達，以人通神、通仙，神（仙）亦能通人，人能隱隱默會神（仙），神（仙）也能明明感格人之萬般禮敬。

以科儀的形式與過程演繹神、鬼威靈顯赫，演繹神、鬼慈德佑眾，演繹神、鬼因人央請而在彼無形界宏施法雨，道士係依據以下信念為基礎，並循此衍生其技能：(1)相信神、鬼確實存在；(2)雖存在於無形界，但神、鬼有無比威能，可施法（力）影響有形界的人；(3)神、鬼雖無形無象，但人可以藉由媒介者、代言人與彼等溝通；(4)神、鬼可以溝通，人可以秉持至誠之心祈請彼等如己所求，遂己所願；(5)實例證明，神、鬼既不拂人禮敬美意，也從不稍減彼等垂憐之心；既不忍見蒼生塗炭，也不忍見苦苦央求者期望落空。(6)神、鬼與人之間，彼此關係看似藕斷絲連、若即若離，然而並非各行其是、不相為謀，反倒是人人潛意識對神、鬼始終存著依賴，只是程度深淺不一罷了。(7)人們知道有神、鬼立於無形世界，相信祂們可以解除自我現實上之困頓，但要有人能代為傳達並懇求彼等憐恤。(8)正是基於人們這種歷千百年不曾改變的意識，非但使媒介神、鬼者得以立足，也保證了媒介者、代言人的社會功能、地位和價值。(9)總之，如何演繹神、鬼，昂揚和恢弘彼等玄妙與靈聖，促使人們心中益發對祂們感恩戴德，這是媒介者、代言人育成和豐富自我學（技）能永恆不變之方向，也是媒介者、代言人矢志擔當本職始終存在的試煉。

確實，自古以來道士就由於有了媒介者、代言人之能，不只再再彰顯了神、鬼靈聖，也促成了人們內心對彼等永不磨滅的銘感，其例如：(1)三十代天師張繼先，道法顯著。(北)宋徽宗大觀二年(一一〇八年)瘟疫橫行，張繼先受命書符並投入數十儲水大甕，患疾者飲其水皆癒。(2)三十二代天師張守真，(南)宋高宗紹興二十九年(一一五九年)入京設醮，凡所禱率見效驗。(3)三十五代天師張可大，符法精妙，屢見神驗。張可大曾奉詔赴京行齋醮以祈雨、退潮、禳蝗災、除兵凶，深得(南)宋理宗(一二二四－一二六四年)信任。(4)四十二代天師張正常以符水治疾，極其靈驗，名顯於世。(5)四十三代天師張宇初，明洪武十八年(一三八五年)受命於金陵神樂觀祈雨，即刻應驗。

道士藉科儀以演繹與神、鬼關係，以此濟世助人，其技法(能)運用、演繹途徑都是：(1)前人實務的堆疊—這些技法不能自創，都是家學淵源，都是祖輩們口傳心授。當然我們也不能排除個別道士自行發展的可能，畢竟如果他真有天賦，然後又有感覺(悟)，感覺以此技法可以感格神、鬼，自然可衍生新的技法。(2)自我技能的紮實—道士在許多道法修煉和科儀中的行持必定會把「經文」、「罡步」、「手訣」、「咒語」、「心印」等技法、

順序爛熟於胸，因為這些都是適時應用於通神、鬼基本功。(3)個人經驗的累積—與神、鬼的交感，不是想像而是必須透過經驗以及不斷累積實例才能進入實境，才能使神、人之間因相熟而相通，順暢彼此交感。因此，一次又一次的經驗累積，必然加深道士靈通神、鬼之技能。

雖然培成與神、鬼溝通的技能和智慧，任何媒介者、代言人都需要他人傳承與教導，但更重要的是自我體悟與經驗積累。就道士而論，日常念經和持咒都是必修學問，因為這是通神的法門，也是基礎智能。道士或高階法師都要長期修行，唯有不斷修行才能夠強化與神靈交感能力，陡增法力。如此說來，道士獲授籙只如同獲得文憑，有沒有實力才是日後能否順利執法的癥結。此外，道士更應著重「藏書」、「經典」的研讀，畢竟任何事務的執行應合乎邏輯，能述之源頭，知其依據為何，方不致積非成是、人云亦云、以訛傳訛，當然更要學習謙卑、自省，願意與人分享演道心得，時時盛讚神尊聖駕。

雖然在古代，道士被形容具有如下特質：(1)都是煉丹的高手—首先，道士大都被認為是煉丹高手，認為他們都是服食丹藥者，甚至可以在一定程度上掌控自己的生死。(2)

能溝通天、地與人—其次，道士具有溝通神、鬼與人能力，可上傳民情和下達天意。因此，人們藉由道士舉行齋醮禳災與祈福，乞求天、地降恩與解厄。(3)有未卜先知本領—再其次，道士不僅能傳達上天的預言，而且其本人往往也具有未卜先知的本領。(4)道德修養都很高—除了高超的道術以外，道士還具有高超的道德修養。我們雖然沒有排除道士具有如上所述本領，但實務上，現今的道士多著重於醮典儀式、聖事之操持，被視為也被信任是溝通神、鬼之禮儀專家。他們的職能及所司，乃是以擅長的齋醮（科儀）儀式與道法，協助一家人，一個社區，乃至整個社群，在特定或不特定的時日達成眾人祈請福佑與濟度之願望。

基於這種使命的神聖性，除了通過授籙取得執法與演法資格外，道士必須精進其修行，不斷提高自己的品德情操，清正心身，積功累德，摒除是非邪惡之念，以不辱師教。否則，諸神將降罰於其身。（天師道）道士的職能與執法、演法資格，載於其獲授籙的「職牒」。職牒（亦有稱籙牒）可視為係張天師代表天庭頒發給道士的道籍、執事憑證（即任命書）。正一天師道尊崇祖師，認為只有「張天師」及其傳人才有賦予法師執法權力和頒

授品級。天師道道士的職牒謂之「萬法宗壇」，其內容主要：(1)說明某某弟子，什麼法名，家鄉住址，出生日時，屬北斗何星，生逢盛世，誠心向道，皈依玄門，要求在天師門下，奏受法職，用以弘道宣化，濟物利人，祈求天師代為奏遷職名，予以授籙。(2)「張天師」根據請求，申報天庭並依《天壇玉格》有關規定，奏定授予某某經籙；奏立某某壇，某某靖，某某治作為活動區域。(3)當壇串立合同符，分環部券為證(即傳度合同符一分為二，一半貼職牒上給授籙人佩帶，一半在申奏天庭時焚燒)。(4)授給印、劍、令、旗等各種法器，撥付本命天將天兵，作為護身保衛，勉勵祂們同心同德，到指定的壇、靖永遠駐紮，協助獲授籙者，佐理道法，凡遇行法時，如谷答響，有求必應。(5)告誡獲授籙者，勤於修煉，積功累德，虔心為道；不得藉此法牒學習邪教、巫蠱厭魅，罪戾非輕。

雖然採行非凡、嚴謹的「授籙」制度，使正一天師道之道士在傳承的譜系、輩分均十分明確。除此之外，正一天師道也常稱其經典皆係上天至尊神聖之說法，易增其神聖性。為顯其神祕，道士持用的經懺及科儀本、符訣、咒語也都慎重傳授乃至親自抄騰(寫)，始具法力，始能溝通於神、鬼。但實在說來，道士的養成，主要偏重在執行法事的能力訓練。所以，道士只要依據前賢先聖編成、整理就的經典，擴充、系統化自我對教義和儀式的理解與運用，憑藉既有儀式和技能，就有能力在行科儀時召請天官將吏並且祈請祂們，或者為人們禳除萬般周折，賜福納祥，或者解脫那些在幽冥界受罪的亡魂，或者解除生人因為先祖亡魂受苦所引發的疾病、禍殃。

道士操持道場的法事有其規則，不同的法事有著不同的形式，按一定法事形式作「道場」叫做「依科闡事」，也就是俗話說的「照本宣科」。「科」就是「科儀本」，也就是道士在演出科儀的「腳本」。道士在進行齋醮時需用的科儀本很多，不同的法事有不同科儀本，如開壇法事用的科儀本叫「開壇科儀」，請聖法事用的叫「請聖科儀」，揚旛宣榜用的稱為「揚旛科儀」等等。身為道士，基本條件要瞭解「何種科儀」需要「何種經典」，「何種法會」需要「何種法壇」和「如何佈置」的基本功。清事類的「醮典」以敬天、酬神、祈禳、起福的科儀典，濟度類「齋儀」則係行度亡、超薦的幽法，這就是科儀兩大類別。道士在進行科儀時各有其科儀本，乃儀式場上演出時所依據的腳本。每段儀式演出，除了一本正式的科儀本置於洞案上外，上有科儀中所需的章、表、書、牒、

狀等用以對神靈陳悃旨意的文檢總集，以及演法時各種咒語、手訣、步罡踏斗的祕訣，與科儀中各種唱段或過場音樂的範本。現行齋醮科儀，基本上是「沿襲明代整理的醮儀」，但也不是照搬下來，而是根據「各派、各地域的習俗」大同小異。比較上說，正一派道場法事地區性特色大些；全真道場法事科儀在各地都大致相同，但也有些小異；閭山道場則融合了正一、全真、靈寶、與佛教之瑜珈等。所以，在同一法事的作法上甲地和乙地有不同處是不足為奇的。

道教繼承民族文化，在民間信仰和民俗的基礎上發展形成了多用途的齋醮科儀，大則為國祝禱、禳疫除癘、祈晴禱雨；小則安宅鎮土、解厄袪災、祈福延壽、度亡賑孤，以及台灣宮廟最常見的法事如安龍謝虎、祈安禮斗、普渡薦拔、祈禳燈儀、聖誕科儀等等。大凡「人們所希求的事」多可用齋醮祈禱之法行之。「建醮」是臺灣

科儀範式

最熱鬧的傳統廟會祭典，通常都是地方上的盛事。人們都希望經由醮典之神聖，以及道士上達天聽的職能，祈求諸天庇佑，使合境「風調雨順，國泰民安」；與此同時也能為本地沈淪無依的孤冥苦幽，進行普渡施食，超拔薦生，使幽冥得濟，陰、陽兩利。

「道士」為修道之士，係道教的神職人員以及儀式（科儀）主持、執行、演繹者。根據其派別的不同，道士可分為：(1)全真道（派）—全真道倡出家修道，按最初規定道士皆須出家，其修行以內丹（煉）為主（即主張人身的精、氣、神修煉），兼修外丹之符籙，主張「性命雙修」，先修性，後修命。全真道認為修真養性是道士修煉唯一正道，除情去慾，識心見性，使心地清靜，明心見性，才能返樸歸真，證道成仙。全真道之道士有四項基本要求，即第一，不結婚；第二，不食葷；第三，平時也必須著道裝；第四，

全真道(派)祖師—王重陽

束髮面鬚。此外，全真道之道士都不離開道觀，常駐在宮觀裡刻苦修煉。⑵天師道（派）——天師道亦稱正一道，正一道之道士除修行外，平常則以為人降神驅鬼、祈福禳災的科儀活動為主。正一道（派）俗稱「火居道士」，他們按傳統皆可不出家，可以結婚生兒育女，過家庭生活；可以葷食；除上殿誦經、作經懺法事之外，平時可以穿俗裝，不留鬍鬚，髮式隨俗。火居道士雖然在家自由自在，但是在作醮或是行科儀之前仍需禁慾齋戒，以示清淨。

醮壇，本是齋醮活動的法壇（場域），古代醮壇都在野，今則設於殿內。一般民間齋醮通常都築有若干個壇，其中主壇叫做「都壇」，其餘的叫做「分壇」，正一道（派）醮壇現稱為「萬法宗壇」。道教原有四派法壇，龍虎山天師派為「正一玄壇」，茅山三茅君派則為「上清法壇」，閣皂山葛仙翁派為「靈寶玄壇」，西山許旌陽派為「淨明法壇」。後因其餘三山（茅山、閣皂山、西山）式微，正一道（派）既盛極一時，元成宗大德八年（一三〇四年）授三十八代天師張與材為正一教主，以龍虎山正一天師領天下道教事，故三山（龍虎山、茅山、閣皂山）等以符籙為主的道教三大宗均歸龍虎山天師府領導，乃改正一玄壇為「萬法宗壇」，沿用至今。除用於稱其醮壇外，「萬法宗壇」也被指正一派為道士授籙的法壇，而道士獲頒職牒也稱「萬法宗壇」，用「陽平治都功印」。明朝曾敕封龍虎山正一天師為「正一嗣教真人」，命掌天下道教事，較元代時的地位又有提高。清初對道教及正一道態度沿用明例，至乾隆朝宣佈藏傳佛教為國教後，對道教活動遂不斷限制，正一道乃至整個道教在形式上逐呈衰微之勢。雖然正一道在清朝的地位很低，但民間影響力仍很大。

明代的道教，主要為正一、全真二大派，正一道集符籙之大成，以行符籙為主要特徵（飛符演法、齋醮祈禳、拜章禮斗、治病除煞、濟人度鬼）的符籙諸派（靈寶派、淨明宗、上清派、閣山派、正一派等）皆被視為正一派之分支，而以丹鼎修煉為主的諸派（龍門派、隨山派、南無派、遇山派、清靜派、華山派、俞山派、武當派等）統歸於全真。實際上，兩大派名下彙集的各個小派很多都一直按自己系統傳授。直到現代，還有許多小派存在。

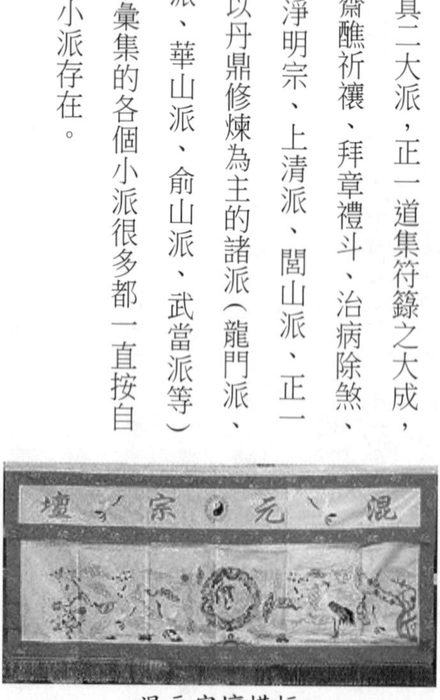

混元宗壇橫幅

全真派興起後，不僅沿用道教傳統的「醮壇」制，也走向了世俗化和民間化，兼行齋醮祈禳、祛災除禍、薦拔先祖，以謀香火收入。全真派之醮壇稱為「混元宗壇」，用「道經師寶印」。與正一道相同，除用於稱其醮壇外，「混元宗壇」也指全真派為道士授籙的法壇，而道士獲頒職牒也稱「混元宗壇」，用「道經師寶印」。相對以天師道為主流的道教信仰，迄今為止在臺灣傳承的全真道仍屬小眾，且都是以自家宮觀傳承為主並未建立出家制度，和中國大陸以出家住觀為主的全真道有所不同。目前中國大陸道教以全真派為優勢，正一派主要在江南和臺灣流行。

正一、全真道派另一個明顯差異是，正一道派弟子需經過授籙才有資格成為道士，而全真道派弟子則需經傳戒。授籙、傳戒均有嚴格規定，儀式非常隆重。籙是一種道教符書，作為行道的憑信與演法的依據，通常上面列有神吏名號，以及相應的符。經授籙與否，是正一道派劃分弟子身分的標準。正一道派規定，只有經過傳度科儀，並由正一道派祖庭、叢林頒發職牒，授給神職品格，取得符籙、法印、天蓬尺、權杖、令旗等法器憑證的道士，方可成為法師，才可以經理齋醮祈禳諸類陰、陽法事活動。當然，要入道並經授籙，必須表明心誠意堅，而未來要晉升道階，更應當積功累行。同時，還得對神明盟誓，表示獲授籙之後自願遵守道戒。這一點，在道籙上都有明確文字記載。

戒律是道士和信徒修養品（道）德和從事宗教活動必須遵守的宗教規定，是一種內心自發且對自我帶有強制力的紀律或法規。傳戒，即全真道派十方叢林宮觀中德高望重的一代宗師、律師或著名方丈向準道士傳授「三壇大戒」（初真戒、中極戒、天仙戒）之儀典。這是全真道派最莊嚴、隆重、神祕的一種宗教儀式。已受戒之弟子按期從四面八方集中到「放戒」的叢林宮觀，接受品德審查，功行考核，聽取「傳戒大師」們宣講道士必須終身遵守的清規戒律。既經傳戒，準道士乃名入《登真籙》和取得戒牒、戒衣，也就是說自此登入仙籍並成為正式道士，從今往後只要依道法要訣真心修持，便可得道。

臺灣的道教早在明末清初時，即隨渡海移民傳播來台。大陸移民以原籍閩、粵兩地居民為主，而閩、粵既與江西相鄰，台灣的道教自然多屬江西龍虎山正一派的在家道。由於民眾生活上本就離不開宗教與信仰，而宗教又依賴神職人員為人民表達虔誠信仰，從而：(1)台灣民眾既多以地方公廟之神祇為信仰主流，經常的神尊聖誕或各種慶典都需要有

神職人員主持其事；(2)早期移民生活態樣，以及人們日常行事都依道教習俗，隔三叉五都要找道士幫忙化解，以求平安；(3)移民初期醫療資源匱乏，可助力民眾對抗險惡生活環境條件嚴重不足，於是道士多依附聚落，在家自設壇靖，並配合宮廟及應和民眾需求，從事道法服務。由於散居的性質，使得道士與道壇和聚落民眾緊密連結。

因為有了上述基礎，臺灣早期道教信仰及道士活動，實際可分為三大主要內涵：(1)在社會上活動的道士主要係以師徒輾轉相承，以各種陰、陽法事為業，是漢人社會負責溝通神、鬼與人的主要儀式專家，民間的建醮或普渡等各種大、小型的祭典與科儀通常請其主持。此派道士行(演)法時，有頭戴黑網巾(道髻)金冠，身著紅、黃等顏色的道袍者，俗稱「烏(黑)頭道士」。(2)亦有本應帶鳳眉紅布冠者，後多簡化成只頭圍紅布者此為「法師」，其名稱本應為「法官」卻被冠以「紅頭道士」。紅頭道士較近於巫(術)及原始宗教，係同時融入不少道教符籙、咒術、神靈信仰及佛教密宗教法的法派道教。將法師稱為紅頭道士，這種稱呼法成為現今道(士)、法(師)二門不分之濫觴。法師在家亦自立壇號(場)、宮廟，但有些連壇號、宮廟也無，平時居家或在其他的宮廟以幫人進行收驚、祭改（制解）、補運、犒軍（賞兵）、打城、栽花、換斗及祭煞、除煞等小法事為務。行法時，法師常手持龍角及法索（鞭），赤腳履地，不著道服，通常只以紅巾（布條）纏繞頭部，腰間則圍上簡單裁製的龍虎裙，這類法師看似與「乩童」性質相似，但「法力」高出甚多。⑶社會大眾的道教信仰蓬勃，以及宗教道場的林立。這是一個綜合體，包括有民間集資興建的公廟，或者個人自力啟建係屬私有（人）宮廟及其形成的信仰文化。民間公廟，通常沒有神職人員但設有管理人或主持，私有（人）宮廟則有神職人員，可以為人們提供各項宗教性質之服務。私人宮廟的主持人往往就是神職人員—乩身，他們可隨時應付上門求助的信眾，適時施展靈通神、鬼的職能，滿足求助者需要。不論是公廟或私人宮廟，每逢神明聖誕時都會有慶典儀式，熱鬧非凡，形成台灣宗教文化一大特色。

雖然「同屬」天師道派，「同為」正一法門，但臺灣仍有「刻意」將道士持「紅頭道士」（正一派道、法二門道壇）、「烏（黑）頭道士」（正一派靈寶道壇）之稱，並且：⑴各派道士基本上居住在同籍族群優勢地區，依據各自世傳的道法從事宗教活動。⑵所謂「紅頭道士」主要在臺灣中、北部活動，專行度生（陽事類）而不行度死（陰事類）。「紅頭道士」

最早可追溯到流傳在華南一代的道教派別「閭山派」。「閭山派」吸納了龍虎山「正一道」的思想理論以及福建一帶「巫覡」與神靈溝通的模式，在明鄭時期即已傳入臺灣。⑶「烏(黑)頭道士」主要在臺灣中、南部活動，陽事與陰事兩類法事皆操持。烏(黑)頭道士以「靈寶派」為主，係清朝康熙年間傳入台灣。⑷清朝乾隆年間，漳州移民也將「正一道」帶入台灣，並開始應用其科儀。但此時「正一道」的道士大多兼習北部的「閭山法」，在沒有建醮與神明聖誕的日子就靠著閭山法驅邪壓煞為生。⑸與此同時，泉州移民也將「正一道」帶入南部，與「烏(黑)頭」的「靈寶派」結合，除了拔度亡靈的法事，他們也做正一道的醮典、神明聖誕等喜慶法事，既度死也度生。⑹所謂「烏(黑)頭道士」、「紅頭道士」在臺灣活動的態樣，大約可以這樣說「北紅頭、南烏(黑)頭」，但實際上兩派皆為正一道派的火居道士。⑺二次世界大戰後，正一道的「張天師」跟隨國民政府來臺並組成「嗣漢天師府」。除了傳承道法與科儀，「正一道」不僅接受也融入了在臺灣早已根深蒂固的兩大系統。

臺灣民間社會所流行的道教儀式，雖然在日治時期曾受限制。但這些道教科儀一直是常民社會表現信仰理念的主要形式，道士與信眾，道壇、法壇與聚落的宮廟，以及常民生活之間，總是維持相互依存，彼此襯托的紐帶關係。特別是宗教祭典的類別，不論是建醮，或是神明聖誕，或是一般常見的禮斗法會、水陸法會等。這些儀典由於聲勢鬧熱，過程精采，內容豐富，在廣大民眾熱誠與激情的參與下，每一場祭祀慶典都儼如臺灣民俗和宗教文化之嘉年華。時至今日，臺灣各地都仍有令人感懷的宗教慶典，例如北港「朝天宮」每年農曆三月的「天上聖母」聖壽，各地大、小宮廟前來進香，前導的各式各樣陣頭不僅令人目不暇給，而信徒們頂禮朝拜更是摩肩接踵，允為宗教界聖事。參與宗教慶典，一則為參與活動者者留下美好、永恆地回憶，一則為自我與所崇奉、景仰的神明間完成了真心的連結。

臺灣的道壇主要傳承自閩南的泉州、漳州與粵東地區，其道法多出於龍虎山正一派屬火居性質的符籙道派。雖然如此，臺灣道壇、道士仍有其特性：(1)傳統上臺灣道壇的道法傳承多為「家傳」，也就是道士的養成係透過家族中的父子、叔姪相傳方式，很少有對外人開放授徒，即便有授徒於族外的需要，也多盡量以居住同聚落者為主，以免造

成業務地盤上的衝突。⑵若依照傳統體制，道士必須遠赴江西龍虎山始能獲授籙、奏職。然而由於往昔交通困難，即便龍虎山曾在福建龍岩等地設立授籙中心，但對於閩、粵沿海與臺灣地區來說，路途仍是遙遠，臺灣遠赴福建或龍虎山受籙的道士寥寥可數。⑶清代與日治時期，部分道士就借用「閭山派」法師、乩童「登刀梯」的方式進行向天行奏職禮，以期獲得聚落民眾認同並取得道長身分。⑷民國三十八年，第六十三代天師張恩溥來臺後，敦請張天師為道士進行授籙的情形才逐漸普遍。一九八〇年代兩岸開放觀光之後，也有許多道士親赴龍虎山受籙。

三、司公

司公（或作「師公」、「獅公」），均讀為閩南語，其實是「齋公」之訛稱。齋公，全名應為「修齋公德」，簡稱「齋公」。司公（以下仍以此稱）「非僧非俗」、「半道半佛」，主要係從事喪葬儀式。在臺灣，有家人往生，家屬要為死者念經，做功德。請來的齋公，看起來屬於道教，其實他念的是佛經。從事「司公」者，皆是家族世代傳承的事業，有些「司公」自稱為「香花（鄉化）和尚」，有些則稱釋教法師。司公與常人一樣，可以食肉、蓄髮和結婚，做法事時則穿上袈裟，頭戴僧帽，宛如和尚。司公常與紅頭道士分工，分別承擔民間陰、陽法事。

司公所執行的事務都與度亡相關，如做功德、超渡、入殮、做頭七、百日、擇日、進塔、風水……等。司公的特色如下：⑴做法事時，法壇掛起佛像念佛經，其儀式混雜了道、儒及民間宗教的成分，法事風格與靈寶派烏頭道士相似。⑵服飾─執行法事時，法師會穿著單色的海青，如中尊之海青則以黃色或橘色為主，其餘法師則採用黑色的海青。若遇重要法事，法師們還會在海青外增披袈裟，或領口披掛長條形的肩帶，展現莊嚴。⑶帽飾─作法事時，前場法師皆頭戴法帽，中尊的法帽稱為「大帽」，帽身呈元寶狀（有時亦戴五佛冠），並佈滿極刺繡圖案，其餘法師則頭戴半圓形的「斧頭帽」。

司公大帽(正面)

四、術士

術士是精於方術之士，專以陰陽五行、生剋制化道理，推算人與事的一種法術，也就是古時的「術數」運用者。日常我們仍常見到的術士有地理師、看(擇)日師、算命師、卜卦師、面相師。

(一)地理師

地理師又稱風水先生、堪輿師、陰陽師、看山先生，乃是極其傳統方術。人們習慣上稱陽宅之學為「地理」，陰宅之學為「風水」。地理師係依據環境對生存經驗所發展出之法則，佐以陰陽五行學說以及自我感應等，為人們選定趨吉避凶的陰、陽宅。

(二)看(擇)日師

看日師，俗稱看日先生，係精通曆書，專為人們擇婚嫁、喪葬、建築與造動土、公司開張，以及其他喜慶吉日之人。擇日之目的是希望為某人要做某事時，選擇一個好日子，好時辰，以避開天、地之間的沖煞，求得圓滿好運途。擇日的方法很多，其應用原理包括天干地支、陰陽五行、八卦、納甲、十二直、二十八宿、九星、五星六曜、黃道黑道、八字等，但最重要的是理解「合」、「沖」、「刑」、「害」的生剋關係。選擇吉日因事而起，根據所要辦事的性質，去尋找最能帶來大吉大利的善神；同時避開最可能造成大哉大難的兇神，然後推算出善神所值之日與所理之方(位)。遇事當擇日之習俗，這在傳統社會受民眾恪守不渝，時下臺灣民眾生活雖已現代化，但重要大事則依然循常習故，請師擇日。

(三)算命師

算命師，也稱算命先生或星士。算命，是利用個人資訊，例如臉與手的紋路，出生八字、姓名筆劃等配合「術數」來預測或判斷命運吉凶福禍的行為。算命是人們趨吉避凶的一種方式，古人認為算命可以推算出一個人的富貴貧賤和生老病死。因此，人的命運既然可以預測，當然也就可以轉變、或者設法破解不利於個人之處。

算命運用法很多，主要有：卜筮、易卦、五行、干支、占星、看相（手相、面相）、生肖、測字（拆字）、抽籤（每一籤對應一卦，據以解讀一個人的運勢）、四柱（年、月、日、時）八字（天干地支）、紫微斗數、梅花易數（六爻占卦）等等。每一種方法都有獨到之處，算命師都會強調其準確與可信度。但人的一生，如果任令算命師鐵口直斷，而聽者又深信不疑，那麼人生還需要努力嗎？

（四）卜卦師

卜卦師又稱卜卦先生，為人預測將來休咎吉凶。卜卦（師），有的用米卜，有的用龜甲－銅錢（卦），有的用鳥卦，有的用抽籤等等，分別略述如下：⑴米卦－米卦是由問卜者自一袋米中分次拿出米粒來占卜。問卜者一連三次拿出少許米粒，放在卜卦師面前，三次要放三個地方。米卦取米三次中，第一堆（次）所得為下卦，第二堆（次）所得為上卦，第三堆（次）所得為變卦（爻）。然後卜卦師就依「原則」計算米粒數（目），接著根據「卦象」判斷吉凶禍福，或述說事業成敗。⑵龜卦－在龜甲中裝進三個銅錢，用手搖動幾次再倒出來，根據銅錢的正與反面來確定陰、陽。銅錢每擲一次代表一爻，共擲六次後畫成一卦（六爻），然後依據「老變少不變」原則產生「變卦」，最後再根據「本卦」與「變卦」判斷事之吉凶。龜卦也稱「文王神卦」，或稱為「金錢卦」，據說是周代文王所創，係一種相當久遠的占卜術。(3)鳥卦－占卜鳥卦者，先向占卜師說明來由及卜問之事，占卜師則放出籠中的白文鳥，低頭跟小鳥竊竊私語後，小鳥走過小橋並用其喙打開放置各種卦的卦屋小門。經左挑右選小鳥銜出一卦，交給占卜師予以解卦。鳥卦，也有由鳥兒啄出籤枝，或者啄翻籤筒任其掉出一支籤的取籤方式。(4)抽籤－此法大多為盲人占卜者所用。抽籤係以刻有花紋的竹籤，讓問卜者把籤抽出三次，每次一根。占卜者會以手分別搓揉竹籤，經「感應」該籤示意後說出問卜者事業的成敗與禍福吉凶。

（五）面相師

面相師又稱看相師，主要是從「形」、「氣」、「神」三個面向為人看相，並根據其形判定此人的貧富、（性格）強弱；以氣判定此人的吉凶、禍福、（境遇）順逆；以神判定此人的貴賤、智愚、（年歲）壽夭。面相師常將人的外形依五行的性質予以分（歸）類，金、木、水、火、土各有其形，各有其特色、特性。在面相師看來，不同屬性的人，其臉色、

身軀、臉型不僅不同，在個性上也各有特徵（質），這些都左右人的性格，影響人的命運。

看相師非常重視看氣，也就是觀察人的面容神色，滿面紅光、臉色澄黃、臉色漆黑、臉色泛青（光）、臉色皙白、臉色赤紅、面帶枯黃，神（臉）色黯淡，神（臉）色慘白，臉色暗青都各有所表徵。神色的觀察也是看相的依據，以當事人的目光與行走、坐臥儀態去推測（想）。《孟子・離婁上篇》曰：「存乎人者莫良於眸子，眸子不能掩其惡。胸中正，則眸子瞭焉；胸中不正，則眸子眊（眼睛看不清楚的樣子）焉」。孔子在《論語・為政》中也說：「視其所以，觀其所由，察其所安，人焉廋（隱匿）哉」。以上這些原則，都被拿來做為依外形判斷一個人的重要參考。

五、其他（與巫覡較近似者）

在臺灣，比較上與巫覡較近似者，一般而言有五種，除了鸞乩、乩童外，另有：(1)

法師—法師又稱「法官」係屬「閭山派」，精於符咒，並略悉民間草藥。法官者，自謂能召神遣將，為人驅邪治病和消災解厄，常與乩童搭配操持一切禳解諸法。法官有紅頭師—「盔眉」之後為紅巾，以及青頭師—「盔眉」之後為青巾之分，其弟子均名「法仔」。每當神明（尊）出境，宮廟行淨（煮）油及踏火（鋪柴炭於廟前曠地，熾火極盛，執旗幟、鑼鼓及扛神轎者，一一從炭火上行過三次，名曰「踏火」）之際，必由法官請神而行。法官為人治病，有時亦應（靈）驗，其謝貲則多少不一。(2)符（法）師—是畫符、驅邪、押煞的法師，與正統道教符法不同，係民間另類符法。符法師簡單的分，可以有「符仔路」和「葉仔路」兩類。符仔路，說的是人們比較常見的那類符咒，大體是以漢字書寫，除了符膽、花字之外，一般內容都可被辨識。而所謂「葉仔路」，指的是暗傳的一些特殊符法，其中多有威猛、陰邪之術，對人具有傷害性。葉仔路畫符所用的載體並不限於紙張，但凡樹葉，沙土，流水，乃至於「虛空」都可以成為畫符的載體。符法師以師徒相傳，「入門」時弟子須向師父發誓，一生要過「貧（不能以此術斂財，無恆產，施術所得必須悉數用盡）」、「孤（孑然一身，無子嗣）」和「夭（早夭，無法長壽）」三者之中的一種生活。(3)紅姨—「紅姨」係女性又稱「尪姨」，可讓亡靈附身作為媒介（者），民間也有尊其為「紅

姨媽」，多為盲女擔任，也有略通法事者作為她的助手。紅姨做法事時，問靈者和旁觀者聚集於一暗室中並圍桌而坐，桌上置香爐、燭台及供物。紅姨與問靈者對座，助手立紅姨右側，代為焚香點燭，以黃紙錢點火，待燭火上下閃動，紅姨遂唸(靈)咒並靜坐，以示虔敬。稍後紅姨全身顫動，待鬼靈附身後讓他人開始與其對話。

紅姨所行法術可分為下列幾種：⑴問神—若有信徒求治疾病，紅姨就請神靈附身，指示醫治方法，應用何藥，如何施用並預言幾天後可以痊癒。⑵牽亡—牽亡是紅姨主要法術，這是牽引死人靈魂和生人對談的法術。紅姨取二、三尺長的繩線一條，兩端穿針作結，一端插入死者的靈牌，另一端則插人自己的髮中。紅姨口唸咒語呼請亡靈，不久亡靈即附己體，開始和問靈的親人對話。在紅姨牽亡過程中，亡靈自述生離死別的悲愁之情，與家人唏噓對泣，常令人動容。⑶換斗栽花—紅姨對婦女作改胎(將女胎換成男胎)的巫術，稱為換斗。栽花即童乩所謂的「進花園」，為一般生理不健全的女子作法，使她們懷孕得子之法術。⑷解厄—民間相信，疾病災害都是由於妖魔邪怪作祟。紅姨解厄法術是先問病人生肖，如子年生屬鼠，於是用紙剪成鼠形，連同紙錢、桃枝或柳枝合包，再包捲黃色解厄紙置於病人床下，一段時日後依照紅姨指示方向、地點焚化，如此即可消災。

第四章 巫的傳人——神駕、靈駕之形塑

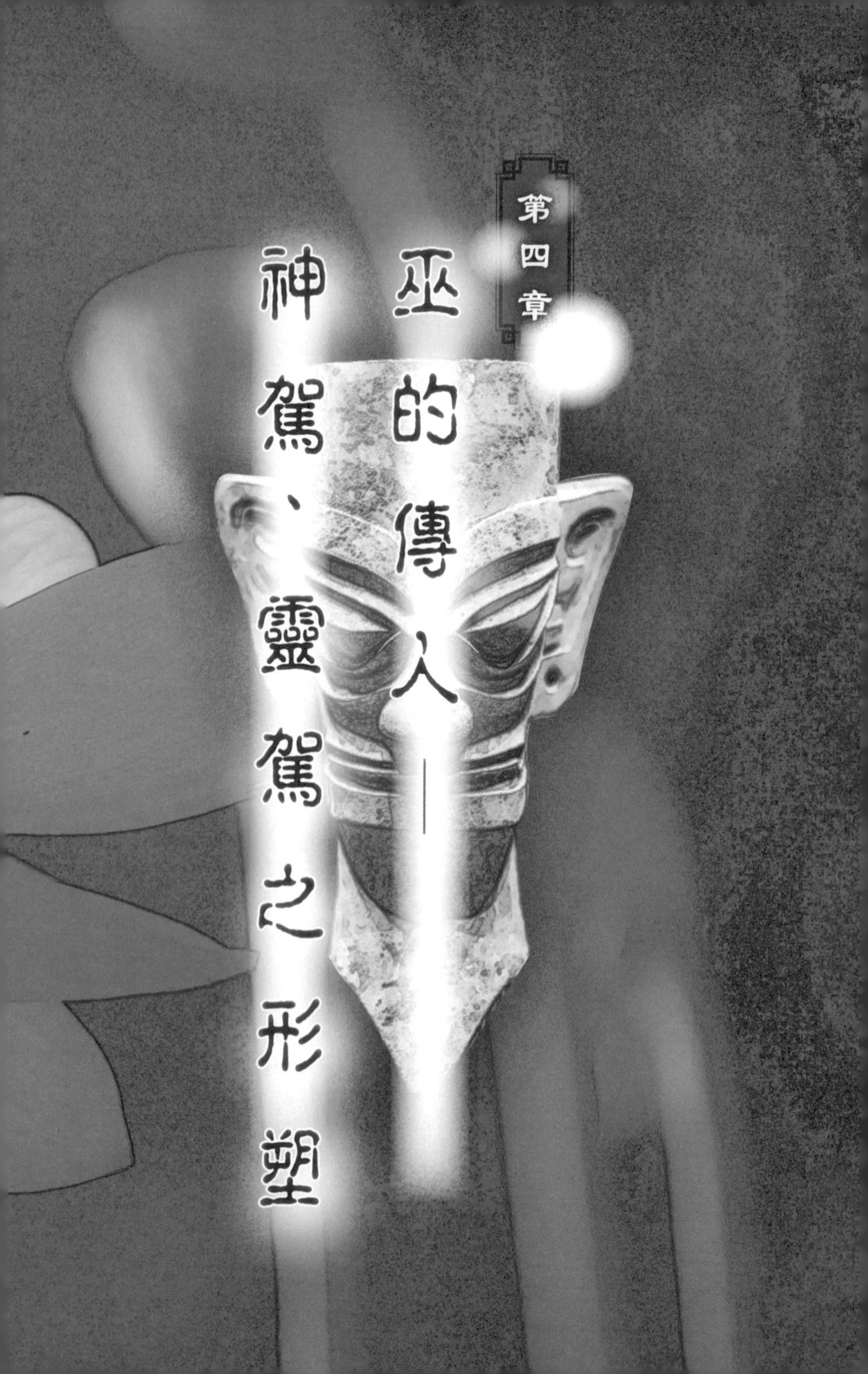

在實務上，常有人刻意想成為神、鬼與人的媒介者、代言人，但說來奇怪往往事與願違，難成其就，而不經意者有時反倒因緣際會順利膺選。要任神、鬼與人的媒介者、代言人，這個人必須要有能力與神、鬼相互感通。換句話說，此人要具備真實感通神、鬼的技能，能理解與傳述祂們意念，之後才可能成為祂們與人的媒介者、代言人。人具有感通神、鬼技能，其情境是：(1)人意識出神、鬼之靈存在；(2)人能以自我本（元）靈與神、鬼之靈相互交感，且感應（受）因為此項交感所形成之磁場；(3)以自我本靈與神、鬼之靈相互交感後，人一則知彼等心念（思），一則如果發出求問均能獲得彼等回應，如此始可謂與神、鬼的感通。(4)當與神、鬼交感與感通結束後，原有之磁場會消失，則意謂神、鬼之靈已離開。(5)總之，能感通神、鬼之人，不僅要能真知祂們的靈降，還要明辨彼等

身分，以及能會通與銓解祂們所思、所想、所言。

所以，人能與神、鬼相通的基礎在自我本靈，在人的本靈具有和神、鬼之靈相通、相容的「性」與「質」。從而，在神、鬼與人媒介者、代言人的形塑上，基本上就是創造彼等之靈具有此要件─和神、鬼之靈融通的能力。這種要求，對古往今來的任何一個神、鬼與人的媒介者、代言人都相同，不論其名稱為何。但是，靈為何物，其性與質如何？靈既不可捉摸，其性與質如何斷定？人之靈是否可形塑至與神、鬼之靈近似？或者如何形塑至與神、鬼之靈相近，進而能與彼等融通？關於靈（魂）的一切一切，亦即其性與質，生與滅，來與去，包括人的靈，以及神、鬼之靈等，自古以來人們都假設「靈魂不滅」，然後基於這個立論，衍生出對靈的各種主張。

「靈魂不滅」，說的是：⑴雖然無形無象，無法為人眼見，但自來古今中外的（原始）宗教、哲學和神話，都認定靈（魂）確實存在於人身，與生俱來並與人共存。只要人活著，其本靈就在「有形界」。⑵人在世時，靈（魂）居於人軀體之內，不僅是人的精隨也對人的言、行與生命起主宰作用。⑶每一個人在行為、品德、資質各有特點，這都是因於個人靈性差異所使然。(4)雖然依附在人身軀，但靈亦可脫離人的軀體而獨立存在，但時間不能太長。(5)靈如果長時間離開人的軀體，會使人形同行屍走肉般毫無自我意識。(5)靈一旦永遠離開人體，不能復返人身，這是因為其人已經死亡。(6)一個人身體死亡後，其靈（魂）去處各宗教雖有不同說法，但基本上仍認為靈持續存在某處。(7)人故去之後，其靈因已無法處於軀體內遂謂之「鬼靈」。鬼靈去處或所處「空間」，謂之「無形界」。(8)無形界係屬靈的空間，無形界的靈皆「非物質」的存在。(9)無形界的靈有神靈、鬼靈，以及各種非神非鬼的靈，各種靈都不等性，也不等質。(10)神的靈在無形界其性屬「陽」，鬼的靈在無形界其性屬「陰」。陽性的靈，其質是上升、清明、光朗，所以神靈在無形界是屬上界、天界。陰性的靈，其質是沉降、幽暗、寂滅，所以鬼靈在無形界是屬下界、地界（府）。某些人的本靈雖處在有形界，但竟能與無形界的神、鬼之靈交感，形成靈對靈的溝通。這些本靈特殊的人，往往扮演神、鬼與人的媒介者、代言人。

一、形塑途徑──超越凡體

人在世的時候不可能接觸神、鬼，因為人的靈在性與質上和祂們都不同，無法跨越、進入無形界。人最多只能設法達到可以親近神、鬼之靈，與彼等相容、相通，瞭解祂們心意。因此，人要弄懂神、鬼之靈的性與質，然後朝此面向「修煉」，使得自我本靈能被彼等認同和接納。人既絕不可能與神等量齊觀，也不可能或不想與鬼齊頭並論。但基於突破生命期程限制，人竟然有了學仙、修仙、成仙之想望。人設想，只要改變自我凡體，改變自我凡性，就可成仙或者至少近似仙，這樣就很接近仙，很接近神，說不定也可破除生命有涯的制約，這就是先秦時期的「方術」(數)理論和其應用。

確實，在學仙過程中，人因為改變了自我的心、性、氣，與此同時竟然也就改變自己的靈，於是自我本靈不僅能識神、鬼之靈，也有通神、鬼之靈的能力。這種發現與學習過程俗稱「修行」或「修道」，其實正是古代巫(覡)教導子弟，傳授子弟技能，向下傳承衣缽的途徑，只是他們不輕易對外公開罷了。時至今日，其為神、鬼與人的媒介者、代言人，在教授、訓育、培植傳人時，其教學、訓導後進仍遵行此一門徑，畢竟捨此也別無他途。

古今一揆，既然如此就讓我們來看看，巫（覡）如何訓練門生，如何使他們超越凡體、凡性，攫取凡人所沒有的優異技能，進而能通神、鬼之靈並成為彼等與人的媒介者、代言人。當然，我們必須強調：⑴所謂「超越凡體」不是「遠離凡體」。神、鬼與人的媒介者、代言人並非絕對道貌岸然，他們依然有七情六慾，只是調控的比別人好，素質相對地較他人優異。⑵神、鬼與人的媒介者、代言人必須是「人為」與「非人為」的產物，亦即彼等尚需經「有形師」和「無形師」的悉心調教始克有濟，方能成材，而且這一過程對造就彼等更重要，但我們擬將這一部分後論。

（一）修心

人想與神、鬼交往，首在存乎正心與誠意。所有神、鬼與人的媒介者、代言人都有經驗，如果不秉持正心誠意並由此出發，彼等不僅不會給予任何回應，乃至於連自己對

祂們也不會有任何感應（覺）。有些人認為，我已經是個良善的人，我的心術向來也很純正，神、鬼應會接納我，認同我。但很可惜，這僅只是自我個人的認知，神、鬼未必會同樣看待。因此，不管是任何人，只要是想和神、鬼交融者，就要修心，抱持雖然已經很好但還要更好的心理，呈現一個努力過程，讓神、鬼讚賞與肯定。

修心即修改、整治自心，使其更加完美。修心要旨有二，一是純化己心，一是淨化己心。純化己心講求自我內心的昇華，使己心在最低程度能不謀略、不算計。淨化己心講求自心的沉澱，使己心能不貪求，不奢想。修心是一種內心真誠地自省、自悟，也就是對自我心靈不斷地除塵，掃除種種汙穢。修心在道家謂之「心齋」，依現代術語來說就是「心靈環保」。修心之道，就在時時能生起疑問心，不停地自我反思與捫心自問，找出自我內心潛存的缺點。這種修心功夫不僅不假他求，也是極其有效純化、淨化心靈的方法，更是實踐心靈環保的最佳途徑。

為何要修心才能近神、鬼？首先，神、鬼世界與人的世界不同，神、鬼的世界是「空」與「寂」，人的世界是「繁」與「亂」。人心一旦處在繁與亂情況下，這絕對無法與神、鬼交感。因此，古代教人修仙，或者教人修道，必先教其純淨內心，講求定、靜，以建立修道基礎。《太上老君內觀經》云：「人以難伏，唯在於心，心若清淨，則萬禍不生，所以流浪生死，沉淪惡道，皆由心也」。也就是說，人最難改變和降伏的就是自心，因為內心經久累積過度慾望，高漲、頑強。如果人心能清靜，無所奢求，不存非分之心，就不至於招引任何禍端。反之，人所以會生死難料，深陷痛苦深淵，都是受自心所累。確實如此，探究世間罪惡、禍害因由，不也都是由於人心貪求不已，總有太多非份之想。《太上清靜經》云：「人能常清靜，天地悉皆歸」。人能修心，常保清靜，既淨化心靈，也掃除貪、嗔、癡，斷除了罪源、禍根。從此內心無限祥和、寬廣，即使再寬廣的天、地也能容納。

其次，修心才能開啟真正智慧，才能感通天、地，感通神、鬼。「心者，生之本，神之變也」（《素問・六節藏象論》）。人的心，是生命存活的根本，是人生命和生活中一切言、行的發軔者，具有主宰精神意識、思維、形神（精神、外貌）等變化的功能。人的心如能安定、平靜則智慧頻生，內心始終無法定、靜者，其思緒必混亂，豈止六神無主，

百病隨之而來。唐・司馬承禎（六四七－七三五年）曾說：「心者，一身之主，百神之師。靜則生慧，動則生昏」。人心能靜，神自清、自明，心、神遂合一。《易經・繫辭上》亦曰：「寂然不動，感而遂通天下之故」。人的心一旦寂靜不受擾動，對萬事萬物自然皆可感知，而且定然通曉其來龍去脈、前因後果，顯現個人大智慧。

再其次，修心不僅在感通天、地，設法交感神、鬼，更在融入天、地之中。天、地、人並稱「三才」，人在天、地之間本就可到達與「天、地交而萬物通」（《易經・泰卦》）。《老子章句》云：「天道與人道同，天人相通，精氣相貫」。人道之所以可通於天道，以其心可感知也。換言之，人如能經修養自身心靈，並體會天、地生養萬物之心，一則可與天、地交感而合其心，再則彼此間精神、靈氣也可相互貫通。因此，人既頂天立地，如何經由修心使自心如乾、坤般朗朗，到達我心即天心，天心即我心之境界，方不失與天、地並稱三才之譽。

更再其次，修心尚能使人明白當反饋天、地之恩德。《孟子・離婁上篇》云：「是故誠者，天之道也；思誠者，人之道也」。天、地很誠意地化育萬物以養人，何曾有負於人。但反觀人為逞其無窮貪慾，肆無忌憚地暴殄天物。人當反思如何泯除以自我為尊的思想，與自然和諧，以至誠無我、虔敬的心回報天、地。《莊子・在宥篇》有云：「有天道，有人道。無為而尊者，天道也；有為而累者，人道也」。天地看似無所作為，但卻受到尊崇；有所作為，但其作為卻是拖累的是人（道）。所以人要勤於修心，而且要時時慎思，作何反饋，以順應、圓滿於天道，才是為人之道。以上這些，人們看似虛言，但在修道實務上反見真章。換言之，愈見其為謙謙君子而心正、意誠者，道行與修為愈高。

如何修心？除了自己努力，與此同時也要靠他人的督促。神、鬼與人的媒介者、代言人修心有兩個面向，即內化與外顯，相互激勵。內化係不斷反求諸己、自我檢討，積極改善自我言、行。外顯則是將內化的實質表露於外，散發優質的人品。其具體作為如：(1)內心能制止貪慾，則斷除惡習；(2)內心能持正不撓，則摒退奸邪；(3)內心能無私無我，則心慈好善；(4)內心能嚴以律己，則清風亮節。

宋儒張載（一〇二〇—七七年）勉人「為天、地立心」，此可視為修心之最高指標。為天、地立心，所立的是天、地對人的慈悲以及仁德之心；也就是，修心之人要提升自

我的本位，培養出如同天、地對人般的襟懷。西方哲學家笛卡爾（Descartes，一五九六－一六五〇年）名言：「我思，故我在」。修行之人在生活中如能不斷用心反求諸己，修正、消除以自我為中心的心態，常存惻隱之心與利他之想，多行仁義廣積陰德，始能與天、地同心，找到自我在群眾與天、地間的定位。

（二）修性

性與命，古人以為源自天賦。《中庸・第一》云：「天命之謂性；率性之謂道」。意即人的本性乃上天所命（注）定，依本性行事，就符合道。但性與命之間尚須釐清，性是人內在的各種心理、精神的表徵，包括：心態、意志、性格、稟賦、秉性等。命是人外在形體的活動，是生理、肉體的活力表現。人的性仍應有其物質基礎，須經由形體之活動予以呈現，故性與命連用，稱為性命。

人的性係天命，遂名之為「天性」。性既是與生就具備的，所以又有「本性」之稱。天性既是本性，人多半依據天性表現其言行，即俗話所說「率性而為」。古聖先賢對人的本性，大致有四種觀（論）點：(1)人性本善，以儒家的孟子（前三七二—前二八九年）為代表。(2)人性本惡，以儒家的荀子（前三一六？—前二三七年？），為代表，有「人之性惡，其善偽也」之說。(3)人性無善無惡，代表人物為告子（前四二〇—前三五〇年）。(4)人性既善又惡，代表人物是西漢的揚雄（前五三—一八年），他認為「人之性善、惡混。修其善則為善人，修其惡則為惡人」（揚雄《法言‧卷三‧修身》）。

綜合而言，人的天性有以下特點：(1)人的天性本自良善，所謂：「人之初，性本善」。(2)「性相近，習相遠」。初生之時，人的天性大致相似，但受之後的生活環境影響，使人產生習性並各自差異。(3)遺傳因素和胎兒時期，孕育、培養了人的天性。心理學家研究後認為，子女善良的天性多半源於母愛。(4)「苟不教，性乃遷」。少了教化，人就很難再維持善良的天性。(5)「江山易改，本性難移」。雖然時空、環境都已不同，個人也已接受了教化，但有時仍難以改變其天性。(6)人類能夠長盛不衰，因為天性善良的人較多。

自出生以後，「六慾」之樂使人原有純真本性日漸褪色。六慾指的是：(1)眼的見慾，使人貪圖美色珍寶；(2)耳的聽慾，使人貪圖美音讚語；(3)鼻的香慾，使人貪圖撲鼻芬芳；

(4)舌的味慾，使人貪圖快口美食；(5)身的觸慾，使人貪圖舒適享受；(6)意的意慾，使人貪圖聲色、名利、恩愛等。不斷地醉心、渴求種種慾望，使人本心、本性如同明珠蒙塵，失其亮潔，又似熒熒一燈，忽明忽暗。本性既失其真，則其人常言行乖違，行徑荒腔走板。修性即是自我導航，使我本性回歸真、善、美，長存人性應有光芒，使他人樂於親我、近我，令他人感覺我如同長夜明燈，予人溫暖和光亮。

修性是從調整自我本性和道德的修為入手，古人認為緣此可復歸自然之人性，找回真性。就道門內修行與修道者而言，找回真性之過程就是「修真」，修道有成者也被稱作「真人」。修行與修道的先行者都認為，一般人只要肯（能）努力修道，最終皆可超凡入聖進而「登真」。修真過程講求修性煉命，區分修性之「性功」與煉命之「命功」。「性功」與「命功」在概念上：(1)以性功修自我內在心性，命功固外在形骸；(2)性功乃命功之基礎，彼此要相互配合，始收相輔相成之效；(3)性功、命功應與時並進，經由性命雙修，人可達與天、地同體，可達天、人合一之高深境界。

如何修性？修性即追求「良」與「善」之本性，與修心彼此之間互為目標與手段，互為表裏。修道之人之所以將「修心煉性」、「修心養性」、「存心養性」等，自我本心、本性之優質化與完美化並舉，其意即在說明心、性之修養應齊一且無輕重之分。正所謂：「盡其心者，知其性也」（《孟子．盡心上篇》）。因此，欲修性首先必須「先正其心」，並以遵從儒家的「仁」為起修點。「仁者，愛人」，仁的基本涵義就是推己及人，愛自己也要愛別人，就是博愛。除了仁以外，三綱—君為臣綱、父為子綱、夫為妻綱；五常—仁、義、禮、智、信，以及溫、良、恭、儉、讓等等德目（性），都應列為日常自我做人處事的準繩，如能積極身體力行，自然改變心、性，充分達到修心、修性的目標。除此之外，常懷慈悲、善念、分享心，以及體悟道家注重人與天地、自然和諧之精神，亦為修性的內涵。

其次，修性仍貴在時刻檢討自我言行，以求能再改正缺失。江山易改，本性亦不難移。明代學者袁了凡（一五三三—一六〇六年）每夜睡前，皆深自反省當日一言一行，並加紀錄。這是修性的典範，也是純化自我，要求品德到達高標準的最佳例證。袁了凡先生因為有此自省的決心與毅力，不僅改善了自我本性，也改變了自我命運。俗話說：「一

日修來一日功，一日不修一日空」。滴水可以穿石，在修性的道路上能堅定信念且守志不移者，雖不為聖人，亦不遠矣。「人非聖賢，誰能無過」；「改過宜勇，遷善宜速」；「聖人不責人無過，惟多方誘之改過」（清・王永彬《圍爐夜話》），此皆為勉人修性時應有的正確認知，誠屬至理名言。

為何修性始能成道，始能登真，始能接近與融通神、鬼？因為，修性之人經常都：⑴心、性恬淡，既罕與他人爭長論短，就不容易沾染是非，一切誨氣自然遠離。⑵磁場轉易，由原來近其身就可嗅到的個人特殊氣味，轉變成平淡甚至有股清新香氣，使人樂於與之接近。⑶氣質改變，其臉面常帶祥和，絕難見到傲慢之氣，說話語氣也總不慍不火，態度時刻都和藹可親。這樣看來，修性之人確實與眾不同。他能主動改變自我的心思、意念和行為，不正是「宗教家」在實務上積極宣揚，乃至戮力教化他人遠離地獄，進入天堂的方法？

（三）煉命

「命」，《說文解字》曰：「使也，從口從令」。「令，發號也。從亼、卪」。命是一種驅使，以口語、聲響使之，使其應然，使其必然。西漢哲學家揚雄於其《法言・問明篇》則云：「命者天之令也，非人為也」。命就是由上天號令，不是人為因素所能影響。天、地之間的萬物，各憑上天賦予之本能，各依上天釐定之生存條件，繁衍生息。普天之下，萬物皆因不違上天之命，各從本性，各適其生，各安其命，綿綿不絕。

天必有令人受驅使而不能違反者，如饑而食、渴而飲、倦而眠，以維其命。凡此固為人之生理，然人亦必順此自然而為，此乃天命之使然。《論語・堯曰篇》：「不知命，無以為君子也」。人能順天命之使然，則有利於己身，此為養命、延壽之法則。逆天命之使然，為所欲為，其身必受己之行止所害，此理淺顯易明。

「顏回命短，實非凶惡之徒」；「堯舜至聖，卻生不肖之子」（宋・呂蒙正《破窯賦》），天必令人有其境遇，是為命。家雞翼大，飛不如鳥；蜈蚣百足，行不及蛇。馬有四腳而非兩翼，必陸居而非水棲，凡此皆係天命所使然，無法改易。天之所命，本為利益眾生，必不生其害，使種瓜得瓜，種豆得豆。然而，天命不必然使人遂其所生。「命

運多舛」說的是，其人際遇坎坷，生命歷程中時時事事皆難以順遂。此雖亦係天之所命，但在時下人則以之為受「因果」、「業力」。換言之，因果、業力乃上天於人命中附加的額外負擔，以磨難、拖累之。

人的命係秉承於上天，即俗話所謂「人命天定」、「命由天定」。此外，命尚包含三個意義：(1)命是人無形的境遇，(但)其未來情形不可知，亦名之「運」，俗稱「命運」。(2)命是有形、可量之時日，(但)其未來之數仍不可計，亦名之「壽」，俗稱「壽命」。(3)命是人外在形體活動，(但)蘊含、表徵了人內在的心、性、靈，內與外兩者合而為一，俗稱「性命」。

「人命天定」，說的是人的命運、壽命、性命皆由上天所註定。惟道家有「我命由我，不由天」之論，並被視為在破除「人命天定」之說法。實際上，倡言「我命由我，不由天」，並未對「人命天定」有所懷疑，也未對上天存有絲毫不敬。「我命由我，不由天」是主張，人的先天之命雖已定，但後天之命仍可易；天雖已註定我命，但天之意未必不能改。人是否能轉命、改變天意，一切全存乎己心、己志。實務上常見，不乏遭遇各種各樣挫折、打擊，但不向命運低頭，不對苦難屈服而終於轉變命運者，著實令人肅然起敬。天意能順應人意，此絕非空論，其中奧妙，非實際經歷者實難體悟。

人們常說：「性格決定命運」。性格即生性的格調、格局，是一個人的特徵、標誌、屬性或特別之處，人們常以此辨識人與人之不同。命運，字面上的意義是指生命途程之（各種）境遇、經歷，也是生命循序移動、運行、運轉所呈現的狀態。人的性格雖是無形的，但其所表現出的情狀卻是有形、可見的，所以他人能夠有感受與認知。同樣地，命運的進行是悄然、無形的，但結果卻是有形、可見的。一個人的性格好靜或好動，好爭強或沉潛，好隨遇而安或不甘示弱，都會決定其命運境（際）遇。相對地，命運也反映性格。性格如此，其命運當如此；命運如此，因其性格如此。「漢王柔弱，有萬裡之山河；楚霸英雄，難免烏江自刎」（宋・呂蒙正《破窯賦》），可為明證。

人畢生行事是否能成，命運是否順遂，難免受生性左右。生性雖係與生而來，但如能揚長避短，善加調整，個人境遇未必不能翻轉，命運或許從此截然不同。換言之，只要有方，得其要領，命即可改。這就是道家所以矢志踐履「我命由我，不由天」之說，

且衍為「丹道」思想之核心。

丹道為道家之修煉，本是修仙之道，修煉的是身、心、性、靈、氣，其實就是「煉命」。煉，本意為用火燒或高溫加熱，使物質純淨、堅韌、濃縮。煉命之作為與目的，就是使己命純化、精緻化，使其可長可久。煉命之意義既在延命，而所延之命，包括外在有形之「體命」與內在無形之「靈命」。延命應著重策略與方法，並將影響一個人生命長短、順逆的因素一併講求。關係個人生命運轉的因素，有些屬於有形、可見的，如：體魄、言行、品德；有些屬於無形、悄然的，如：禍福、因果、機緣等。因此，一個人要煉命或者延命，就在：(1)優化、昇華有形之體命與無形之靈命；(2)針對影響其命的有形與無形因素下功夫。

事實證明，但凡人只要致力改善其命的有形與無形因素，即已優化與昇華其有形與無形之命。準此，強健自我體魄、謹言慎行、陶冶品德，凡此抱誠守真之道，非僅為謀求身、心、性、靈、氣之安泰，免除周遭是非，並可視為煉命於有形、可見之處。避禍求福、化解因果、順應機緣，凡此安常處順之術，除可祈求渥蒙天、地與眾神靈庇佑，消災遠禍，廣結善緣，亦可視之為煉命於無形、悄然之中。不論煉有形、無形之命，或煉命於有形、無形之處，歸根結底就是為求禳災消患與延壽益齡。

人能禳災與益壽，除須自求多福，亦須承天之佑。自求多福與承天之佑之道無它，關鍵就在修養自我之德。能修德者必有其德，有德者豈止受眾人稱道，天、地亦同庇佑。「厚德載福」，有德者能增福添壽，無德者凡事難得易失。人們常說，修德就是修行、修道，反之亦然。確實如此，修德就是修性，藉不斷地擦拭自我本性，使自我本性益發潔淨、無瑕。因此，德愈修，性愈真、愈純；性既真又純，命自見明亮，凡事無往不利。

修性之道在自悟、自覺、自製，起自內心，且貴在：⑴潛移默化中使自性一塵不染，使自性一如當空皓月般皎潔光輝；⑵無聲無息中使自性溫、良、恭、儉、讓，一如旭日和風般溫暖人心。修性有其意義與價值，於己可益增人生自信，體悟自我在人群中的價值，非但贏得他人敬重，或許尚能產生磁吸、群聚力，可謂利己利人。人能夠勤於修性又注重強固形體，則己命長生有望。道家所以將「修性」與「煉命」並行而不偏廢，實因生性不修，己命無以為安；己命不煉，生性必也難純。是故修性、煉命必須齊一，且必須合一，

始見其功，始收其效。

如何修性、煉命？修性、煉命的整個過程，也可以說就是「借假修真」。「假」是指我們會腐朽的肉身、軀體，「真」是指我們自然之本心、本性，以及元神、元靈。借假修真，是借有形的肉身、軀體修煉無形的心、性、靈、氣。在借假修真的過程中，不斷地剔除自我心、性、靈、氣的糟粕，使彼等迭迭昇華，所以也稱之為「去偽存真」。

去偽存真的過程既在求得真我，惟需修煉至何境界始現真我，並無標準。因此，只能反推，認定真我—人無形的心、性、靈、氣足堪千錘百鍊。借假修真或去偽存真是藉由一方面積極強固有形的肉體，脫胎換骨，連帶促使無形的心、性、靈、氣既堅韌剛強，又純正無邪。總之，修煉自我精、氣、神，使肉身在死亡及自我本靈離體後依然能保住真我，這就是修真。借假修真兼顧有形與無形之修煉，其途程循序漸進，依次分別為：⑴築基；⑵煉精化氣；⑶煉氣化神；⑷煉神還虛；⑸煉虛合道等。

「築基」顧名思義，就是使自我身（形）體堅固。築基是一切修煉的基礎，所有強化自我體能的作為都可視為築基。在修煉過程中因築基紮實，明顯助益後續修煉的成效。

「煉精化氣」，乃修煉元精、元陽，並使之轉化為元氣。「煉氣化神」，則在修煉元氣、陽氣，並使之轉化為元神。「煉神化虛」，為修煉元神、元靈，並將之轉化、提升至與無形界(天、地、神祇)可通之境界。「煉虛合道」，為修煉與無形界之互動，以圓滿於道、得道。在借假修真的過程中，「煉實(有形)」與「煉虛(無形)」相互轉化，彼此形成推、拉力。修煉有形之軀體、體能，培養感應無形之能力；修煉感應無形之能力，益增自我動能，強健體魄。

人的肉身雖由父母所恩賜，但仍是骨肉、體液、溫度、氣息的「暫時性」整(結)合。人對此一暫時性整合之相的「我」呵護備至且極其執著，但數十年後依然不免於壞朽終至死亡，故肉身可謂之「假我」；人的元神、元靈才是真正的我，肉體雖亡，靈卻得存。人的肉身(假我)有生死，但元神、元靈(真我)無生死，故修道者應追求真我，此謂之「借假修真」。借假修真，在道家以此為登真之徑、成仙之術。因為，真我—元神、元靈無形無象，人在世時如果能使真我追比與攀附神、仙當然是美事。如其不然，離世後真我能昇登彼神、仙世界亦豈不快慰哉。

（四）煉氣

在道教的修煉中，「煉氣」是修道者日常的重要功課。煉氣是持久、有恆地鍛煉吐納，藉以導引及融合天地精華之氣於自身，以期強健體魄，袪病延年。唐代著名道士、醫藥學家孫思邈（五八一—六八二年）認為，（人）身乃神、氣之宅，身之生死繫於神、氣之聚散。故存神之道，須安神、氣。而氣又為神母，安神要先煉氣，使氣海（兩乳之間）充盈，心靜神定，則身安年永。

氣於人體內運行不已，使人體器官發揮正常功能，新陳代謝順暢，生機盎然。煉氣起源甚早，屬於先秦方仙道的修煉法。古代煉氣的方法有二，一是「寶氣」，一是「行氣」。寶氣者，即惜氣而不亂耗氣。老子曰：「道者，氣之寶。寶氣則得道，得道即長生矣」（《雲笈七籤・卷五十九・諸家氣法部四》）。行氣者，煉氣而不停滯氣，亦即使體內真氣順暢運行以活絡經脈。如何行氣？《抱朴子內篇・釋滯》云：「初學行氣，鼻中引氣而閉之，陰以心數一百二十，乃以口微吐之，吐之、引之，皆不欲令己耳聞其出入之聲，常令入多出少，以鴻毛著鼻口之上，吐氣而鴻毛不動為候也」。

依道家觀點，人體（內）的氣又分陰、陽，且有先天氣、後天氣之別。「先天之氣」屬於陽氣，即真元，又名真氣、元氣，亦即老子所說之精氣也。「後天之氣」屬於陰氣，指的是：(1)吐納（呼吸）之氣，也就是宇宙空間之氣。(2)人飲水及食用穀物後經消化吸收而成之氣，亦稱「穀氣」。後天之氣與先天真氣在體內結合後相互依存，相互爲用，彼此共生，應善加調理以免疾病叢生。

天、地之氣分陰與陽，清輕之氣為陽，重濁之氣為陰。清陽之氣上升，濁陰之氣下降。天、地之氣雖分陰、陽，但陰、陽二氣合則萬物生，陰、陽二氣離則萬物死。同於天、地之氣的運行，人體內之氣的運行，亦陰、陽相交，降升相接，清陽之氣上出眼、耳、口、鼻等孔竅，濁陰之氣下出前陰、後陰二孔竅。清陽之氣向外開發肌膚腠理，濁陰之氣向內歸於五臟。人體內不論陰氣或陽氣，都與生理循環相關，是維持生命與體能活動的重要基礎，必須調和、平衡。但道家煉氣之道，主要在於：(1)修煉純陽之氣，以鞏固自身元陽（神），補其耗損。(2)使後天之氣化為先天之氣，並達到能運用自我之元氣與神明交感，與天、地，與陰、陽（界）產生異界共振。

人體（內）氣的實虛代表其體魄強弱，氣虛則體弱，精神萎靡不振。反之，氣足則身強體健，頭腦清晰，朝氣蓬勃。「夫人在氣中，氣在人中，自天地至萬物，無不須氣以為生者也」（《抱朴子內篇・至理》）。因此，煉氣的意義在於：⑴經由不斷地更新體內的後天之氣，使之純化並用以補充先天之氣，維持各器官、生理系統正常律動。⑵使體內與體外氣場彼此和順、協調，達到一致。⑶自我進一步與大自然融和，時時感受天地間盎然生氣。所謂：「人與天調，然後天、地之美生」（《管子・五行第四十一》）。⑷使自體始終保持為一良好氣場，培養美好靈性，創造充分與神祇交流、感應的條件。

人經由調控呼吸、強化自我意念、肢體運動，可有效地煉氣。雖然煉氣所益增、改善的大部分是自體呼吸之氣，但同步提升的還有身體其他能量，包括元氣、元精。煉氣的途徑，一般可分為靜態（靜功）與動態（動功）：⑴靜功—行靜坐，並經由調形（姿勢和體態）、調息（均勻呼吸）、調心（意念和心緒）等方式靜氣、養氣以提升呼吸品質。⑵動功—藉運動身體，加速、增進呼吸能量，活絡臟腑器官，排除體內穢氣及毒素。動功可以是太極拳、八緞錦，甚至是游泳、跑步、健走等各種體能活動。

靜坐煉氣，除了可靜氣、養氣有助於自我淨心和定性外，更有聚氣煉神之意義。聚氣煉神主要在積累、增長無形的真氣，而無形的真氣又必須以煉有形的呼吸氣為基礎。有形氣煉的充足、旺盛，才能提升無形的氣。因此，煉氣必須一方面以動功增進體能，以益增自我有形的氣，並使之轉化為無形的氣；另一方面則需常行靜功，在聚氣煉神過程中，培養與無形界的順暢交感，逐步強化與淨化自我身、心、性、靈、氣，為天、人合一創造有利條件。

道門功法常存「復歸」人的元初之想，煉氣（靜功）亦強調胎息之法。何謂胎息？胎息是胎兒在母腹中的呼吸與呼吸之氣，自成系統。胎息是胎兒生命初始的基礎與原動力，被稱之為先天之氣或真元之氣。所謂：「真元之氣，氣之所由生，不與外氣相雜，但以外氣涵養而已」（北宋・程顥、程頤《河南程氏遺書》・卷十五）。自出生以後，受後天之氣供輸，人的先天之氣遂充盛。但因呼出吸入、吐故納新，使先天之氣與體外混濁之氣混為一態，難分彼此，元氣相對減弱。

胎息係透過丹田呼吸，《樂育堂語錄》述其修煉之法為：「身坐如山，心靜於水，

如此澄清一番，果然身心安泰，氣息平和，於是將雙目微閉，凝其心神，調其氣息，任其自自然然，一往一來，一開一闔，呼而出不令之粗，吸而入不使之躁，久久自無出無入，安然自在，住於中宮（中丹田，藏氣之府也），此真凡息停也。凡息一停，胎息自見」。

胎息法是積極調控自我呼吸，使境界到達如同嬰兒在母胎中的呼吸狀態。當進入胎息時，外呼吸依舊自然進行，但卻若存若亡。如果經由辛勤地鍛煉，胎息可達到以皮膚、肚臍、丹田呼吸。胎息的主要表現在：⑴鼻翼扇動；⑵腹式呼吸旺盛；⑶腹部丹田呈脈衝式跳動。

古代修道者極重視煉氣，認為透過鍛煉吐納和控制意念，人可以增強、蓄積體內元氣並重獲先天之氣，使自我增加元陽，而心、性、靈、氣率皆可回歸生命本源境地，具有十足返老還童、延年益壽之效。胎息之法是使呼吸緩慢細長，古人認為這可降低新陳代謝，無形之中也就奠定了長壽的基礎。但胎息之鍛煉易知難成，其境界並非輕易即可達。

煉氣的價值除了生理效益外，另一意義在靜心凝神，使人在寧靜致遠、心境平和狀態下，自然地感通人與天、地之交泰。所謂氣定而心自靜，心靜而神清，神清而神通。

依《太上老君日用妙經》所云：(1)身是氣之宅，心為神之舍。(2)氣是神之母，神是氣之子。(3)心乃氣之靈，氣為心之輔。人能氣不動，則神自寧，神一寧，則心自泰、自安。心自泰、自安則性和順，性和順則體健身強。修行者能至此，則眼、耳、鼻均能齊內觀，明見己心並感知體內臟器律動，是謂內通於己。人能內通於己，即能外通於神。因此，煉氣時並非是單獨鍛煉與進行一項功夫，與此同時還合修心、修性、煉命等畢其功於一役。

修習靈通神、鬼者修心、修性、煉命、煉氣時無須作先後之分，彼此互為關連，能互生效益。至於道門修行中所謂「煉神還虛」、「煉虛合道」，乃至坊間修行、修道的「煉心」之說，均不脫修心、修性、煉命、煉氣之範圍，只是到達境界深淺而已。煉神還虛是指修煉至深，使元神、本靈回歸至天、地，使「真我」與宇宙同體，融入寂靜之虛空境界。而煉虛合道，則是指修煉「真我」，使真我與天、地、時、空，所有一切無形與虛空的現象都合乎道。至於煉心也是修心，但強調的是實踐修心的方法。《呂祖心經》點明的「以心治心」修心法，就是煉心。

以上諸項看似平凡，但修習靈通神、鬼者能視為每日「功課」，反覆再反覆行之，

而且在不斷重覆操練中竟可：(1)修正了自己—修行就是改變自己，讓今天的我比昨天的我，更加理性、有智慧、具靈性。實務證明，修正自己(行為)，往往就是修行(者)的最大獲利。(2)增快了進程—修習靈通神、鬼者能夠修正有形界的自己，則就增加被無形界認同與接納的成分，這也是實務的證明，其中道理不言而喻。(3)鞏固了道途—因為無止境地滌蕩自我心、性、靈、氣，這種努力過程與結果，向無形界顯示了十足的真心誠意，豈能不感格神、鬼？總之，我們要再加強調：(1)這四項(種)修煉功夫既不分階段，也不分先後次序，對修習靈通神、鬼者而言都同等重要，當齊頭並進。(2)這四項功夫真的平淡無奇，但都需要投注無比毅力與耐心，才能使修習靈通神、鬼者小有成就。(3)這四項功夫既是修煉，雖然需要有形師傳授祕訣、要領，在彼之指導下循序漸進，方不致於有偏差。但平常就要自動自發，嚴以律己，不假他人之口催逼，隨時勤加修煉。(4)修習靈通神、鬼者有時修煉不足，不免會受有形師或者他人「溫馨提醒」，乃至當面說教，更有甚者予以大聲斥責。但聽聞這些指點，不但不可反駁，反而要立即再三稱謝，知所檢討。

二、形塑基礎—把握機緣

當然，要能像巫及其傳人靈通神、鬼，除了努力於前揭各項超越凡體的鍛煉之外，還有其他與自我修煉，或受他人督導而修煉相較，同樣重要乃至更不可忽視的要素。為了方便讀者理解，必須就神、鬼與人的媒介者、代言人之類型分別說明。

（一）、神駕

修習靈通神、鬼者都必須有「無形師」與「有形師」，在神駕來說，無形師就是其「主神」。神駕的主神，有可能是天生就註定，也有可能是基於後天產生的機緣。後者之例如，神明在某個場合相中，認定此人可成為媒介者、代言人。在實務上，神駕的主神多半是人們所熟識的神祇，在常民之間廣為眾人膜拜。神駕中的男性常以「道濟禪師（濟公師父）」、「關聖帝君（文衡聖帝）」、「（北極）玄天上帝」、「（各姓）王爺」、「中壇元帥（哪吒太子）」等男性神為主神；女性則多以「九天玄女娘娘」、「天上聖母（媽祖）」、「觀世音菩薩」等女性神為主神。但也並非絕對如此區分，也有女性神駕的主神為「道濟禪師」。

神駕除了以其主神為無形師，之後還將擔任祂與人們之間的媒介者，為祂代言，益世救民，澤被蒼生。因此，神駕與主神之間是「命運共同體」。這句話的意思是，在實務上可見：(1)因為承受了主神（無形師）用心栽培，神駕擁有與神靈溝通的技能與智慧。(2)由於神駕與其主神共同努力，使上門求助的人們都能順利解決困（疑）難。蒙神明指點而獲受益者為表衷心感激，出錢出力，興築宏偉宮殿為該神尊安座以弘揚其聖德，此一事實在臺灣各地隨處可見，數不勝數。(3)反之，也有為數不少情況，不知是神駕個人「學藝不精」，或者未能持續精進，總之一切都還「不成氣候」，以致上門求助者寥寥無幾，這種情況其主神也莫可奈何。

在此，我們要先按下神駕形塑基礎與其無形師關係的說明，先論述神駕的有形師。畢竟，神駕縱使日後有萬般本事，固然彰顯了無形師的靈威，但他（她）最初還是經過「有形師」啟蒙與調教。不過，不管有形師或無形師，神駕與其師的論述，我們關切的是：(1)彼此如何結緣，開啟師徒關係？(2)有形師如何傳授神駕技能，順利完成師徒關係？神駕既是講求神靈對自我媒介角色的附身，因此先決條件是要讓神靈有附身的意願和環境。

在上（前）一部份，我們已經簡述了做為媒介者、代言人，如何有效建立自我與神、鬼的感通，或者培養和祂們交感的能力與條件之途徑。但除了那些修煉自我的基礎功夫外，作為神駕，作為神、鬼與人之間的媒介者、代言人，還有一些屬於「專業技能」需要學習，這些專業技能都是在未來實務上的應用技術，它們是演繹神、鬼威能的「真本事」。

也許大家對「神駕」已經不陌生，知道他（她）可以為神、鬼之靈附身，以演繹祂們。我們雖然可以這麼說，所有神、鬼與人的媒介者、代言人（術士除外），要不是神駕就是靈駕，而且有些媒介者、代言人兼具兩者。但在一群神、鬼與之人媒介者、代言人中，如何辨別其為神駕而非靈駕，這就需要專業。如之前我們曾提到的「法官」、「法師」，他們所操持的小型、方便法事與乩童所作的並無不同，有時在較大型法事時，兩者也會互相搭配。但論其本質，法師與神駕中的乩童是有分野的。法師固然通靈，但不必然是神駕，因為神駕自有其條件，不是個人想要就能成為神駕。因此，神、鬼與人的媒介者、代言人中要能即時演繹彼等，又要能詮釋神駕，表徵神駕者就非「乩童」莫屬。所以作者擬以乩童為主軸與核心，說明神駕的產生，此種說明方式並非以偏概全，請讀者務必諒察。

乩童的啟蒙者和有形師是老乩童或是「紅頭仔」（法師），各種絕學也是由他一點一滴傳授。事實上，能否任乩童須先經宮廟之神祇（主神）或老乩童挑選，再經老乩童或法師驗（查）證後才能確立。其後，為師者用其獨有之「法門」，以「關（坐禁，即關在宮廟內不得外出，餐飲由他人送入，夜晚睡神桌下）」、「觀（想）」、「符（咒）」及「樂聲」等交相配合訓乩，再由乩童自行苦練虔修。這裡要特別說明，有形師所調教的內容，都屬於乩童的專業技術。在乩童與主神的交感與感通方面，要靠乩童自我誠心和毅力，有形師是無能為力的。好在我們前面已提到，要任乩童成為神、鬼之媒介者、代言人，有基於先天的，也有基於後天的機緣。因此，既然彼此存在此一層「關係」，則乩童靈通其主神，為祂所附身，當然沒有問題。

乩童在坐禁期間（通常四十九天）及出關後，每日仍然要苦修如何起乩、退乩、畫符、止（制）煞以及各種法事之施作。在訓乩時，為表徵起乩，或者與主神之交感和感通，乩童要操持法器並以「見血（通常以法器砍、劈或搥自身背部）」為準，這是乩童中「武乩」的「看家本領」。乩童的法器一般稱為「五寶」，計有：⑴七星（寶）劍—劍身為銅或鐵製並鐫刻有（北斗）七星；⑵銅棍—紅漆木棍紮刺釘支或是三角鋼片；⑶刺球—球體表面反插釘支俗稱「紅柑」；⑷月斧—似一般斧頭，體積較小；⑸鯊魚劍—以鋸鯊吻部鋸齒製成等五種。乩童坐禁期滿出關，才能夠從「生童（乩）」轉為「熟童（乩）」，並由有形師帶領步出廟門。在鑼鼓、鞭炮聲響夾雜中出關後，除了進行「安五方（營）」、「開五寶」等儀式，當晚還會舉行「過火」以表神聖，從此乩童就成為神祇的正式代言人。

乩童既然稱為神駕，則其與無形師（主神）間機緣如何論？乩童與主神之間，雖有基於先天與後天機緣之分別，但不管因於先天或後天者皆需經過層層考驗及艱苦、紮實的學習過程。所謂「先天」者，即此乩童是歷代積德或此世再修，負有代天宣化之職責。先天之乩童除了必須皈依道門，還要發誓、發願（三皈十願），並在從師學習後經所屬神祈認同（可），方可行事。

至於「後天」之機緣者，一般會有兩種情況：⑴此人壽命不長，但與某神祇有緣，經神祇、祖先及玉皇上帝同意，授予所屬之神祇用之，並藉其身軀傳述神意，指點他人迷惘，濟民救世。而神祇也因乩童既能積德行善遂為其延壽，至於延壽時間則不一定，五年、

十年、或二十年不等。(2)此人平日積善修德，巧遇某宮廟神祇正在「尋覓乩童—俗稱採（確）乩」的情況之下亦可為之，這種情形一般稱其為「生乩（童）」。生乩亦稱「初乩」，係從來不曾被神明（尊）附體過，也完全沒經歷坐禁（乩）過程而就能起乩者。此外，乩童從被破知與某神祇有緣，並依照程式而成為該神祇代言人後，通常此一乩童從此都屬於同一尊神祇之弟子。實務上，大多數乩童自始至終都受同一尊神祇引領較多。

乩童除了要正式拜師，（被）引進師門，還要向祖先稟明，自己成為乩童是被買斷或借用。所謂「買斷」，係指乩童終其一生但凡只要在起乩時，其身軀即歸所屬神祇（主神）主控，並為該神祇傳輸神諭，廣施法雨，度化黎庶。但如果此乩常假借神意（假起乩）騙財騙色等，神祇亦可隨時終止借用身軀，並且上稟玉皇上帝此乩童所犯之罪狀—即俗稱「繳旨」，則此人可能就有嚴重後果。因為道教重視祖先，身軀既是祖先所給予，所以神祇不管要買斷或借用乩童，都必須經過其祖先同意方可為之。至於「借用」乩童，此係該宮廟目前沒有乩童可供人問事，但主神又亟思大顯威靈，拯民救世，於是就找來非自身弟子的乩童「辦事」，此亦即俗稱之「借乩」。神祇借乩都有一定時限，通常以三年為一期，乩童與主神屬於契約式關係。借乩是否延續，端視乩童表現。

語云：「道在聖傳，修在己」。又有說：「師父領進門，修行在個人」。這兩句話套用在乩童與彼有形師、無形師關係的形容上，都極適當。因為，有形師主要教了乩童：⑴神靈附身之法；⑵驅邪壓煞之法；⑶法器法術密儀；⑷符咒應用等，用以使彼等在如召將、安營、結界……打城等等一切陰、陽法事之有效施作。乃至於，經有形師的幫助，讓神駕在神靈附己體時能「開口」說話。以上這些，就是我們所說有形師對乩童「專業技能」的培育，這些不僅讓乩童具備了應付其職司的能力，應該也可以滿足社會大眾對彼等的需求。雖然有形師已經教導了諸多的專業技能，然而在爾後施作各項法事時要能「專」與「精」，要能博取民眾的信仰與信任，仍要乩童自我不斷、持續地努力。

至於無形師與乩童的機緣，以及對其影響，我們可以這樣說：⑴因為有無形師的「牽引」，彼此默契十足的交感與感通，益增了乩童對自我作為主神媒介者、代言人的信心。⑵因為乩童對主神的虔信，而主神對乩童也愛護有加，使得乩童所行法事都能靈驗。⑶因為乩童所行法事，不論為神祇代言，或者為神、鬼與人之間的媒介都能稱職，贏得信

眾讚譽有加。此不但是乩童個人的殊榮，其無形師亦因恩澤廣被，聖德顯揚，神威遠播。⑷乩童與其無形師彼此是相輔相成的，人（乩童）虔信於神，神必助人。⑸但乩童畢竟凡人也，非凡而偉大的是神祇。有些乩童不能瞭解此一事實，因醉迷於他人美譽便逐漸狂妄，竟忘了當盡力掩蓋鋒芒，自謙自斂。對此，神祇（無形師）對乩童亦絕非束手無策。

（二）、靈駕

與神駕相似，除了前揭那些修煉自我的基礎功夫外，靈駕亦須經有形師與無形師的悉心調教，始能作為神、鬼與人之間的媒介者、代言人。但與神駕不同的是，靈駕未必要像神駕般，擁有執行法事的專業技術、能力。但我們不是說，靈駕不必要有經辦法事的專業技術與能力。如果一個神、鬼與人的媒介者，一個為神、鬼與人代言之人，能夠不經神、鬼之靈附己體即能媒介兩端，此種跨越豈不便宜哉。但這樣比較並不適當，因為媒介者、代言人為神或鬼靈附體自有其意義與價值。再說，要不要附體於媒介者、代言人使其成為神駕或靈駕，這是神靈的選擇，不是人所能決定，此一因由與機緣真的是「天機」，無從探究。總之，與神駕比較，我們只能說一個靈駕未必要親自操持法事，但他(她)要胸中有數各種法事如何施作，充分瞭解其儀程。靈駕不能對各項陰、陽法事毫無概念，一竅不通，否則既難服人，也難以順利其職司。

要如何成為靈駕，其與神駕有何異同?靈駕一般常被稱為「文乩」或「文駕」，這種稱呼法雖未必周延但姑且從眾。文乩、文駕是「武乩」和「武駕」的相對說法，指涉的是「文的乩童(身)」，也就是不操演「五寶」，沒有像那些在起乩和施作法事時的乩童(武駕)般伸張、舞動自己肢體。操五寶是神靈附體的即時反應，這是「神駕」的一項表徵，也是「神靈降駕」的一種表現。因此，以有沒有操五寶區分神靈降駕的型態，或者表現神靈是否附己體，未必精準，只能說是分辨神駕、靈駕的標誌之一。至於有人用「起駕」、「起乩」態樣區分又如何，能否據以判別其為神駕或靈駕?起駕、起乩，這是表述神駕及靈駕與神、鬼交感和感通後的反應，不一定是甚麼很大的動作。呈現起駕、起

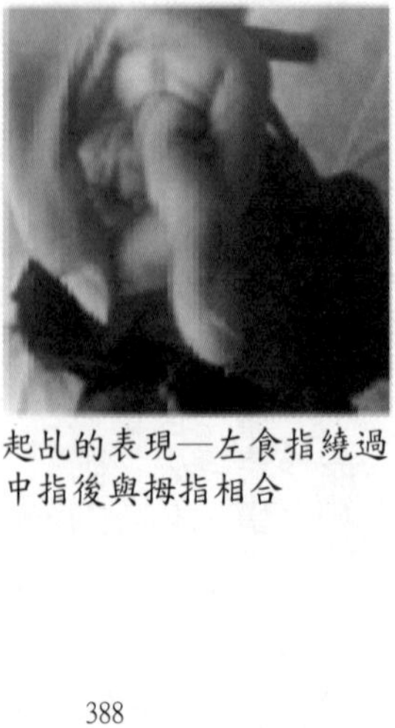

起乩的表現—左食指繞過中指後與拇指相合

乩，就是媒介者、代言人和神、鬼起始連結。當每一個神駕、靈駕起駕（乩）時都各有其肢體動作、表情、聲勢，而且往往會模仿降駕神祇的態樣，讓旁觀的其他人很容易想像、意識出，這是哪位聖駕之靈蒞降。

所以，神或鬼靈與人之間媒介者、代言人，不論其為神駕或靈駕，在與神尊聖駕交感與感通時都會有反應和動作，顯示神靈已然降臨。至於要讓媒介者、代言人如何反應？這又要回歸到神、鬼是附己體，或不附己體的型態。如果附己體，則媒介者、代言人由於有神靈強大磁場、靈性進入體內，因而充斥全身的熱血鼓舞了自己，遂出現「比手劃腳」，這是神駕；反之，媒介者、代言人感應了神靈或鬼靈，以及感通彼靈性、磁場，但神、鬼之靈並未附己身，於是不會有「起手動腳」的情狀，則是靈駕。這樣說來，作為媒介者、代言人，神駕與靈駕的交感與感通神、鬼的基礎都一樣，其後的反應和動作，則看彼等之靈是否附己體而定。

與神駕相同，成為靈駕亦有基於先天與後天的機緣。靈駕，其先天機緣可以是：(1)家學淵源—有些人因為家庭背景，如自家在開宮廟、神壇，家中長輩即為神駕或靈駕。

因此，受胎教、遺傳基因影響，或者在長時期耳聞目睹之下，不經意就繼承了衣缽，步上神、鬼與人媒介者、代言人之途。⑵天賦本能—有些人自來就有「天賦」，例如：具「陰陽眼」、靈異體質。有陰陽眼者，既然可以「看見」無形（界），走上神、鬼與人媒介者、代言人的道路輕而易舉。具有靈異體質者則對無形（界）特別敏感，很容易感應與感通祂們，會任神、鬼與人媒介者、代言人也不足為奇。這樣說來，有先天機緣者要作為神、鬼與人的媒介者、代言人，比較一般人有優勢。

靈駕，其基於後天機緣者可以是：⑴自我引導—有些人因為靈感、慧心，或者受好奇心驅使，或者因某一事件而主動接觸靈通神、鬼者，在感受了彼任媒介、代言的靈妙後，從而產生追隨的心理，這情形在宮廟與一般道場稀鬆平常，通常謂之「靈修」。⑵受人引導—或者有人因受同儕、家人的傳播，或者自我身邊本就有靈通神、鬼者的親友，在逐漸認同其所為後遂深受影響，乃至傾心於彼職能。⑶受師引導—光是自我引導，或者受人引導，如果沒有在關鍵點突破，絕對無法使一個人輕易就成為神、鬼與人的媒介者、代言人。例如，有人拜師「修道」多年，也志心為神明代言，以光耀神靈聖德，但始終

無法跨越門檻，擔任祂們的媒介者，俗稱始終只能「拿香跟著拜」，就是描述這種情勢。因此，要成就自己，使自我成為神、鬼與人的媒介者、代言人，必須受能夠投入其門下且能受「起作用」的「有形師」之引導。

能夠置身「起作用」有形師門下且能受其引導，這就是修習靈通神、鬼的機緣，這種機緣屬於後天。道途之上，有些人拜師「學習」多年，之所以始終無法達到自己所「想望」，這是未逢其師。這樣說也許令人費解，但這卻是絕對多數修習靈通神、鬼者遭逢困局的主因，只是人們不解其緣故而已。靈駕的育成不比神駕，神駕的主要特性是：(1)有主神（無形師）；(2)主神為（唯一）交感與感通對象；(3)主神（靈）降駕時附己體；(4)（需要）嫻熟施作法事之技能等。因此，神駕的培育，有形師主要目標在訓練弟子有交感與感通其主神能力，以及一些常用法事之技能。一旦成功建立神駕與主神關係後，主神就成為神駕的無形師，祂會幫助神駕的有形師，共同引導弟子步上坦途。但是靈駕與神駕不同，靈駕的特性為：(1)靈駕主神未必固定，無形師亦可以不唯一；(2)靈駕可交感與感通的神祇很多，端視個人能力；(3)神靈未必附體靈駕，但亦可以附其體；(4)絕對多數靈駕都不像神駕般施作法事，但也可以操辦，全憑個人經驗、技能等。

因此，要引導一位靈駕並任其有形師，絕對沒有想像中的容易：(1)畢竟要讓靈駕獲得那麼多神靈接納、認同，進而順利與祂們交感或相互感通，本身就不是一容易的事。從另一面看，除了依賴有形師「牽成」，靈駕個人資質與條件當然也要足夠優異，才有可為。(2)能夠引（教）導靈駕者，其個人不僅通曉無形界，也必然為神、鬼同欽，祂們才願意跨界相互配合。(3)能夠引（教）導靈駕者，其教導弟子的內涵，絕對不僅僅是如何與神、鬼打交道之技能、方法，也就是只有傳授如何「辦事」或者「施作法事」之技能。(4)為靈駕之有形師更重要的價值和職責是，指正弟子日常修為上的偏差，糾舉其言行上之缺失，使其弟子因內、外在涵養日益精進而修行（道）漸顯成效，從而有朝一日也為彼無形界普遍認同，並能為神、鬼、人服務。

需要再次強調，我們之所以稱靈駕能遇其有形師為機緣，原因在於：(1)從此突破學習障礙—每個學習者都有障礙，以致於令自己經久無法邁步向前。例如，喜好檢視教師風格、教學模式，看是否適合於自己，據以決定是否承受其教，學習者普遍都有這些習性。

但如果只知考察別人而不理解自己，有時因為始終找不到理想老師，於是就產生學習障礙。反之，如果有老師不怕弟子挑剔，反而能還就門生，因材施教，視每個門生都是「千里馬」，則遇任何學習者之障礙均可順利破除。⑵總是能令弟子信服—弟子挑老師，也許是學習者的潛意識，這在修習靈通神、鬼（者）本就很正常，畢竟自我對人與事都已有一定判斷標準，這無可厚非。但有能力的老師很快就可化解弟子的疑慮，使門生發自內心地信服。特別是教人修習靈通神、鬼，就是在傳授他人本領，為師者理當要有實力，使學習者沒有跟從其他人之想。⑶具備足夠教導技能—靈駕，其學（修）習內涵也與神駕相似。除了積極督促其弟子勤於「修心」、「修性」、「煉命」、「煉氣」外，靈駕之有形師也輔以「靜坐」、「觀想」、「音樂」、「訓體」等方式交叉調訓弟子。上述調訓途徑中，靜坐（靜心打坐以改變自我磁場）、觀想（冥想神尊聖德）、音樂（聆聽經文與聖讚神尊樂曲）、訓體（調訓靈體）等此四者，係在培養靈駕與神靈的交感與感通。在神、人交感過程中，除了人的渴望親近之外，神靈也要臨降，彼此才能連結，相互感應（通）。靈駕的有形師，因為能使弟子在經前述調訓後成功地與神靈連結，從而大增弟子自我信心，激發其向前的動力。所以，我們一定要深切體認，就是因為有形師的出現與教導，才使靈駕得以交感與感通神靈，使其扮演神、鬼媒介與代言之角色初露端倪，乃至於說不定得以盡顯鋒芒，為神、鬼與人之媒介和代言貢獻心力。

緣於有形師的啟迪，以及循序有秩細心指導，使靈駕敦品立德，改正失當言行，熟悉各項宗教儀禮，理解各種法事施作概要。但更重要的是，蒙有形師之教導，靈駕一則因為能超越凡體遂培養出了神、人相通的能力，一則因把握住機緣，乃能經或不經由一定程式，即可與神、鬼之靈交感，相互感通。但另一方面，無形師對靈駕的影響也不容小覷。起初，靈駕也許只能交感或感通一尊聖駕，而這尊聖駕可視為靈駕「入門」的無形師。入門無形師帶領著靈駕體會神、人相通的奧妙，使靈駕領悟無形世界的靈聖，使靈駕親身體驗無形世界的實質。由於受入門無形師的照拂，靈駕得以淺嘗為神靈媒介與代言的喜悅，一切努力總算有了成果。在實務上，有些靈駕的無形師並非唯一，有形師會以依其個人之條件與能力，在入門無形師之後次第延請或更替。何時更換靈駕之無形師，有形師會看靈駕：(1)與其入門無形師交融之狀態；(2)與其他神靈之機緣；(3)個人言行與人品等情形而定。

「迷時師度，悟了自度」（《六祖壇經・行由品第一》）。這句話說的是，過去甚麼都不會，老師可以教你。在自己有了本領（事）後，遇問題就要自己找答案。靈駕既然已領略有形師的教導，又擁有無形師的領航，理論上從此一帆風順，不論是為神、鬼與人媒介、代言都可揮灑自如，真有問題也可隨機應變，迎刃而解。實務上，靈駕在小有心得後，每逢受人請託而迎請神、鬼靈降辦事，其情形果真如前所述。但我們不可忘記，人最難以掩蓋的是驕傲心。當有一天，任媒介者、代言人突然感覺，自我與神、鬼之靈的感應不再像過去般靈敏，神、鬼之靈與我的距離也好遙遠，彼此熟悉度銳減，這就是因為自我驕傲心已生，神、鬼之靈在示警。假如靈駕不能改變自我，這種現象會愈來愈明顯。這其中的道理很簡單，因為眾神靈不忍靈駕繼續迷失，所以便出手「相救」。

對於靈駕，我們還有一個問題想補充，那就是為何有些靈駕既可以感通神靈，也能感通鬼靈。有些靈駕則只能感通神靈，沒有辦法感通鬼靈。但有些靈駕初時不能感通鬼靈，可是修為一但精進後，便有了感通彼等能力。為何會如此無從查考，這也是靈駕與無形界的機緣。

三、形塑目標——真實神通

神、鬼與人的媒介者、代言人都有「起駕」的現象，也是彼等起始交感與感通神、鬼的徵兆，但尚不能視為完整的靈通。起駕只是一個序曲，代表著神靈就要臨降，而媒介者、代言人即將扮演其角色。所以，起駕的全部過程，也可視為神、鬼與人的媒介者、代言人將要演繹神或鬼靈應人們所請求，自無形界跨界前來，預備應答人們各種求問，為眾人析疑解難。

（一）、真實神通的意義

就神、鬼與人的媒介者、代言人而言，神駕與靈駕之起駕，兩者態樣、內涵都不同。對神駕而言，起駕（以訓乩的過程為例）全程為：⑴在不斷地吸入點燃的爐香之後出現連續作嘔狀，接著身體開始扭動並使力；⑵俟順利交感神靈後從座椅（板凳）上躍起，開始起駕；⑶神駕一旦開始起駕便會示意他人，幫忙褪去上衣以及拿紅布（條）纏腰或者穿戴

肚圍（兜）；⑷接著神駕左手持主神令（龍）旗，右手持點燃的香枝（三十六支）朝宮內、外敬拜後再以之淨身（計三次）；⑸神駕淨身完即準備操演五寶，而神靈附其體即在此刻；⑹當主神準備附其體時，神駕腦袋一片空白，神靈瞬間自其頭頂入體；⑺當操演五寶完畢，神駕持寶劍來回走步伐（七星步）；⑻步伐走完，主神先行諭示，接著開始辦（問）事；⑼辦（問）事期間完全由主神主事，辦（問）事完畢，神靈退駕，神駕回復常態。

靈駕起駕的形態與上述不同，靈駕（辦事時）起駕之全程如下：⑴在爐香（煙）裊繞中，靈駕內心默禱並祈請主神（即將降駕之神靈）；⑵一旦感應主神時，靈駕內心震撼，全身盈滿靈氣；⑶與主神交感後靈駕也有動作，一般都是以肢體、言語模仿主神之特性，自此開始起駕；⑷神靈並未附其體，靈駕係以自我本靈與主神相互感通；⑸開始辦（問）事，由靈駕與神靈進行一問一答，此端方以白話問完，迅即可感應到彼端神靈之回覆；⑹此一問一答除了靈駕以自我本靈與神靈之間相互進行外，他人亦可加入詢問；⑺辦（問）事完畢，神靈退駕，靈駕回復常態。

比較神靈降駕後態樣，以及神駕、靈駕起駕的差異，最主要是在神靈對媒介者、代言人附體與否，以及因附其體後形成的肢體語言。神靈對神駕附體，此為無形的「主體者」對有形「客體者」在靈對靈交接後的反應，也是主神對媒介者、代言人身分與地位的宣示。換句話說，既經附己體，則神駕口中所出，即為主神（靈）所說。此外，雖然神靈附其體的現象不可見，但並非不可感應，只要旁觀的你是「高人」就有能力感知。總之，神靈附體必須要「事實存在」，否則神駕的媒介或代言就不為真。所以，神駕操五寶時能毫不遲疑，正是以肢體語言述說神靈已然附己體，其附體確為實有。

反觀靈駕，雖未受降駕後之神靈附體，但靈駕同樣有肢體語言，以展現祂的靈降。特別是交感與感通神靈之霎那，靈駕也會曲臂伸指，足蹈手舞，抒發自己體內油然而生的靈氣。此外，在辦（問）事過程中，靈駕說話的口吻經常像神靈一般，使人有神靈藉靈駕「傳真」之感。即便神靈只是讓靈駕感通祂的回應後再傳述給詢問者，靈駕的神態、語氣也能讓人感受出，神靈的確臨降於現場。至於在降駕後與靈駕的互動，以及對於靈駕詢問（事）的回應，神靈多半像提一大桶水給靈駕，讓靈駕要多少舀多少，也就是一定滿足靈駕「知其事」的需求，這是一種情況。此外，神靈也可能示現其景，將所問之事的回覆，

以一個場景，以一幕，讓靈駕知曉。而靈駕只要順心、順情、順感應去敘述即可。所以，靈駕與神靈的互動，在靈駕端一定要有如上所述兩種情況之感通，對所詢問之事絕對沒有任何自我的人為想像，則不僅此靈駕之神通為真，而神靈降駕也屬實。

我們之所以要關切真實神通，表示神駕、靈駕可能「臆造」神降與神通。所謂臆造神降與神通，一般出現在起駕時。在神駕，臆造其起駕可能是因為臨時需要卻準備不及，但又為了避免減損自我觀瞻，於是在眾目睽睽下硬著頭皮起駕。神駕囿於這種情勢而臆造其起駕，靈駕也常如此。神駕、靈駕既然臆造神降，其起駕態勢便可能是：⑴憑主觀意識、意想編造—想當然耳，以為所有神靈「偎駕（附體）」的情形都一樣，或者自認為某一神靈的特色該當如此，遂出現刻意的肢體語言。⑵憑任意想像進行編造—有些神駕或靈駕會對非自我主神，或者自己並不熟悉的神祇常別出心裁，表現出特殊肢體語言。起駕既然是臆造，因此在這之後就不可能有真的神靈降駕。

我們可以這樣看問題，之所以會臆造神降，實歸因於其神通尚未臻圓熟，以致神駕、靈駕不在既定時間，不在既定場景，就無法定心地展現其技能。或者因為降駕的神靈非神駕、靈駕的主神，並不是彼等的無形師，於是便無法起駕及無能力迎請神靈降駕。關於前者，我們認為這是信心的問題，個人只要用心努力，就可以改善。至於後者，因為牽涉層面甚廣，並不是個人有意願即可達成，即可迎請不熟識的神靈降駕。

真實神通，就字面釋義，指涉的是確為真神靈降而且具體與祂交感和感通，不是臆造。臆造，除了前揭人為臆造外，神駕、靈駕的自我本靈也會臆造。本靈臆造神降，這是由於長久以來因為與主神之間有太多接觸，而且交感與感通過程都一成不變，於是未待完全交感神靈，神駕、靈駕便迅速起駕。當然，接下來的神靈降駕也可能情況相同。這種本靈臆造神降的現象並非罕見，但是一般人不會瞭解。如何觀察出係本靈臆造神降，而非真實神靈臨降？例如，當我們看見在辦事中的神駕或靈駕，竟能與問事者侃侃而談，或者說古道今，未曾令人有一絲肅穆莊嚴之感，則此神通大抵為臆造。換言之，真實神通是嚴肅而莊重，這種情境會反映在神駕或靈駕的表情上。而且，神降的時間未必很長，神駕或靈駕與神靈互動都在短暫時刻即完成。所以神駕、靈駕感通神靈諭示尚且不及，哪會有多餘時間談笑自若。

也許有人會質疑作者所說的臆造，認為神駕、靈駕都有設定交感與靈降的對象，在神駕即其主神，在靈駕也是其主神或者是常行交感與感通之神靈。由於一貫與祂們互感，且自我本靈時時受彼等指導，所以神駕、靈駕與祂們之間能形成快速而有效的靈通，不存在臆造神通。但我們要說的是，雖然臆造神降並非彼等本意，有時也是自然流露，特別是媒介者、代言人本靈在神靈尚未現身前，常會不經意的就以自我本靈幻化為神靈。這是因為，媒介者、代言人本靈過於熟稔神靈降駕過程與情境，於是在神靈現身前，便迫不急待地以自我本靈取代了神靈，這就是坊間常聽聞的「人為辦事」之原由。

務期迎來真神理事，對神、鬼與人的媒介者、代言人確實極具意義：(1)取信於他人＝神駕、靈駕交感或感通第一原則，就是迎來真實神靈，如此才能取信於他人。但臆造神降，對媒介者、代言人而言，似乎難以杜絕。換言之，以人為意識創造與神靈交感情境，虛擬感通態樣，這在媒介者、代言人端總是屢見不鮮，並不稀奇。為因此，神駕、靈駕在起駕時能虔心靜候，確定乃真神靈降，心存凡事必敬稟於真神之念想，即可避免臆造神降。(2)取信於自己＝其實還有一種原因，也促使媒介者、代言人本靈臆造神降現象。因為一時實在無法迎來真神，於是神駕、靈駕本靈就捏造了神降。為何無法迎來真神？其原因有可能是，媒介者、代言人未被授權與聞此事，從而神靈遂未降駕。但媒介者、代言人本靈並不知曉其事隱藏之奧祕，為了突顯自我能耐，於是就臆造了神降。因此，媒介者、代言人一時之間沒有感應，無法交感或感通神靈就應靜候，彼端神靈自會有所諭示。⑶取信於神靈─媒介者、代言人應知真實的神靈降駕，其情境豈臆造可比擬？因此，一時雖未能感通神靈，但媒介者、代言人仍堅守其勢，靜心而絕不做作，只要心念如此，真實的信仰未必不會感動神靈竟而出現柳暗花明之可能。總之，媒介者、代言人只要真有其事須告解於神靈，真的誠心央求彼等襄助，則神靈當必降駕。

（二）、真實神通的基礎

真實神通，這不僅是神駕、靈駕的智慧和技能，也是其職司，而且這多半就是他們任媒介者、代言人的初衷。神駕、靈駕如能真實神通，不僅彰顯、弘揚了神靈聖明，多少也為自己積累功德。然而，真實神通並不是神駕、靈駕個人所願即能成事，除了學習

過程蒙有形師與無形師的聖心調教、引導之外，還要依靠自我平時的修為與修煉，不斷地昇華自己，也不斷地陶鑄自己，時日經久始見成效。另外，我們認為神駕、靈駕至少必須厚實兩項基本能力：⑴能夠不曲解神意；⑵對（神靈）諭示不存立場，方足以穩固其真實神通之基礎。

1. 能夠不曲解神意

神駕、靈駕固然都稱神通，可交感與感通神靈，但他們會不會曲解神意？曲解，其意義有二：⑴歪曲了原意；⑵作錯誤解釋。理論上這兩種猜想不必要，因為神駕、靈駕是在交感與感通神靈後，直接傳述神靈諭示，因此值得信賴。再說，神駕、靈駕通神的期程只能讓他們直接反映神意，傳真神意，沒有時間尋思如何修（潤）飾神靈諭示。特別是神駕係經神靈附己體，在與神靈心、口、靈、氣、體合一的情況下，更沒有曲解神意的空間。至於靈駕，其傳述神諭也是在自我本靈與神靈保持對接狀態下進行，此種現象與過程正如我們所說的「傳真」，所以也幾乎不存在曲解神意。

我們知道，神靈對靈駕（未附其體）之代言人問事的回覆，一般有兩種方式：⑴讓代言人感通神諭，然後經己之口向問事者說出諭示內容。⑵神靈現景，讓代言人目睹其景像後向問事者傳述其內容。前者，基本上不存在曲解神意的問題，因為只要順情、順感應傳述就可。除非代言人並非真實交感或感應神靈，那樣就無法傳述神諭。所以，代言人、媒介者如果並沒有真實交感或感應神靈，但又想傳述神諭，於是只能隨便杜撰一番。這情形看起來不是曲解神意，但這是捏造神意，兩者固然有差異，不過還是基本問題—沒有真實神通。

至於神靈現景，代言人、媒介者會不會曲解，代言人、媒介者如何才能不會錯其意？這個問題也可化作，代言人、媒介者如何「看出」真實神意？首先，神靈之所以會對代言人、媒介者求問以現景方式回應，這是因為代言人、媒介者「看得見」，可以「目睹」神靈所現之景的景象。所以，除了讓代言人、媒介者以感通方式知曉祂的回覆外，神靈也會以現景方式，讓代言人、媒介者快速瞭解神諭內容。代言人、媒介者如果能看得見神靈的現景，理論上不應該再曲解神意，除非其會意能力太差。

但是，即便神靈已現景，媒介者、代言人還是有可能看不透、看不明。這是因為，

神靈所現的景沒有旁白，也沒有字幕。此外，向媒介者、代言人現景和給予感應不會同時存在，也不會交叉出現，這是神靈避免其分心。神靈的現景雖然沒有說明，但它又是極為真實的現象描寫，於是就要媒介者、代言人依己所見並以「看圖說事」的方式來傳述神諭。媒介者、代言人依所見之景說明，雖未必刻劃入微，極盡描摹，但八九不離十，應該能令當事人瞭解神靈的回覆。

靈媒中的神駕與靈駕，雖同為神、鬼與人之間的媒介者、代言人，皆能為神靈和人或鬼靈和人之間傳達訊息。但在為神、鬼之靈與人傳遞訊息時，兩者之間存在差別：(1)神駕是媒介者、代言人與神或鬼靈交感後，神、鬼之靈直接降附於媒介者、代言人之體。此時，神、鬼之靈不僅取代媒介者、代言人本靈，也藉彼之口回覆人們疑問，述說己意。(2)而靈駕卻是媒介者、代言人藉由自我本靈與神、鬼之靈相互感通，經領會彼等諭示後，再具體、清晰地傳述於他人。當然，有些靈駕也可以受神、鬼之靈附身，直接經其口述說神、鬼意思。

論與神、鬼靈通時之情境，神駕是靈通啟始後，神靈或鬼靈進入媒介者、代言人軀體取代其靈之地位。如此說來，在靈通的過程中，凡屬神駕者其應答不能（會）有假。但神靈雖已然降附神駕之身，對求問者的有些疑難，神靈根本不會過問，也無從過問，自然無法或根本不予以應答。換言之，神靈雖已降駕和附身於神駕，但如果信眾真有受制於盤根錯節之「因果」、「業力」，以致事業不順、工作難覓、婚姻不和、身體欠安，一時難以解套，則神靈可能不應答其疑難。又或者，以該道場在無形界所具「權限」，事實上無法應答求問信眾的疑難，則神靈也可能亦不應答之。

神靈對信眾不應答之事，神駕或者蓄意掩蓋，或者並不想乃至不知如何傳述神意，於是會以己意為神意。由此可知，神駕有時也未必見得忠實反映神意，不論是有意或無意如此。神駕會以己意參雜於神意之中，一則有作假之嫌，一則神靈未完全附其體。同樣的，靈駕也可能出現參雜己意於神意之中，這是因其靈通未臻上乘，以致未能清晰地感通神意，又或者因無法明確感通，或根本沒有感受神意，遂含混應答。

2. 對（神靈）諭示不存立場

照字面意思，對諭示不存立場即表示，神意（諭）內容如何，媒介者、代言人就一五一十地反映，沒有任何添加或刪減。神靈諭示是神聖的，對其內容不敢輕易更動，這看起來很正常，媒介者、代言人理當存此正確心態。不過，既然有此議論，就表示媒介者、代言人有可能會加或減神諭的內容。會加或減所感通神諭之內容，有時候是因為神靈駕降和諭示的時間極短暫，媒介者、代言人感應不及，在當下傳述時有可能遺漏，或者於事後再補述時始予以添加，這種情況本無可厚非。但我們懷疑，媒介者、代言人是否因為感通不真實，乃至於在沒有真實神通的情境下，憑自己對疑問的見解回應當事人。一旦當事人對回應因不明瞭而提問時，媒介者、代言人又再增或減其回覆內容，如此一來本該有的神諭就為媒介者、代言人的「諭示」所取代。

人們求問事於神靈，神靈的諭示是針對問事者，也針對所問之事，給予最適當（切）的答案。因為瞭解問事者的疑難或苦處，所以神靈的答覆必定周延而且符合事實需要。問事時，當事人對神靈先前所回覆如果不清楚，可以再次稟問，神靈會進一步詳細說明。如果媒介者、代言人是真實神通，則他（她）對再次稟請神靈就同一人、同一事諭示，這不成問題。如果不是真實神通，則不論神駕或靈駕就常出現一種現象，那就是含混以對。

如此一來，當事人稟請神靈釋疑的目的便沒有達成。這句話的意思是，就因為當事人對之前回覆有疑義，所以需要再次問明，而神靈也必定會再次詳加說明以釋其疑，以安其心。因此，遇當事人對同一諭示再次稟請神靈釋疑，媒介者、代言人不可逕至就予以答覆，應不存任何立場，不判別此事需不需要再次稟問。

靈媒中的神駕是經由神選，靈駕則是漸次受神、鬼肯定，理論上都已蒙恩遇，所以靈通無形之能毫無疑問。但詳盡、普遍地考察坊間靈通者之實質，有些靈媒應答信眾疑問，總模稜兩可。又或者，立足旁觀時，神或鬼靈之意顯然並非如此，但祂們的媒介者、代言人竟未能如實感通，真令人氣餒。信眾固然不可欺，神、鬼豈可負？信眾懷著虔誠與景仰心前來求助（問），但媒介者、代言人如果無法忠實反映神、鬼意思，則就已經不是一個稱職的角色扮演者。

媒介者、代言人對神鬼之靈的諭示模糊不清，乃至預存立場，這是出現在神靈諭示之前、中、後？媒介者、代言人對神靈諭示存立場，發生在感通神靈諭示的前、中、後都可能。因為對神靈諭示存立場，表明了媒介者、代言人已經有了主見，內心已存想神降

後應如何就所問之事回覆當事人。如此一來，媒介者、代言人的神降就不可能真實。因為，媒介者、代言人既已有了定見，神靈又臨降的意義就不大。再說，神靈如果真實靈降，其諭示如果與媒介者、代言人所設想有異，媒介者、代言人又當如何？所以，我們對媒介者的勸戒是，不管在哪個期程，一旦已稟請神靈蒞降為央求者析疑釋難，則就該靜心屏息，不存任何念想，等待與神靈的交感和感通。當與神靈有了完整感通後，流暢地反映神靈諭示，俟感通完畢，感恩與恭送神靈。

其實，媒介者、代言人會存立場，會有代神靈表意之舉，這是因為自己學藝不精，不瞭解神、人關係的奧妙。媒介者雖為神的代言人，然亦凡人也，其地位不等於神，不能僭越。換句話說，既有心為他人代言，就該如當事人般，「誠心」靜候神明諭示。這樣說來，與神靈交感或感通，愈誠心者，愈能順利其事。反之，則障礙重重，而且自己與神靈的交感與感通能力會愈來愈弱，進而沒有真實的神通。但這種現象與事實，媒介者、代言人多半不會察覺，因為他們太精通如何操作辦（問）事，以致疏於反省是否有神降。或者說，媒介者、代言人不只不會察覺有沒有神降，也不會去查。再說有沒有神降也無所謂，反正一樣可以辦（問）事，而這也是「人為辦（問）事」的原因與現象。

問神（事）係藉神、鬼之名行其職分，靈通的媒介者、代言人雖未曾心存絲毫誤導意念，但如未能真確呈現彼等意思，是否已使祂們蒙塵？神、鬼故受殃，媒介者、代言人豈能無過。如何敬謹的權衡神、鬼、人互動，並予以理性觀察及做出良善建言，以誘使媒介者、代言人時時省視，深自反思自我所知所能，在自悟自覺下，務實精進，避免再自誤誤人，至關重要。盱衡坊間大小道場，總感以下觀念與認知仍待媒介者、代言人們積極體認：⑴媒介者、代言人係因其靈智與靈能而受神、鬼信賴，也就是祂們肯定與信任的是媒介者、代言人之本靈。⑵但神、鬼又因愛屋及烏，所以也就接納了媒介者、代言人本人。⑶但媒介者、代言人本人常不明就裡，往往沾沾自喜於自己的靈通，以為蒙受神、鬼眷戀。⑷殊不知，膨脹自己的靈通者不僅容易迷失自我心、性，其自我意識也會逐漸遮蔽本靈應有光輝。⑸本靈一旦褪色，靈通者智慧必然遞減，終致神、鬼不得不捨離該媒介者、代言人而遠去。

（三）、真實神通者態樣

兩個媒介者、代言人，不論其為神駕或靈駕，針對同一人的同一事，同時稟請同一尊神靈降駕諭示，之後所傳述內容應該相同，不應有差異。雖然實務上坊間道場因條件限制，很少採行這種問事或者降神的方式。但在一個團隊中，如果同時存在兩名的靈通者，此事也絕非不可行，而且這樣做對靈通者也具有如下意義：⑴驗證自己與他人對神靈的感應（通）是否相同，有無偏差。⑵藉由他人，驗證自己身為媒介者、代言人的基礎是否穩固，角色扮演是否稱職。如果答案是與他人傳述神諭一樣，沒有偏差，則自我作為媒介者、代言人基礎堅實，角色扮演稱職，信心倍增。反之，則應檢討，找出自我缺失。實務上，固然一般道場不會採行這樣的降神方式，但在調教弟子的過程中，有形師有時的確會如此（操）作。

絕對多數的道場都不可能有兩個神通的媒介者、代言人，用以形成分工或者彼此驗證。這是因為，假使所用媒介者、代言人神降為真，則一位在場即可。反之，如果有兩個媒介者、代言人同時神降而其中有一人之降駕為偽，豈不出現矛盾？或者兩個媒介者、代言人神降均為偽，其矛盾豈不更甚？因此，如何觀察媒介者、代言人之神降為真，而真實神降之態樣又當如何，茲就實務所見略加敘述。首先，真實神降展現了起駕、起乩的意義和目的。因為神降往往在靈通者起駕與起乩之後，便隨之到來。特別是神駕中的乩身，在起乩之後如果沒有真實神降（神靈附其體），則彼操五寶、鎖口（穿口針）之威武與英勇之氣從何而生？所以我們肯定，神駕中乩童的起乩與真實神降之連結。但我們要說的神降，並不只是媒介者、代言人自身可感可知，而在呈現神靈真實降駕的神降。我們要論的真實神降，係指一般人在媒介者、代言人真實迎請到神靈後，也可感同身受祂確實蒞臨。換句話說，真實神降不只是媒介者、代言人的自我要求，也是人們向神靈告解並想稟請聖駕拆解疑難時，對彼等寄予的信任和衷心冀望。

其次，當稟請神靈釋疑時，如何觀察進而知道媒介者、代言人係真實神通，其神降為真？媒介者是否迎請神靈降駕，當事人可以感知，因為神靈的諭示：⑴知我苦楚—神靈的諭示能道盡我的苦楚，而且還提到有些我從不曾向外透露之辛酸。⑵切中要害—神靈的諭示破解我之所以苦楚的原因，有些竟連我自己也未曾察覺。⑶點撥迷津—神靈的諭

示驟然化解了我的迷茫，讓我決心掃除身心的困頓。(4)幡然醒悟—神靈的諭示有如明燈，讓我看見(清)了脫離苦楚的道路。所以神靈的諭示是非凡的，當事人只要能夠有此感覺乃至感應，則媒介者、代言人的神降為真，其為真實神通。

對身任神靈的媒介者、代言人而言，能真實神降以及能真實神通，具有不同境界。其中一種是在形式上與神靈交感和感通後，彼此順暢地融通，媒介者、代言人如實將神諭傳述給求問事之人。這種在與神靈交感和感通之下的真實神通，一般神駕、靈駕均屬之。但另一種境界是，雖然未經形式上交感和感通，但媒介者、代言人突然「看見」或「感應」神靈示現了某一事，乃至「聽見」了神靈說了一句話。這種神通顯然有別於前者，其境界高於前者，非一般神駕、靈駕可比擬。不過，媒介者、代言人如能精進其修為與行持，的確能由前一種境界邁向第二種境界，逐步靠近，無論對神駕或靈駕都有可能，此言絕不虛妄。

上述真實神通境界的比較，雖然有些難理解，但確是實情。在兩種境界中，我們無法要求一般神駕、靈駕都有能力到達後一種境界，因為那真的是天賦，也要靠機緣，純屬「可遇不可求」。總之，不論其為神駕或靈駕，要能無忝神靈慧眼識英才，並願委以重任的知遇之恩，都應該秉持以下修為與行持。

1. 真實神通者能知也能解決困難

真實神通者可以感應無形（界）對有形（界）所施之影響，也能感通或看出這種影響的效應。例如，神通者可看出某人身、心的苦痛（楚），純係因為源自於受無形之繫絆、拖累。但是，俗語云：「天下沒有白吃的午餐」。就是說，蒼天沒有可能讓真實神通者袖手旁觀，光是知道受苦者之所以悲哀的道理而沒有其他用意。神、鬼讓真實神通者知道某人的淒慘，除了要讓他興起慈悲與惻隱之心，既期望他能濟困扶危，也相信他必能援而助之。換句話說，真實神通者既然有能力感應別人受困苦，也有能力解決其苦。如果沒有能力解決別人的痛苦，那麼光知道別人受苦，乃至更甚者又只能說長道短，那以後他就不必有神通，因為有了神通也名不副實，只是徒有其名罷了。

真實神通者能「知道」別人正受困苦以及為何遭此困苦，自己能起惻隱之心，亟思助他，這就是俗話說的「度人」。度人是濟度他人，濟是幫（救）助；度同渡，是過河之

意。濟度是幫助人渡水到達彼岸，引申為幫助別人脫離困苦。真實神通者能成功地濟度他人擺脫困苦，這是因為能知亦能行：⑴知道應該如何幫助－一則能知道受苦者為何會蒙受此苦，一則知道此苦的化解方法，這是度人之基礎。有些神、鬼與人的媒介者、代言人，有時會有感應，乃至於「看出」他人正受無形擾亂，痛苦不堪，此即人們俗稱的「因果（病）」。⑵受苦者也願意配合－由於真實神通者有稟賦，不僅能接收受苦者慘遭折磨之各種示現，且心裡有數並通曉應如何處理。受苦者聽取了真實神通者細心、善意的解析，自認確有其事，也願意採行作為，以驗證並化解自己的苦楚。⑶的確使受苦者受益－經和真實神通者共同努力，受苦者確實化解了源自無形的攪擾，這種事例層出不窮，在坊間時常聞見。

2. 真實神通者存天、地、人合一之心

天、地、人合一的「天」，係指：⑴蒼（上）天；⑵無形界之陽界。而「地」，則是表意：⑴大地；⑵無形界之陰（冥）界。至於「人」，則是表意：⑴眾人；⑵有形界。人雖是萬物之靈，但時刻都不能脫離天、地所合成的自然界，必須取用其所有之物（質）始

能生存。沒有人（類），自然界固然單調但照樣運轉，但是人只有在一定的自然環境中才能生存，所以人並不偉大。雖然如此，人卻常漠視自然界，視其為無物，任我在自然界裡姿意妄為，以至於一旦受自然界反撲又哀憐不已。因此，人不懂得尊重自然界，天、地略施「薄懲」也是應該。

在自然界中，天、地、人三者「利」與「害」關係本是一體，彼此共生。人類可憑己之力使自然界更美好，但也可破壞自然界的平衡。當然，人類對自然界愚魯的作為，其結果就是自己受害。人與自然界，與天、地的關係，早就有先賢曾說過：「天地與我並生，萬物與我為一」（《莊子・內篇・齊物論》）。這句話不僅是人（類）面對天、地，面對自然界的一種想法，也應該是一個永恆不變的努力目標。除此之外，天、地、人三者不但是一體，也彼此相應。所謂相應，指互相呼應，彼此應和，兩相符合。天、地之間彼此相應，因此四時有序，使萬物春生、夏長、秋收、冬藏，終而複始，循環不已。人與天、地相應，能取法並順應自然，不僅得以休養生息，尚且民康物阜，族群繁衍。反之，則百弊叢生，無休無止。

「天地者，萬物之父母也」(《莊子・達生》)。天、地是萬物之父母，如果沒有天、地，則萬物無以為生，其中也包括人。但人獨得天、地恩寵，《易經》中將天、地、人並立謂之「三才」，且將人放在其中，除了強調三才之道外，也顯示了人的地位。因此，人與天、地的關係遂有「乾稱父，坤稱母；予茲藐焉，乃混然中處」(北宋・張載《西銘》)。上天尊稱其為父，大地尊稱其為母，我如此藐小，卻混然處於天、地之間。

「乾」、「坤」，這是「天」、「地」的別稱，《易經》以之為卦名。以「純陽」的乾卦代表「天」，以「純陰」的坤卦代表「地」。所以，「乾、坤」與「陰、陽」也用以指涉無形的天、地。天、地、人三者都有運行法則，於天為天(之)道，於地為地(之)道，於人為人(之)道，皆謂之「德」。天道、地道，或者天、地之德，不僅是天、地運行法則，尚可區分為對：⑴有形、可見；⑵無形、可感，或者不可感與不可見之適用。《周易・繫辭・下》：「天地之大德曰生」。天、地的最大的(恩)德在使天下蒼生得以生存。換言之，天、地的至上之道，就是在使一切可見、不可見，有形、無形界眾生皆能生存。

除了有形、可見之天道與地道外，天、地之間另存在著無形、可感，或者不可感與不可見的天、地之道，並與有形的天、地之道共同運作，相互配合，以成就天、地之德。陽與陰、有與無、雄與雌、晝與夜、善與惡、正與邪、強與弱、禍與福、盈與虧、冷與暖、正（面）與負、左與右、起與伏，凡此種種皆顯現出，天、地、人之間：(1)不僅存在有形（界）與無形（界）的對應或配合；(2)即便在有形界或無形界，也都各自有存在其內的配合、對應、變化之現象，以成其道。

如此說來，天、地、人之間，無論從自然界（天、地）與人類，無形（陰、陽）界與有形界的對應上來看，其存在的關係都相若，都是相對相應、相依相存。人類不能脫離自然界的影響，有形界也不能免除無形界左右。因此，人既在天覆地載且深受影響之下，當力求：(1)天、地、人一致—天、地是大環境，人（身）也是一個小環境；天有四時變化，以求永續，人也得調整自己並順應其變化以利生存。(2)天、地、人相應—人的一切行事均順乎自然界規律，此既無違與天、地意志和諧，也使人得以安身立命，免於顛沛流離。(3)天、地、人相通—人當時時感應天、地，善加體察彼等示警並能預為籌謀，以避禍就福。拜文明之賜，現多運用科技，如以衛星觀測並準確預報天候，早先防災。(4)天、地、

人相融—形同「渾然一體」、「水乳交融」，這是人與天、地之間完全無任何矛盾與衝突之寫照，表示彼此關係極其祥和，已到達彼此相融的絕佳境地。

追求天、地、人一致，天、地、人相應，天、地、人相通，天、地、人相融，其目的就在追求「天、地、人合一」。但在那之前，要先存天、地、人合一之心。而且「合一」的目標不僅是針對可見、有形(界)，乃至於應擴而大之對一切不可見，或者無形(界)眾生，也包含在內。以上是對一般人的勉勵與期許，至於真實神通者自不在話下，由於平素對有形與無形天、地的感通，對乾、坤的心領神會，對陰、陽(界)的交感，都已臻於化境，更當能人所不能，不但能真真切切存天、地、人合一之心，也能實實在在持天、地、人合一之行。

3. 真實神通者持天、地、人合一之行

雖然蒙天、地厚愛，在省思與彼等關係後，人多少看清了事實：(1)都是靠天、地提供萬物，人類始得以滋養繁衍，但是人卻很少回報。「天生萬物與人，人無一物與天」(明・張獻忠「聖諭碑」)，正是這種省悟。(2)天、地對人在自然界的各種作為多存寬諒，

盡顯包容。「上天有好生之德」，這句話經常被人拿來掩飾或合理化自己的行徑。人固然感懷天、地的寬宏大量，但並未認真反思如何與天、地維持關係，或者說為了與天、地維持關係應有何具體行動。

《陰符經》云：「天地萬物之盜，萬物人之盜，人萬物之盜。三盜既宜，三才既安」。「盜」是盜取，或使其損失，這種盜是有形、無形的作為，所盜取也可能是有形、無形之物，乃至所盜之對象也可能是有形或者是無形。也就是說天、地會盜取於萬物（使萬物損失，例如消磨其歲月），萬物會盜取於人（使人損失，例如令人玩物喪志），人會盜取於萬物（使萬物損失，例如狩獵動物）。三者的影響如果適宜，各取所需，天、地、人三者就相安，否則就使三者不安，天災人禍。因此，這是一項指引，指引人如何與天、地維持一個適切關係，不論在有形、可感，或者是無形、不可感與不可見的萬事萬物面向上。

人能對有形與無形的天、地做些甚麼？既能有益於人自身，也可以實質地感念天、地恩德？我們嘉許時下坊間方興未艾的「環境保護」行動，這是人對與天、地關係的一種務實的反省。環（境）保（護），力求對自然界減少傷害，表面上是拯救天、地，真正受益

的還是人自身，其道理與意義毋庸在此贅述。從環保出發，人知道對有形、可見的自然界，或者對天、地減低損害，乃至於對已造成的破壞知道修補、恢復，這雖然是事後的追悔，但起碼是人類光輝面的基本表現。順著對自然界行環保出發，更有甚者，積極倡導人應進行身、心、靈環保。其目的在呼籲人改善與改變自我身、心、靈，使自己能夠發自內心(在)的尊重天、地，對自然界產生真愛。

身、心、靈環保的論點是，自然界受破壞或污染都是人為：(1)唯有人(類)會製造污染，破壞自然，使生存環境惡化。(2)生存環境的毀壞既不離人為，而人為又離不開人的身、心、靈受污染引起。(3)如果人們為求自己身、心、靈能得潔淨，連帶也會為積極保護環境，使之不受污染，以利人自身生存而努力。(4)這樣看來，講求身、心、靈環保就是個人由內而外，由外而內，以及由個人推至全體(民眾)，逐步形成漣漪效應的環境保護。(5)這種環境保護看似針對有形、外在環境，但由於它是自個人內心起始，在個人觀念、思想、意識上能先做調整與改變，就能為自我身、心、靈創造一個良好居處環境。(6)踐履身、心、靈環保者，在能對外在、有形環境起保護時，已然對自己內在、無形的環境保護發揮了作用。

人能真心誠意力行環境保護，這就是對有形天、地的尊敬。因為不是天、地讓地球暖化，使海平面上升，生態系統受破壞，生物多樣性減少，一切都是人自己引發、造成。天、地態樣的改變，乃至自然現象失衡與失序，都應歸咎於人，罪魁禍首都是人，因為人有無盡的私慾與貪婪之心。人自己失德，其後果只能自己承擔。因此，人真的要從內在翻轉自我德性，革除蓄積於自我身、心、靈中的貪念，重視其他物種的生存權利，不圖饜足口腹之慾獵捕或採集珍稀動、植物，不圖覽盡美景濫墾濫伐山林，不圖眼前之利益掠奪有限自然資源。總之，人人都能心存敬愛有形的天、地，願為踐履保護大自然身先士卒，才能顯示人存在天、地之間的價值。

能對有形天、地尊敬者，就能對無形天、地禮敬，就能禮敬神、鬼。雖然有形與無形天、地兩者指涉不同，但人在意識上往往將有形的天視為無形的天，有形的地視為無形的地。此外，，人也將彼無形天、地分化為陽與陰，並各為神、鬼之所在。也就是說，由於知道受有形天、地恩賜，一般人在尊崇和敬（膜）拜有形天、地時，心中所想與口中

所念的是：⑴天為陽界乃眾神居所，地為陰（冥）界乃鬼靈在處；⑵人既身處其中，虔心祈請，望蒙在上蒼之眾神靈以及在地下諸鬼靈時相護佑。⑶在天眾神靈，在地諸鬼靈率皆能受納我之誠心並如我所禱，降恩賜福。

人既知尊崇天、地，在意識上也無分祂們是有形或無形，於是存天、地、人合一之心是甚麼，持天、地、人合一之行又當如何，就很清楚了。存天、地、人合一之心者，其外在行為既不違天、地之規律，也不悖自然之法則；其內在心性總如天、地般寬廣，對他人之一切無所不包容，盡顯同情與憐恤。至於持天、地、人合一之行者，凡所思、所想、所行皆在圓融天、地恩德，使人人永受天、地光輝映照，人人永蒙神、鬼威靈與恩澤。準此，要能存天、地、人合一之心，持天、地、人合一之行，似乎也只有對真實神通者方可求、可得。

第五章

巫的傳人——神駕、靈駕之使命

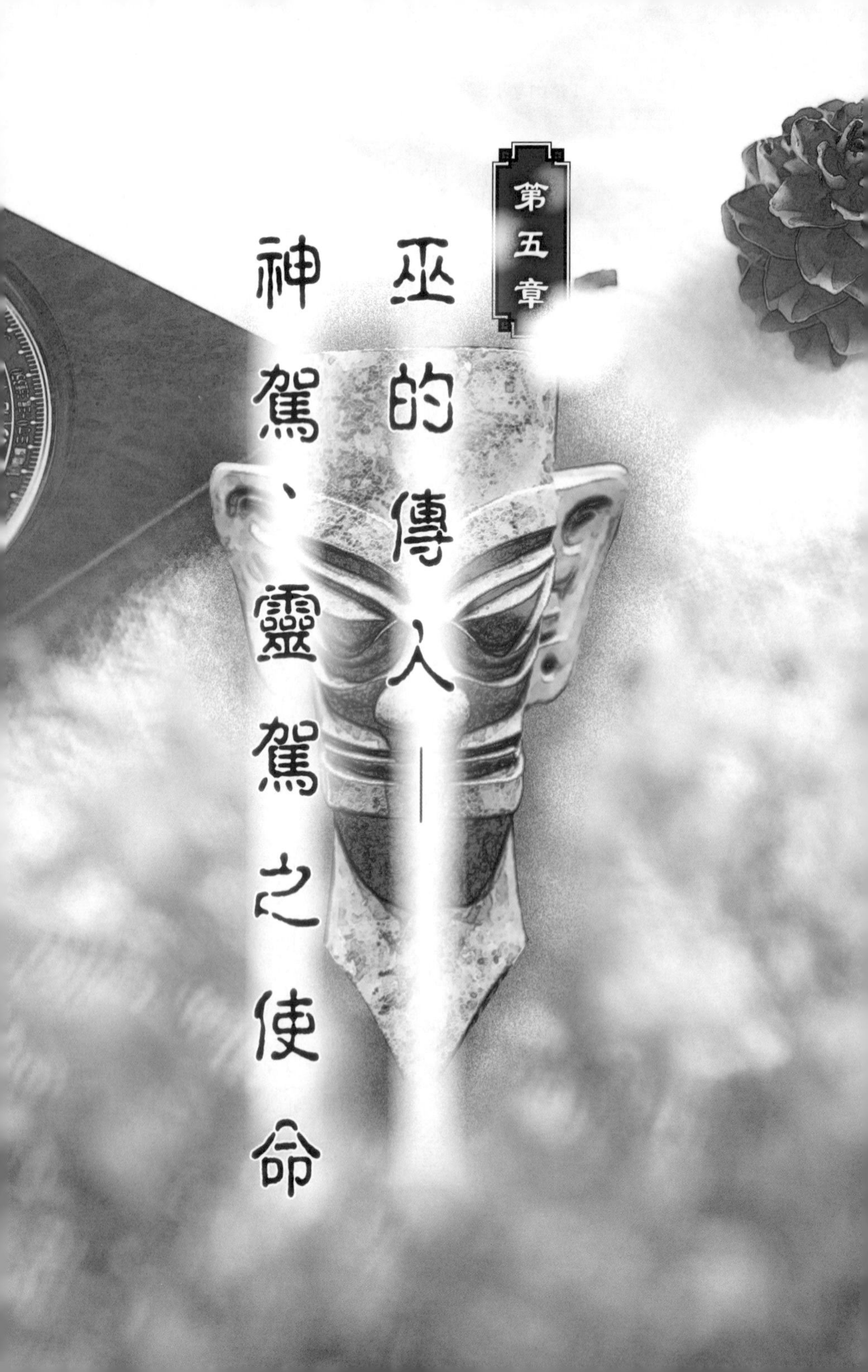

第五章 巫的傳人——神駕、靈駕之使命

人類有信仰，本在尋求對自我生命的護佑，以期能夠安生。在人們尋求護佑過程中，遂有神、鬼的出現並成為信仰之「標的」。有人說，神、鬼乃人所創造，既是人的「臆想」，也是一種心理的投射與反映。但這樣說，好像與實情並不符合，因為實務證明：(1)神、鬼的聖德與威靈人無法創造，人也無法預期祂們（聖德與威靈）要如何，或者何時顯現；(2)神、鬼會降臨人間，祂們臨降時的靈氣、磁場，以及予人的崇敬感（覺）人也無法創造；(3)如果真沒有神、鬼，為何幾千年來人們沒有終止對祂們的信仰與膜拜？

神、鬼雖然無形，但又實有；我們很難覺察到祂們，但我們肯定祂們存在，因為祂們會以威能證明自己存在。由於相信神、鬼實有，人們便經常向祂們尋求濟助，至於能否發生效力則要由神、鬼決斷。為了保證自我祈求或想望能獲神、鬼恩允，於是就有神、

鬼與人的媒介者、代言人產生。神、鬼與人的媒介者、代言人，從概念上來看，應該是：⑴此人確實有能力，可以將人們對神、鬼的想望順利向上傳達給祂們；⑵與此同時，此人也可以將神、鬼對人們期望的回覆，順利向下轉達；⑶如果人們對神、鬼的回覆有不明白之處，或者想再提出新的懇求，此人也可再次向上表達。總之，出現神、鬼與人的媒介者、代言人，就是要他（她）擔任居間傳述的角色，要他（她）超脫自我，在完全不存自主意識之下，明白與清晰地向一方傳達另一方所表述。至於神、鬼與人媒介者、代言人的（被）選任，只能說端視他（她）與神、鬼的機緣，除此之外很難深入探討其原因。

神、鬼與人的媒介者、代言人在為兩端代言時，神、鬼為其選擇了兩種途徑：⑴一種是神、鬼之靈附身於此媒介者、代言人，與彼合於一體並藉彼之口直接向人們諭示，我們稱此媒介者、代言人為「神駕」；⑵一種是神、鬼之靈未附身媒介者、代言人，與彼呈分體狀態，由媒介者、代言人以靈對靈的方式先向神、鬼陳述人們所說，在感應到神、鬼回覆後，再輾轉向人們複述祂們諭示，我們稱此媒介者、代言人為「靈駕」。但不論其為神駕或靈駕，一則皆為古代巫在今日之化身，一則皆身任神、鬼與人的媒介者、代言人，自當有條有理、有板有眼地善盡職司，繼往開來如古代的巫般受人崇敬，以無負神、鬼與人們所託付並成就自我使命。準此，爰就神駕、靈駕為敘述對象，略論巫的今日傳人當如何踐履與成就自我使命。

一、使命的意義

雖然神、鬼與人的媒介者、代言人（被）選任，理論上視其與神、鬼的機緣而定，但坊間卻很盛行「帶天命」、「帶天職」之說。認為會任神、鬼與人之媒介者、代言人，係由於他（她）有帶天命、帶天職的原因。所謂帶天命、帶天職是指，與生俱來就有這種「命運（令）」或者具有這項「職務」，註定要為神明服務。帶天命與帶天職嚴格說來意思差別不大，其意義都是指涉，有些人此生就有使命、職務，就是要為神明效勞，或者要開宮廟，或者要擔任神明與人的媒介者、代言人。被說帶天命、天職者，或自認帶天命、天職者常見以下特質：(1)特別喜歡進出宮廟，親近神靈，在宮廟中不時可見他們身影。(2)由於頻繁又積極的涉足宮廟，增進了自我對宗教與神靈信仰上的廣度與深度。(3)他們的話題都圍繞著自我或他人交感與感通神靈的神密經驗。(4)仰慕宮廟領導人溝通神、鬼的能力，總想追隨。但我們不能「張冠李戴」、「似是而非」，認定那些積極投身宮廟事務，而且志心成為神、鬼與人的媒介者、代言人，就自認帶了天命、天職。

能帶天命、天職應該是一種榮譽，因為不是任何人都能為神靈效命，擔任祂們的媒介者、代言人。從作者對其育成的分析可以瞭解，並非具備了先天條件就能成為一個神、鬼與人的媒介者、代言人。以神駕的育成為例，如何「牽乩」就是一門學問。所謂牽乩，就是由有形師成功訓練乩身使之成為神、鬼與人的媒介者、代言人，這是一件很微妙的事。首先，乩身還在「生乩」時，不僅個人要認同與敬重有形師，願意接受他的調訓（教），甚至生乩的本靈也要接納有形師，願意接受其號令。生乩的人與靈都要誠心受納有形師在關鍵點的指導，訓乩過程才能順暢，才能進步。其次，生乩的「無形師」（主神）要與有形師配合，在每次訓乩時都能降駕並以靈附體於乩身，共同訓練，共同傳授心法。這樣看來，即便是真的帶了天命、天職，還是要遇見真正有能力調教的有形師，才能成為神或鬼靈與人之間的媒介者、代言人。當然，我們必須再次強調，雖然有形師和無形師都已經盡心盡力，但個人能否遂己所願，乃至稱職做一個媒介者、代言人，仍賴自我智能，帶了天命、天職者也不例外。

何謂「天命」？古代君主常自稱係受上天派遣到凡間統治世人，為神在人間的代表，自己的君權乃神所授予，人民必須遵（聽）從君主的指示不能反抗，這就是「天命」一詞的主要意義。雖然如此，天命又常被新政權用來推翻舊政權，以及爭取人民認同的說詞。在歷史上，意欲建立新政權者一則往往用已承受「上天的使命」來號召與凝聚群眾，一則極力主張朝代更迭或君主易人都不是人所能控制，唯有上天所支持的對象才能夠稱帝、稱王，已不受上天支持者就該滅亡，要走下臺。

民主時代，自認或者指稱他人帶天命、天職（者），應該只是借用其詞，表示自我或者他人承擔上天所賦予的使命。上天所賦予的使命，無非就是要協助神靈共同濟世助人，以廣被慈雲、恩澤蒼生。換句話說，就是要能延請神靈降世，以辦事、問事方式解答人們

疑惑，或者以宣講方式，開（點）化、濟度迷昧眾生，使其積極轉化煩憂，一則得以減少人生的困苦，一則得以從困苦中解脫。為了要有效開化、普濟蒼生，具有天命、天職者尚須向無形界取得「合法」的權威（力），必須「領旨」、「領令」。所以具有天命、天職者既致志弘揚神明威靈，除了成為媒介者、代言人代宣神明諭示外，還要經領旨、領令，始能代行神明聖德懿行。

我們經常聽人家說，我曾經在某某聖殿，經某某神尊頒授了某某旨、令。領旨、令，都是無形的作為，領者並沒有接收到「有形」的文書。要領取旨或令，其意義有二：(1)如同現今的法規，各行業執業者都要領有「證照」，以證明其身分及技能；(2)表示領旨、令者除了已帶有天命、天職，也必將履行上天授予使命。理論上，領旨代表具備代天濟世之憑證，此係針對宮廟之「主神」所頒，而且頒授者都是「至上神尊」。所以我們可以看見，每間宮廟都將「玉旨（玉皇上帝頒授）」、「道旨（三清道祖頒授）」、「懿旨（瑤池金母頒授）」、……等其中之一刻（寫）於宮名之上，並懸掛於宮廟正門的上方。除了領旨，宮廟還要「領印」，也就是要有印信。印信上有宮名，如同機關的「關防」，表示本宮業已向上天「註冊」，可以正當執事。至於領令，這是代表帶天命、天職者可以協助神明濟世，以及辦事的依據。令有數十種之多，如：王(爺)令、日月令、地母令、關帝令、帝爺令、……等等。令由神尊頒給，通常要到神尊的祖廟領取。領旨、令，無論是對宮廟或帶天命、天職者都非常重要，因為在有形界，這既是一項權威(力)的被授予，也是一種能力的象徵。至於在無形界，已領旨的宮廟等同秉承至上神尊之命而行號令，凡宮廟所辦之事或所處理之問題，當為無形界認同、接納。準此，個人所領之令，雖未必皆由至上神尊所授予，但在無形界之意義是相同的。

在實務上，自認帶天命、天職者除了熱衷、渴望學習如何交感與感通神靈，並且經常到各地「靈山聖殿」參拜，乃至探聽應到何處領旨、令，務期自己盡快能仰蒙神靈青睞，幫助神靈共同濟助世人，替天行道。帶天命、天職者對於自身這種熱切與渴盼的現象，雖自稱此乃「修道」，但並非所有修道者都如此「投入」。帶天命、天職者之所以如此執著，其中一項原因可能是被許以「果位」、「功果」，如果用心襄助神靈服務世人、濟度群黎，在離開人世之後可以成道，可以受封為仙、神。

我們沒有要評論帶天命、天職者的主張和說（想）法，但基於幫助自稱帶有上天使命者，以下有一些關於如何成就自我使命的直言想請彼等參考：⑴想為神靈效力者不是那麼順利就能找（遇）到有形師，幫助你成就使命。如果所遇非人，只有蹉跎自己時間，耗費財力、物力，消磨心神與意志，愈加使人茫然。再說，有形師在納入弟子、門生時，必須承擔與包容，乃至背負其有形與無形的是非、恩怨，他是否願意？⑵如果沒有遇到真正的有形師，就很難經其引薦並央請到真正的無形師臨降，如此也就無法產生相輔相成，共同傳授技能之效。再說，有形師與弟子之間彼此要能適性、適靈，在與無形師之間也一樣，否則難有成就。⑶「名師出高徒」，這是描述師徒關係的情境。意思是，只有遇見好的老（有形）師，才能成就自己。「青出於藍，勝於藍」，受老（有形）師的調教，期許自我既能得其真傳，造詣也不亞於恩師，這說的又是另一種師徒關係的情境。弟子都想成高徒，也想在技能上勝出，但沒有遇名師實在很難。⑷自稱帶天命、天職者沒有學成，就沒有足夠智慧與技能，即便自己持志想為神、鬼與人之間貢獻心力，這也是惘然。沒有學成的媒介者、代言人，向他人傳達神靈諭示如有失真，不但會自誤還會誤人，乃至於有些過失說不定很難彌補。至於有沒有學成，不但有指標可以檢驗，而神靈也心知肚明。

在神靈來說，祂們絕不會輕易差遣一個只自稱帶有天命、天職，而沒有真正實力者。

我們相信可能真有帶天命、天職之事，因為絕大多數的人都敬拜神、鬼，但只有少部分人習於參與宮廟活動，參加迎神賽會。而又只有其中少部分的人樂意隨宮廟到各地進香，乃至更少部分的人自願投入宮廟的鑼鼓陣、獅隊、神轎（班）、神將、八家將。就是這極少部分人，使得神威彰顯，他們不辭辛勞、犧牲奉獻的精神委實值得稱道。這樣說來，能為昂揚神威而奉獻者就是想跟隨著神靈腳步前進，其潛意識肯定也願受神靈感召。所以如果真有人願意襄贊神靈，廣被神恩，乃至承擔上天使命，很顯然應該也已被逐步過濾與識別出，他（她）就在神尊的周圍。從而，神靈假使依照以上所描述，自周圍的從眾中考量（察）某人的心性、主觀意願後，再經客觀地篩選及擇定他（她）承擔上天使命，其過程周延而縝密。

我們說，志心承擔上天使命的人仍須經過調教與學習，以及完成一些程式，才能有效地為神明服務。換言之，如果要開宮廟成立道場，用以宣化眾生，或者為神或鬼靈與人之間的媒介者、代言人，除了要能學成受神靈附己體（此為神駕），或者與神、鬼之靈順

暢交感與感通（此為靈駕），除此之外還要領旨、令，才能協助神明濟世救人。俗語說，「皇天不負苦心人」，只要具備了充足和必要條件，神明會接納志心承擔上天使命者的協力，共謀濟世利民。

不過，我們在此要就實務所見再提出一些看法，俾供志心承擔上天使命者參考：⑴如我們所說，為神、鬼服務不能掉以輕心，尤其在為彼等傳達訊息時，絕不可失真，不能失實，這不是叮嚀，這是嚴肅（正）的忠告。⑵有些媒介者、代言人不知輕重，以為神、鬼的意思多加一言或減少一語無所謂，應該不會與原意差太遠。或者喜好以自我意識調整或修改神、鬼意思，以為這樣比較適當。殊不知，這都是不對的。⑶不要忘了，神、鬼對人的諭知，並不見得就是針對現在，也許說的是未來發展。換言之，縱使看見當事人現在不存在這種現象，但並不代表未來不會有這情形。所以，媒介者、代言人的使命只要傳真和傳實就足夠了。神、鬼給予媒介者、代言人怎麼樣的感通（應），不予加減，沒有潤飾，原原本本傳達給當事人。⑷如果當事人對神、鬼諭知確有不明白處，媒介者、代言人仍要再次稟明，千萬不可以已有的感應瞬即答覆當事人。能再次稟明當事人的疑義，其好處是可以讓自我再次感通神、鬼意思，以驗證先前的感通是否正確無訛。(5)初始任神或鬼靈與人之間的媒介、代言工作，無論誰都很興奮，也很緊張。既興奮受神、鬼賞識，又擔心自己所傳達不實。但不要多想，只要把握「感通甚麼，傳達甚麼」的原則就對了。再說，隨著經驗累積，一則媒介、代言會駕輕就熟，使自我信心陡增；一則感通會更明確，更有條理，必能博得他人肯定。

「我與生就帶天職、天命，且已在某處領了某某令」，這是我們經常聽見神或鬼靈與人之媒介者、代言人向她人炫耀的事。有些媒介者、代言人會說，因為我領的是某某令，因此我與眾不同，我有「權力」可以如何如何。但是不要忘記，神駕都有其主神，而且是要經過主神降駕並附其體後，才能說事。因此，在辨(問)事時自神駕口中所出話語，此係神靈借神駕之口諭示，這並不是神駕本人的發言。這就是說，神駕個人只是載體與媒介，其要務在與主神交感並供降駕的主神借(附)體，至於應答求問者以釋其疑之事，由降駕並附神駕之體的主神主司。如此說來，神駕有或沒有領令似乎無關宏旨。但好像也不能這麼說，因為除了做為媒介者、代言人外，神駕有時還是要在沒有神靈附己體下為他

人處理一些法事，因此領了令不僅足以向無形界表明自己身分，也可增加自己在無形界權威。至於靈駕，靈駕是在交感與感通神、鬼後，將求問者的疑義稟告彼等，俟感通彼等回覆後再如實傳達給求問者。所以，雖然與神駕的媒介型態不同，但靈駕也是媒介者、代言人，靈駕只要發揮其靈通，能為神、鬼與人兩端順暢傳達彼此之意思即可，這與靈駕個人是否領了令也無關。不過，領令既然有其意義，為之又何妨？

總之，有無帶天命、天職之事雖不可論，但人志心要為神明服務是很神聖、可貴的，而且是非凡的，因為不但要有無比智慧，也要有無上技能，並不是個人存強烈使命感，或者憑榮譽感就能成事。雖然要能為神明效力必經有形師與無形師調教，但自我也要努力配合，時時敦品勵學。至於要到甚麼時候，或者甚麼階段，或者甚麼程度才能學好「功夫」，實在很難說。我們所關切的是，效力於神明絕不能「自誤誤人」，這是因為每個人對信仰的重視程度不同。如果一個人對神或鬼靈與人的媒介者、代言人所傳述持客觀態度，自己會細加斟酌看是否該信，那倒也無所謂。如果遇見持深信不疑心態的人，完全依照媒介者、代言人所「傳達」去做，以致於竟然出現反效果且難以挽回，那真不知該如何收拾殘局，如何善了。因此，我們切莫質疑之前曾口中盡是帶天命、天職，且信誓旦旦已承受上天使命者，如今為何半途而廢，終止了為神明效勞之事。也許他（她）能警覺到自己學藝不精，已經開始自我省悟不能再自誤誤人，所以不得不予以擱置，以至於停滯不前。又或者是神明為了避免他（她）再自誤而誤人，所以讓他（她）暫時休息，好好整頓自己，思考一下是要精進自己後再重新出發，還是就此打住、知難而退。

二、使命的力行

人是否能夠為天、地效力，成為神或鬼靈與人之間的媒介者、代言人，與是否因為帶有天命、天職，帶有上天賦予使命，關係不大。換言之，願意襄助神明恢弘威靈，使神麻廣被，眾生沐恩，主要在個人心志。志心做為神或鬼靈與人的媒介者、代言人，無論是要以神駕之姿，或者要以靈駕之姿為神、鬼效命，都值得稱許。不過，最重要的是自

己要有方向，才不至於迷失：⑴要先覓得真正的有形師、無形師，並誠心拜請彼等調教，啟我智慧與技能，使我不論以神駕或靈駕的型態，都能無礙地交感或靈通神、鬼，得心應手地協助彼等成事；⑵要捫心自問，反覆思索，自己的舉動始終都是獻心為眾，不求任何回報，還是因為也能從中得利所以為之。這兩點都很重要，因為前者是後者的基礎，後者是前者的動力，基礎穩固，動力才會源源不斷，做事才能長久。因此，能掌握這兩點者，讓自己無論外在表現，以及內在心思上都務實、穩固，爾後才能昂揚於正道，真正任勞任怨地為神明效命。

神駕、靈駕在有形師與無形師的經久助益下，無論智慧與技能都會有長足進步，雖然自己終究會獨當一面，但仍不可忘本，忘記有形師的栽培之恩。能為神明效勞，能濟世救人既然是神聖使命，則此一使命之內涵如何，又該如何完成使命，再再考驗著神駕、靈駕。所以能夠榮任神或鬼靈之媒介者、代言人，這是因為神駕與靈駕可以靈通神、鬼之靈，而且可與祂們交感及迎請彼等蒞降，以應人們需求。由於神、鬼之靈降駕，以及神駕、靈駕的襄助，或者使某人的內心困惑、煩憂得解，或者使某人得償所願能與冥界先人聯繫，或者使冥界幽靈冤屈得伸，沉溺得拔。得以榮膺如此高超使命，參與利益冥、陽兩界眾生之工作，神駕、靈駕何其有幸：(1)因為可以接觸神、鬼，除了自己要有相當的品德外，又因近身神、鬼得蒙彼等點化，以及天、地正氣之薰陶，獲益實匪淺。(2)由於經常與聞凡事之青紅皂白，明辨其是非曲直，對於端正自我修為亦裨益良多。總之，神駕、靈駕既致志襄贊神、鬼開化世人，為有形、無形效力，茲將彼等所肩負使命及其力行之道扼要歸納成三項，並予以簡述之。

（一）、自助又助人

任神或鬼靈的媒介者、代言人，神駕、靈駕為何可以自助又助人？因為在交感與靈通神、鬼時，媒介者、代言人自身就要有「性」、「格」，神、鬼之靈才會降駕，或者附體於神駕，或者與靈駕相互感通，以應答民眾的求問。性、格，就是人的本性與格調，這是評量一個人本質的基礎。在眾人之中，本性與格調愈高者，愈受人尊崇，受人敬仰，他人愈樂與其親近。我們雖然不可能要求神駕、靈駕，具有與神靈相等的神性與神格，

那應該是到達「完人」的境界。但我們期許神駕、靈駕日益精進其性與其格，以免使神、鬼之靈即將蒞降時為難。幸好，在神駕、靈駕塑造過程自我都積極修心與修性，加上有形師也不時諄諄告誡，以及循循善誘，使得彼等在做人方面，以及職能方面都具備最起碼的性、格，以利神、鬼之靈與彼等配合，共同完成使命。如此說來，如果本性與格調愈低者，或者初始高後來則漸降低者，是否神、鬼之靈就不樂意降附其身，不樂意與其交感或感通？是的，確實如此。由此可見，神駕、靈駕一定要先自助，使自己具備完美的性、格，這樣才能悠然地靈通神、鬼，才好助人。

傳述神、鬼諭知於他人者，一定要給人有優於一般人的形象。在他人心目中，雖還不至於將神駕或靈駕視同所媒介、代言之對象，但如果其身有不正，其言有不當，難免會讓當事人存疑其所傳述之諭知。但神駕或靈駕也許會辯駁，每逢神靈降駕附體，或者降駕交感與感通之際，必有如神之性與格起自內心，故凡所傳述斷不可能為虛妄之詞。換言之，媒介者、代言人的舉止和言行可以視時機而有不同。對此，我們的看法是，神、鬼慈悲，祂們極其在意當事人之權益，對求問事之當事人總心存憐憫，每遇有人困惑不已非央求彼等解析始能釋懷時，祂們都會對媒介者、代言人多方包容。明白了這個道理後，身任媒介者、代言人再也不可自鳴得意，以為神、鬼對己厚愛，那是有極限，也有期限的。

在實務上，我們偶而可以看見年高德劭的神、鬼與人之媒介者、代言人，他們慈眉善目，和藹可親。雖然仔細探究，他們未必有甚麼高學歷，但說話字字句句通幽洞微，一語中的，引人駐足傾聽，久久不忍離去。所以，我們相信除了自己改變自己，神、鬼也會幫助人改變，使為祂們效力者在道德與修為都蒸蒸日上，漸趨完美。除了可陶冶自我性與格外，在為神、鬼效勞的過程中，神駕、靈駕還有其他助益自己，又助益他人之處。茲依實務經驗，略揭示其中一二。

1. 以「觀人察己」自助又助人

所謂「觀人察己」是說，從觀察別人的際遇，想一想自己，是不是也有同樣情形。這是以別人為借鏡或者為例子，使自己領悟，使自己暗自警覺，觀過思畏。這樣做當然不是很適當，畢竟神駕、靈駕在自己所經理的辦（問）事中，不論他人遭逢甚麼境遇，雖屬親自與聞亦不宜多存念想，應當事過即忘。不過，人的腦子有時很難刻意去控制，既然眼

見與耳聞其人其事，事後腦中難免會產生想法，設想自己如果是當事人又會如何。我會和他(她)有一樣的行徑嗎？還是我絕不會和他(她)相同。雖然人都會有具智慧的一刻，「見賢思齊焉，見不賢而內自省也」(《論語・里仁》)。但很可惜，這都只是一時半刻的聰慧，有如「曇花一現」罷了。又或者，多半的人都是「明於觀人，暗於察己」。很會察看別人，藉由端詳他(別)人的行為、表現，來認清其本質，卻不甚明瞭如何細察自己，看清自己。人的最大缺點就是，總以為自己和他人不同，不能混為一談。但事實上這是因為，「觀人」容易「察己」難。

「以(他)人為鏡，可以知己是非」。這句話的意思是表示，觀人可以促成省察自己，檢視自己的對錯。換言之，觀察別人之後有甚麼心得並不重要，要能省察(視)自己才是重點。之所以要以他人為鏡，這是因為對他人的錯誤我們通常很難原諒，但是如果錯誤是由我造成的呢？如果我也發生同樣錯誤，別人會怎麼對我？因此，觀人之舉無非就是促使自我省身改過，希望以他人荒誕奇怪行徑為戒，自己千萬不要犯下。由於參與辦(問)事，神駕、靈駕可以碰到形形色色的人與事，都足以警惕自己，可以修正自己的偏差，以免重蹈覆轍。除此之外，神駕、靈駕也可以適時規勸那些還沒有鑄下大錯者，期望他們能及時改正。

神駕、靈駕雖然不是「佈道家」，但如果願基於誠心與善意規勸人，還是會受重視。現代社會中，人們都擔心惹起他人反感不利於己，告誡自己少惹是非，因而對旁人的不當行徑總置若罔聞，即便義憤填膺也還是沉默不語。漸漸地，人們都變得越來越冷漠，對周遭的人與事漠不關心，不僅使社會更紊亂，價值觀也受到嚴重扭曲，最終大家只能忍氣吞聲過日子，這又是誰造成的？所以規勸他人，應當視為給與他人關懷，這是愛人的表現不需懼怕，只要當事人感覺（受）出你的用意，他會對你心存感激，如此何樂而不為？

2. 以「自重自愛」自助又助人

除了可以別人的遭遇為借鏡，促使自己反省外，為神、鬼效勞者應該還可以使自己「自重自愛」。自重即留意自己的形象以及言行舉止，自愛即愛惜自己的身分和名聲。由於知道自重，人懂得要約束自己，不放任自己，無形中消弭許多慾念。由於自愛，人

懂得規避不良習氣，遠離聲色犬馬，於是便不會沾惹是非。自重自愛者體認自己是有價值與尊嚴的人，堂堂正正，清清白白，既不受別人侮辱，也不會出現自毀人格的情事。自重與自愛互為表裡，能夠自重者，就懂得自愛。

自重自愛應出於個人自發，無法受他人強求。也就是說，自重自愛是要自己提醒自己，不容自我有越軌行止。一旦面臨可能誘惑時，自己敲響自我內心的警鐘，懸崖勒馬，以維自己清譽。我們為什麼強調自重自愛？這對神駕、靈駕有甚麼意義？人們前來求神與問事，多半是因為自己生活上遇到痛苦和煩擾，感覺事事都不順遂，不時都有人與我做對。這種人很多，司空見慣。殊不知古已有明訓：「禍福無門，唯人所召」。(《左傳・襄公二十三年》)這句話的意思是，(求)禍福沒有門道，都是人自己招來的。換言之，有人想不透自己為何會交惡運，其實這是自己惹來的。

人之所以會遍嘗憂愁和困苦，這是因為他(她)不知自重，不知自愛，不僅放縱自己的行為，還養成了許多惡習、惡性，於是就惡運不斷。大多數的人都知道甚麼行為對與不對，但基於不想吃虧的心理，有些人明明知道這事並不對卻還是要做，無形中就失德，以致於日久年深身上的「孽」愈積愈多。於是，我們便會看見一些人，一邊惱怒自己遇到太多阻滯，哀歎自己人生多舛，一邊卻四處求神問事，雖然誠心請求神明解疑都不得要領。這種人並沒有看穿，自我才是自身一切痛苦的根源，才是始作俑者，永遠不會知道因自己惡習、惡性所累積的孽，竟能造成那麼深遠的影響。

總之，一個人如果精神上和內心中總在承受磨難，無法擺脫，可能是自己積孽太深，而此時此刻正處於「自作自受」階段。那為什麼神明不出手相救，讓當事人早日脫離苦難？有，早先神明一定有勸戒當事人，但他（她）之所以仍然受苦難，完全是因為冥頑不靈，不改積習。總以為，自己只不過是有些小缺點罷了，沒甚麼大不了。神駕、靈駕在為神明效力過程中，因為可以從別人身上看出他們所犯缺失，又可以聽他們敘述事情發展的全部過程，一則一定有很具體的心得，知道如何避免造孽，一則一定能使自己醒悟，自己是站在神明旁邊的人，更應當加倍自重自愛。「己欲立而立人，己欲達而達人」（《論語．雍也》）。對發生在旁人身上的各種案例有所體會後，神駕、靈駕除了要積極正己外，也要成就他人，一定要用心宣傳，使世人相信，如果不能革除惡習、惡性，徹底自重自愛，

求再多的神也還是難以得到平安。

（二）、行道又證道

「形而上者謂之道」（《周易・繫辭上》），既虔心上侍神、鬼，任彼等與人們之間的媒介者、代言人，使無形與有形世界連結，神駕、靈駕可謂之行道。既為行道，神駕、靈駕行道之要旨，以及行道內涵在於：⑴行天、地之道—神駕、靈駕既上侍神、鬼，即等同上侍天、地。所以行神、鬼之道，就是行天、地之道。因為天、地之間的交錯與變化，就是神、鬼在其間對應與運作，雖然無形無象，但可感可知。所謂：「天一，地二；天三，地四；……，此所以成變化而行鬼、神也」（《周易・繫辭上》）。⑵行陰、陽之道—「神也者，妙萬物而為言也」（《周易・說卦》）。甚麼是神？所謂神，就是使萬物（各）顯示其奇妙也。甚麼奇妙？使萬物具有陰、陽，具有統一、相對（立）和相互轉化的特點。具陰、陽的特性不僅存在於有形界的萬物，無形界也存在相同特性，即便有形與無形兩個世界彼此之間也不脫陰、陽的特性。神駕、靈駕既在為神、鬼傳述彼等對人們諭知，這就是在見證陰、陽的關係，就是在行陰、陽之道。(3)行人之道—神、鬼對人諭示時，不論是聲色俱厲，不論是溫文儒雅，都是心存對人關懷。在傳述神、鬼諭知過程中，唯有神駕、靈駕能確實體會彼等用心。因此，神、鬼既受虔敬央請而蒞降，神駕、靈駕當本於做人之道，一則代替當事人誠心感恩，一則用心傳述彼等諭示於當事人，以無負於祂們對人的恩德。

為遂行其職司，少部分媒介者、代言人因為具絕佳靈通能力，不待神、鬼降駕，有時就可以自我本靈穿梭陰、陽兩界，主動「前往」彼無形界與神、鬼交感。因此，神駕、靈駕行道的範疇可包括天、地、人三界。《史記・魯周公世家》記載周公「多才多藝，能事鬼、神」，我們猜想他就是具有極致靈通能力者。通常具極致靈通能力者，既熟稔如何與神、鬼打交道，也能將與彼等交會心得反映於自身修為上。一般的神駕、靈駕未必可達「多才多藝」境界，但如依自我所能行道，至少力行如下二項即無忝職司：(1)行善立功；(2)濟世度人。

1. 行善立功

行善立功是指，努力多做(行)善事，建立功德。任神、鬼與人的媒介者、代言人，

神駕、靈駕的初心本來就在不辭勞苦，不為名利，一心只為彰顯神明慈悲與聖德，遂以己之能央請神尊聖駕臨降人間，解答種種疑難，挽救迷濛與困苦的世人。不論神駕、靈駕是否帶天命或天職，或者是基於何種機緣，但凡經歷有形師與無形師教導，已習得真實靈通神、鬼技能者，率應誠心襄助神明弘揚靈威，以使自己能行善立功，積聚陰德。

上天給予神駕、靈駕靈通能力，彼等理應善加運用幫助他人。但坊間另有論調，傳說如果神駕、靈駕因為助人脫困，將擔下對方的「業」以及背負其「因果」。換句話說，辦（問）事是在替別人扛業力，背因果。這種說法不知有何根據，想必是以訛傳訛。在問事時，靈通的媒介者、代言人最多也只是傳述神或鬼靈諭知，既沒有個人意見夾雜其中，如何會與當事人所問之事牽扯。再說到辦事，媒介者、代言人也是代當事人向無形界請求「和解」，其經辦「法事」以及法事過程中應貢獻的「金銀財帛」，悉數照當事人與無形的協調，這與媒介者、代言人有何關係？總之，神駕、靈駕不會因為經理某一辦（問）事，或者為某人之某事媒介、代言就反倒成為「冤親債主」。不過，存在替別人扛業力、背因果的說法，正好警醒神駕、靈駕千萬要謹慎，絕不可在媒介、代言過程有任何疏失，以免「自誤又誤人」。

2. 濟世度人

真實神通者確實有其價值，因為前往道場膜拜神明者，應該就是有疑問需要指點，所以才會前來頂禮與叩頭，才會在神明面前自言自語，乃至於一次又一次認真地擲筊以探詢神意。但神明卻無法開口回應，無法述說祂對人們的關懷與慈心。如果能得媒介者、代言人襄助而蒙神靈指點，豈不令祈求神明伸援手者欣慰?所幸，神駕、靈駕可以居間效勞，既可將人們意思上陳神明也可轉達神祇的回覆，使世人的世界與神的世界得以交織，使人們對神靈的信仰鮮活而具體。

在實務上，神駕、靈駕都知道，自己是因為神、鬼賦予智慧與技能，才得以任祂們的媒介者、代言人，特別是蒙受了主神的提拔和助力。主神，不止是神駕、靈駕交感與感通的對象，也是彼等的無形師，更是彼等竟能探索無形世界奧妙的促成者。主神不只在靈通道途使神駕、靈駕邁進，彼此還共同幫助眾生出迷破惘，合力完成濟世度人的任務。除此之外，因為神駕、靈駕是自身弟子，所以主神要負責監督，假使弟子有過，主神的

位階會向下降。所以，弟子日常生活中有不檢點行為，做了壞（錯）事，經告誡、示警幾次都沒有改過，則主神會相應不理，神駕、靈駕就再也無法和祂交感與感通，從此失去靈通的技能，無緣再為神、鬼與人們效勞。

所以，在擁有了靈通神、鬼的智慧與技能後，要想任神駕、靈駕濟世度人者，一定要時刻嚴格地要求自己，端正自己，如此不但可獲得主神肯定，連帶也會贏得無形界眾神尊聖駕認同。於是，從此在為神、鬼服務的道路上將無往不利，有感必應。神駕、靈駕能不時要求自己，檢視自己，力圖更加端正自己，這在行話稱之為「修行」、「修道」。身為修行、修道者，務期無負神、鬼至聖至靈感召，常以自己良好的品性去影響他人，引導他人，使他人也能仿效我，同我一樣努力地要求自己、端正自己，這就是「證道」。

（三）、和諧天、地、人

神、鬼與人，定位了天、地、人三界。神靈在天上，為陽界；鬼靈在地下，為陰界；人居其中，是為人間。人雖每日歷經陰（夜）、陽（晝），但不通陰（鬼界）、陽（神界）。

雖然不通陰、陽界，但人知曉彼兩界之存在：⑴因為人若有所感，感覺離世祖先去至處於地下的黑暗世界，那是一個永不見天日的幽冥領域，人們稱之為陰界，將已逝去且在陰界的先人名之為「鬼」。已離世的祖先雖然在陰界為鬼，但偶而會進入人間親人夢境，泣訴在彼世界的孤苦與寂寥，以及用度上的欠缺與匱乏。為了濟助故去的親人，人們經常齊備豐盛祭品祭祀，致祭陰間先人，以感念彼等在世時的恩德。⑵人的頭頂之上雖然是浩瀚穹蒼，但祂卻擁有巨大威能，不僅影響大自然運作，也左右著人的生存，人們稱之為上天。上天乃陽界，為「眾神」之所在。為了感佩，人們除了在心理上崇敬，也不時以實際行動膜拜、祭祀上天以及眾神。⑶神、鬼的存在，不是靠人們眾口一詞。拜造物者恩賜，使得萬物都有靈，神、鬼也沒有例外。人不通陰、陽(界)，就不通神、鬼，這說的是絕大多數人，但有極少部分人卻例外。遠自古代起始，就有被稱為「巫」的極少部分人，一則有能力央請神、鬼靈降人間，應答人們的求問，一則可靈通神、鬼並向祂們表意，傳達人們對彼等想望。由於始終存在這極少部分人，以及藉著他們的能力，確立了人們對神、鬼的論說。

除了是「靈」之外，神、鬼也是「氣」，即陰、陽二氣；神是陽氣，鬼是陰氣。(北)宋・張載《正蒙・太和》云：「鬼、神者，(陰、陽)二氣之良能也」。鬼、神，就是陰、陽二氣最好的表現。同書又說：「鬼、神之實，不過二端而已」。「二端」，指陰、陽二氣。鬼、神的實際，不過是陰、陽二氣而已。神、鬼確實是氣，在與祂們靈通的過程中，兩者之氣予人不同感應(覺)。神靈臨降時，其氣陽剛，令人深受震懾；鬼靈到場時，其氣則憂戚，令人不禁傷感。但是神、鬼呈現這種氣的現象，一般人因為沒有靈通能力，所以無法感應出。神、鬼之氣是隨著「靈」而來，有靈始生其氣，感其氣則知其靈。神、鬼之氣有差異，這是要靈通者知曉來者是神靈，或者是鬼靈。又，神、鬼之氣所以令人有不同感應，這是因為未必每個靈通者都有「天眼」，可憑以辨識來者，因此祂們以相異的氣讓人分別彼此。

除了有其氣、其靈之外，神、鬼亦有其心、其意。所謂有其心、其意，係指神、鬼此次靈降，必有其目的以及其用意。神、鬼靈降目的，心想的當然為某人的某一事解疑，用意就是給予明確諭示，避免當事人彷徨無助。但在與神、鬼交感和感通時，對神或鬼靈此番靈降的用心，以及彼等將如何諭示，媒介者、代言人既不可妄加揣測，也不宜憑自我的認知預設立場，因為那都不會是祂們真實的心、意。必要媒介者、代言人摒除雜念，靜心感應與虔心傾聽，確信聽見源自無形所發出的話語，這方屬神或鬼靈真實「心」、「意」之表達。在與神、鬼交感或感通時，媒介者、代言人絕對不可預想，設想神、鬼會對此一事，或者此一求問者如何回應，因為祂們想要說甚麼，人真的無法想像。媒介者、代言人若要想替神或鬼靈拿主意，絕對會失望，因為一則憑人的能力絕對無法猜出求問者內心所期盼，一則接下來將無法對神、鬼有真實感通。因此，唯有不存任何念想，完全聽憑與順著神、鬼所示意，才能與祂們心、意相合，並將祂們心、意完整傳達，這才是任媒介者、代言人靈通彼等的正途。

從實務論，媒介者、代言人為了某人的某事，經由交感與感通迎請了神、鬼靈降，其用意固然在滿足人對與神、鬼連結的渴慕，以及助益神、鬼對人的憐惜與關愛。但無疑地也促使求問事者能依神、鬼諭示而行事，使人與天、地，與神、鬼之間相互契合。究其實，古人對天、地、人三者之間關係的描述很多，例如：⑴「人與天、地相參也，與日、

月相應也」(《黃帝內經・靈樞經・歲露論》)。人與天、地相(對)參，天、地具有的特質(性)，在人身上都可找出來，人與日、月之間運動的規律也相適應。(2)「人法地，地法天，天法道，道法自然」(《道德經》)。人依循大地的法則；地依循上天的法則；上天依循道的法則；道依循自然的法則。(3)「乾(天)稱父，坤(地)稱母，予茲藐焉，乃混然中處」(北宋・張載《西銘》)。天稱為父，地稱為母；我們人類如此藐小，卻和萬物混合一起處於天、地之中。以上這些都在強調，人當敬重並遵循天、地以及自然的規律，與自然和諧相處。這些論點完全從哲理、義理上分析或論述，說明天、地、人三者的互動，特別是人對天、地的依賴。

「天地合氣，萬物自生，猶夫婦合氣，子自生矣」(東漢・王充《論衡・自然》)。上天的陽氣與大地的陰氣相互交合，萬物就自然產生出來，如同夫婦之間兩氣相合，子女就自然產生出來一樣。確實，必要上天的陽氣以及大地的陰氣和合，才能使萬物生長與成形。如果陰、陽兩氣不調，則氣候無常，天、地間萬物就要受災殃。雖然陰、陽兩氣變幻不是人所能操縱，看似天、地之間的自然變易，但事實證明未必與人無關。邇來，因為人類過度排放二氧化碳，造成溫室效應加劇，地球暖化，連帶使天氣變換無常，陰、陽明顯失調。這一事實充分說明，到底要加速這天、地之間浩劫，或者使這天、地之間更適合於人居，全在人的一念之間。

人既身處於有形的天、地之間，內心理當真誠視此天、地一如己父己母，不僅不會生害，且凡所行皆能順應天、地造化，使陰、陽二氣和合，使此天、地之間永遠為人類生存的樂土。與此同時，人對待無形的天、地，亦應與對待有形的天、地持同樣態度。換言之，知道於有形之天、地，力求陰、陽二氣和合，亦應使無形天、地之陰、陽二氣和合。這樣說的意思是，人要知道：(1)虔心敬神也要虔誠敬鬼—神者、鬼者，乃在說明人逝去後，其靈、氣所處之狀態。人離開世間後，其靈能歸屬於天者謂之神，其靈歸屬於地者謂之鬼，皆為祖先，都應存敬愛之心。(2)禮神敬鬼率依時節祭祀—禮神敬鬼，依時節祭祀，此乃子孫承接祖宗之氣。以子孫氣合祖先之氣，一則所以感格先祖以示永不忘本，一則使氣氣相連，形同祖先永生。(3)對亡者有虧欠應當償報—如確知對已逝者曾有虧欠，應予以償報，既消己孽，亦使在陰、在陽者均得解脫。在陽間之人應樂於行善，此舉既能

增加陽間瑞靄，也為自己廣積陰德，更能化解陰間對陽間之戾氣，使陰、陽兩界萬方祥和。

綜上所述可知，不論對有形世界以及對無形世界，使陰、陽合氣皆有道可求，全在人為。神駕與靈駕最為知悉陰、陽兩界和合之重要，彼等以己之能與神、鬼交感和感通，正是為調和或撫平陰、陽兩端。是故，古代巫者與今日之傳人－神駕、靈駕竭力而為之事，可謂「毫無二致」。總之，既任媒介者、代言人，神駕與靈駕不但要能藉在為神、鬼與人服務過程中，對神、鬼的本質有充分認知，更要從中學習與自省，身體力行「與天、地合其德，與日、月合其明，與四時合其序，與鬼、神合其吉凶」（《周易・文言・乾》）。與此同時，如果聞知他人有因陰、陽不合而迷茫失措，舉步維艱，也要給予良善建議，或代為籌謀，以和諧天、地、人。

結論

本書從起筆到完成歷經三年，全篇係個人在既有「基礎」之上逐步發展而成，其中所論率皆從實務求得，絕非憑空杜撰。忝為巫的傳人，作者能從綜向與橫向，細緻入微地考察遠古的神、鬼與人之媒介者、代言人。寰顧坊間，目前尚未見與本書相似者，其原因在於：⑴即便身在其中，無論其為通神或通鬼靈者，雖能洞見陰、陽奧妙，神、鬼威靈，但無法敘述，也難以言傳，因為不知是否能說。又或不敢說，也不能論，深怕講不清，道不明。⑵再說，「法不傳六耳」，這是任何道門、法門的明訓。修行、修道者絕不輕易向外談論自己的智慧與技能，因為說了旁人也未必會信。⑶唯有獨蒙天、地恩德者，可以開啟陰、陽兩界聖道，仰蒙眾神、鬼寬容，盡吐無形界玄妙而無任何苛責。此大恩大德，有誰能承受之。

本書主要在闡述神、鬼、人之間的關係，也就是天、地、人三方的互動。由於神、鬼並不可見，因此常人想與彼等互通，必須經由媒介者、代言人的協助。這種媒介者、

代言人在古代稱之為「巫」，他(她)必須通靈，既要能與神、鬼交感和感通，還要能將祂們央請到人間，行扶危救困之事。當神、鬼之靈蒞降人間後，巫透過神、鬼之靈附己體或不附己體的不同媒介途徑，使人們可以和神、鬼對話，可以祈求祂們以先知先見之能，指明正途。雖然一般人未必盡信，真有「人」能將神、鬼請到人間。但就求教於神、鬼者而言，深信神、鬼千真萬確降臨現場，因為祂所說的某些話，即便自己用盡心思也想像不到。此外，就媒介者、代言人而言，也確信神、鬼靈降，因為到場「說話者」來自另一個世界，自己之口與舌不過借祂傳聲而已。再說，神、鬼翩然蒞臨時，給予「人(靈通者)」的靈、氣、磁場感應，既無法偽裝，也絕不可能憑空揑造。

神、鬼因為自身無形無象，於是祂們遂以兩種型態靈降在人間：⑴神或鬼靈附於媒介者、代言人之體並借其口說事，以應答民眾求問，神、鬼與人(民眾)之間係一種直接對話，此時其體被附的靈通者稱之為「神駕」。⑵神或鬼靈並未附於媒介者、代言人之體，而係降在其左右，彼此(神或鬼靈與媒介者、代言人)之間呈交感或感通狀態。神、鬼之靈聽取民眾求問後所作回答，都必須透過媒介者、代言人輾轉傳達，神或鬼靈與人(民眾）之間係一種間接對話，此時其體未被附的靈通者稱之為「靈駕」。神、鬼的這兩種靈降型態並非始於今日，只是歷來人們都不辨，或者媒介者、代言人都不說清。一如現在，有幾個人知曉神駕與靈駕的差異。不論神駕、靈駕，都是古代巫「原汁原味」的翻版。現時坊間常以「乩身」泛稱神駕、靈駕，人們口中的「武乩」指涉的是「神駕」，因為神靈附其體後靈通者會呈現比較大的肢體動作；人們口中的「文乩」則是指「靈駕」，因為神靈未附其體，靈通者感應了神靈的氣，感通了神靈之靈和磁場，遂以手勢、走步、唱腔表現與祂的交感或感通。這種區分法雖然未必精準，但與實況大抵不差。

做為神或鬼靈的媒介者、代言人，神駕綜合其身為神、鬼之靈的「載體」、「媒介者」、「代言人」之角色，而靈駕則為神、鬼之靈的「媒介者」、「代言人」。至於天師道的道士，雖亦扮演神、鬼之靈的「媒介者」、「代言人」之角色，但卻與靈駕有區別。天師道之道士是巫的傳承者，但也是改革者。回顧巫的歷史發展，截至東漢末年，天師道創始者—張陵眼見神、鬼是否受巫交感而真實靈降，以及乩身是否真能靈通並被附身，率皆真假難以分辨，遂捨棄神、鬼靈降附身的途徑，對靈通者採「授籙」以及秉持科儀與神、鬼交感。

天師道（者）以授籙與應用科儀交感神、鬼，其前提是：⑴人經過修煉與學習，可以習得通神、鬼技能。⑵人因為學習期滿且已有技能後經正式授籙，不僅可取得天官之地位與職權，尚可指揮（使）神、鬼之靈。⑶神、鬼皆實有，人與祂們有感，彼等必應。因此，神、鬼之靈可以溝通，可以央求祂們在無形界施法。⑷人可以依一定儀禮，行一定科儀向神、鬼表意，祈求彼等施法或護佑黎庶，或為人消災解難。⑸神、鬼世界也有體制，祂們對人的虔敬請求會依制而行。⑹道士即在上述各前提之下，以媒介者、代言人之身分，將人們祈求家和業盛、人丁興旺、無災無厄的心願，透過各項科儀向神、鬼順利傳達，希冀彼等玉成。

道士傳達眾人心願於神、鬼之靈，其型態與靈駕不同。雖然都是任「媒介」、「代言」，但靈駕是以口語直接向神、鬼述說，道士則是以科儀向彼等表意，並在科儀中運用符文以及表章、疏文等文檢敘明表意內容。靈駕與神、鬼之靈溝通是雙向的，道士與神、鬼之靈溝通是單向的。所謂雙向是，靈駕將求問者疑義傳達給神靈，再將神靈回覆轉述給求問者。所謂單向是，道士將祈求者種種期望，透過科儀程式及內容傳達給神靈，祈請祂們廣揚法力福佑眾生，解厄解災。除此之外，道士陳意於神靈既需透過科儀，所以程式冗長較費時間，而一般神駕與靈駕與神、鬼溝通簡潔而精練，快速且便利，因此彼等才會有存在的價值。

在本書中，作者將神、鬼並論，共同作為無形界的主體者，同為神駕、靈駕交感與感通的對象。有人以為神就在我們頭頂的天上，鬼就在腳踩的地下。其實無形界的天與地，這和有形（世）界的天、地是不同的。作者雖不同意，無形世界果真係以一刀劃開，天、地各半。但為免混淆人們認知，徒增困擾，對此姑且不予詳論。總之，神、鬼在無形界各有統屬，各有其領域，陽（界）、陰（界）不相混雜。因此，論無形界必須並舉神、鬼，否則無法周延呈現人與天（陽）、地（陰）關係，畢竟天（神）、地（鬼）是聯立的。換句話說，面對無形界時，人不能捨棄陰界（鬼靈）只論陽界（神靈），只論如何面向神以及與神親近，或者說只想接近神靈而忽視鬼靈的存在，必須知曉祂們在無形界是並立的，只是現（身）與不現罷了。除此之外，在媒介、代言的實務中，神駕、靈駕在交感或感通祂們時，雖未必眼見祂們來處，但神、鬼都同樣，都是倏忽之間就現（身）。這樣看來，無形界與有形界是不是就相鄰或相對?或者，神、鬼是不是就在我們人的四周?古人所說，「抬頭三尺有神明」應該不假。

大多數人的心裡都敬神畏鬼，聞聽神、鬼時的態度截然不同，神面容慈祥、莊嚴，鬼樣猙獰、恐怖。日常中與人談話盡量避免提到鬼，很犯忌諱，因為常人心目中，鬼讓人聯想到死亡，不太吉利。雖然在他人面前提鬼常惹別人翻白眼，但另一方面人們又很好奇，私底下卻喜歡分享遇鬼經驗，不管是否見著的真是鬼。人們歡迎神，一般人都想像祂慈悲，樂於濟助，向祂祈求必能蒙彼之恩典。但神不會隨人想像便助人，必要此事合乎天理與正義絕不是非分之想，神才可能相助於人。另一方面，人們卻極力避鬼，躲開任何與鬼有關之事，深怕一旦沾染恐遭牽連，豈不知自己有朝一日終究也要成鬼。

人以為自己很強大、睿智，但比不上神、鬼強大，比不上神、鬼睿智。從很古老的年代起，每當面臨不可知的際遇或困境，人都會向神、鬼求助，一則想請祂們在無形界施法化解自己在有形界的困難，一則真的想請祂們指引前進方向。但神、鬼究竟在何方，人渴求與彼等連結，想向祂們乞哀告憐，卻欲訴無門。幸賴有能靈通神、鬼者—巫可資憑藉，除了可將祂們由無形界請到有形界，還可任祂們的媒介者、代言人，解民倒懸。長年累月，許多巫與神、鬼交涉助人理事的準則被流傳開並漸成習俗，於是人們日常生活中各種事物就有宜、忌之別。而更有人將日常生活中宜、忌事項整理和編排並輔以邏輯，或融合自創理論，這就是術數。術數的出現，方便了人們生活上的各種需求，人們不必要事事都煩勞巫，有相關問題只要找術士即可。術數的理論與準則，一則作為以後但凡有相同情事者參照，一則作為有形世界人與事同無形世界和諧之準據。

雖然未必靈通，但我們對講術數者在求有形世界的人與事，能同無形世界和諧，這就符合天、地、人和諧，陰、陽和合之旨趣。術數是祖先們針對民間生活的各個領域，如何就人文與自然之間求得永續和諧的推論，這其中當然考慮到有形與無形的協調、和睦。在古人，非常講究各種術數的運用，其目的無非就是預期人與事有更美好結局。術數既是許多祖先們窮盡畢生心血所積累，憑以推測事物發展自有其原理、原則，未必不可信。所以，我們看見時下坊間講五行、命理（八字）等一系列內容仍然鼎盛。但我們又擔心人們過於迷信術數反受其制。術數可做參考但不可迷信，聽了術士之言不必認定這就是宿命，因為：⑴拜科學之昌明，人的活動能量已非昔日可比，故人際關係態樣較從前有更多變化，論述數者未必能「看見」那一層。⑵人心才是一個人命運的主導，事實證明，有怎樣的人生都是受人心的品質所引導。所以不管被持數術者如何斷定，人只要能多行善，「人皆敬之。天道佑之，福祿隨之，眾邪遠之，神靈衛之」（《太上感應篇》）。

人必須有信仰，但信仰不是在比較哪個宗教的教義殊勝，或者應該追隨哪個傳道人。信仰不是頻繁奔走於宏偉的宮觀、道場，更不是勤於朝拜法相莊嚴的神祇。信仰更不會是探究哪尊神祇適合甚麼人膜拜，也不是在瞭解哪尊神明職司人間何事。信仰在知道，與我們人類世界並存的，還有一個無形世界，而無形世界的主體者─神、鬼，就是未來的你、我、他（她），到時候我們想要成為哪一個。我們雖然知道神、鬼一定有區別，但不清楚祂們實質差異何在，是否真如人所說，一者長居安樂，一者永處幽苦。因為了不可見，所以一般人對神、鬼毫無概念，但任神駕、靈駕者則不然。何不試問他們，在彼世界鬼靈多幽悶，更經常有需受科罰而淪陷者，此事是真或是假？

從神駕、靈駕的角色與功能來看，神靈、鬼靈與人都是「服務」的對象。無論是為哪方服務，一則要心存虔敬，一則不可自命不凡。服務如果做得好，的確有功德，但這功德是綜合各項因素而成，乃至於有形師的成功指導亦包括在內。神駕、靈駕服務要做得好，嚴格說來至少必須做到以下三項：⑴神、鬼處理事情未必依人所想像，所以在服務時一定要聽從神靈或鬼靈的指導，不可有個人的先見。我們常看見有些神駕或靈駕，當聽聞某人遇某事時，就直接先斷言這事應該如何處理。沒有經交感或感通神、鬼並稟問，怎麼就能認定事情該當如何辦理？由媒介者、代言人先想定，然後再硬塞給神、鬼，祂們能接受嗎？⑵要憑真功夫善盡服務之責，絕不可只是個「半桶水」。所謂真功夫，當然就是真實的靈通，在服務的過程中，要能對神、鬼諭示沒有一丁點的模糊，直接了當就能向當事人道出。如果沒有自神、鬼端感應到祂們確有此說，也千萬不能私自添加，無中生有。此外，真功夫就是不需要去揣測神、鬼意思，對祂們所說的每句話都能明白，都能精準地體會神、鬼之靈的用心。⑶一定要有良好的品德，才能做好服務工作。良好的品德，本屬於「私」領域，看起來未必與為神、鬼服務有關。但就站在祂們身旁，神駕、靈駕如果沒有好品德，神、鬼是不是難以「忍受」？再說，每當神、鬼靈降對某人說了某些話，多少都涉及私密，沒有良好品德者很難守口如瓶，對誰都不好。

不論是神駕或靈駕，只要是神、鬼與人的媒介者、代言人其養成都不容易，並不是帶天命、帶天職者就一定能順理成章學成（好）其技能。在調訓神駕或靈駕時，絕不是有形師刻意「口口相傳，不留文字」，對教學故作神祕。實在是這門「學科」非比尋常，在師對徒的傳承過程中，許多技能可以詳細口述與講解，但要真正習得其要訣需要靠個人摸索，能有幾番成就，全在門生個人領悟。再說修習靈通神、鬼，還真要看學習者與神、鬼的機緣，要有皮毛的功夫並不難，但要真正能與神、鬼有感必應，心心相通，的確千難萬難。所以，神駕或靈駕的育成，要遇見好的有形師，自己也要是好門生，更重要的是要贏得神、鬼對自我的信任，缺一個條件都難以達成，都會功虧一簣，確實一點也不假。

跋

非常難得，能夠深入探討這麼一個神祕又神聖的議題，將古代的「巫」上下數千年的演變作系統性的瞭解。而且更難得的是這個議題又涉及神、鬼，很慶幸作者能將神、鬼做非常適當的定位，凡字裡行間都不失對兩端的敬重。除此之外，作者還將神、鬼世界做了客觀的陳述，這是過去所未曾見的。這篇著作可以供歷史、宗教研究者參考，因為：⑴作者解析了殷商時期巫在行卜、占後於甲骨上之各種刻寫，釐清歷史研究者在探討古代「巫」議題上的諸多盲點。⑵人如何與神、鬼連結，這是宗教最神祕、最核心的部分，任何宗教的任何經典都不會涉及此一部分。不能理解人如何與神、鬼連結，無法貫通對該宗教領域的研究，本書對此提供了解答，使宗教研究者有撥雲見日之感。以上兩項微小貢獻，相信都能裨益學界。

古代的「巫」不僅扮演人與神、鬼溝通的橋梁，同時也是族群當中知識的來源者。「巫」必須能向人們解釋各種社會與自然現象，並且還要為族人治療疾病，更重要的是

傳承其技能給下一代，賡續為民服務。初民社會中，人們日常生活的大小問題，都可以向「巫」求助。由於可以溝通神、鬼，代替祂們傳達諭示，所以「巫」具有崇高社會地位，有很大權威。降及今日，巫的各式各樣傳人中，雖然都無法享有如古時先輩的評價與社會地位，但所言所論，有時仍能聳動人心。

今日的神駕、靈駕與古代的巫，雖然彼此立足的社會、文化基礎不同，但兩者既「如出一轍」，則在職能上並無多大差異，主要都是在實現人對神、鬼的信仰與渴求，做為祂們與人的媒介者、代言人。神、鬼不會因時間而改變，所以為彼等服務者可保持既有風貌。神駕、靈駕雖然已不如古時的巫，則彼等在今日於人以及於己具有甚麼意義，人們如何看待之？綜合而言，因為得神、鬼之靈的恩賜，神駕、靈駕仍可以向社會大眾顯示如下價值：⑴見證者—做為世事的見證者，見證一個人的善、惡雖然未必為他人所知，即便其本人也已忘得一乾二淨，但神、鬼都能如數家珍般道出，明白昭示當事人，使世人認清人享福或遭禍的根源。⑵領悟者—能比他人更能體悟「道」，這就是為神、鬼服務的最大實益。甚麼是道？善有報，惡亦有報，這就是道。善報是福，惡報是禍。由於善、惡是人以漸而積，以故福、禍於人也是以漸而來。福、禍雖有遲速，斷無不報之理。報有時報於為惡者己身，有時報於後世子孫。人為惡之報愈遲，其況愈慘烈。(3)宣傳者—以實務論，神駕、靈駕所獲最大價值是個人內心之體會，天、地、人雖並稱三才，但人之中不智者甚多，與神、鬼比較相形見絀。雖然人之中亦有聖賢者，但多半的人不能見賢思齊，見聖思仰。能仰聖則德進，能思賢則德長，這個道理人們雖不陌生，但多半的人未必真心認同。對於人生際遇的上升或沉淪，絕大多數的人都很在意。神駕、靈駕應該早就看出，人生向上或向下的道理在哪裡。對此，神駕、靈駕是可以誠心地對他人宣傳、開導。

但人還是想不明白，還是希望求神、鬼。實在說來，人一生中的許多問題，有些未必與神、鬼相關。換言之，人生的許多疑難、困苦，即便虔心稟告神、鬼，祂們也愛莫能助。神、鬼助人之條件，在於一半需要藉助神、鬼，一半仍要依靠人自身努力的情況，才有可能。進一步說，神、鬼示意人的吉、凶，助人解厄消災，也要有一定充要條件。人應該瞭解這個客觀事實，千萬不能心存主觀的願望。神駕、靈駕應該有勇氣，把這事實向人們說明。

神駕、靈駕可靈通神、鬼，這是一般常人所無法擁有的殊遇。但我們仍然主張，神駕或靈駕，對自我的能力與條件都要時刻精進，才能受人尊敬而被視為非凡。如何精進？精進什麼？簡單的說，精進就是要認真修道（行）。修道的定義或方式，並非是鑽研玄妙之術，或探求奇門祕法。修道的更多指向，在自我之真、善、美化，使自我令人一望，即與所表彰和崇奉的神尊有等同之感。這種建言與見解，其義理非常淺明，希望能博取諸先進或後進者之共鳴。

一般神、鬼與人的媒介者、代言人之背景，個人很少去詢問彼是否自認帶「天命」。自認帶天命的說法雖非無稽之論，但個人寧可相信，既然有心為神、鬼效力，闡揚聖道，祂們必定鼎力扶持。只要懂得如何把握機緣，厚實自己所知、所能，真心誠意奉獻並在神、鬼、人關係上予以無限圓融，使信眾因而極致感念神、鬼恩德，則作為祂們的媒介者、代言人自然會有福報。

坊間大型宮廟，少有神駕或靈駕為信眾服務。既作為地方或社區的信仰中心，大型宮廟會定期或不定期以法會、科儀（齋醮），為信眾（們）祈福延壽、禳災解厄。至於小型宮廟，一則藉其顯揚神聖，濟世救人；一則藉其興旺香火，遠播宮廟威名，從而需要借重神駕或靈駕。能多一位信眾，就多一份香火，甚至就多一位對宮廟中恭奉神尊靈驗的宣傳員，因此神駕、靈駕對小型宮廟很重要。宮廟的香火能否暢旺，有其主、客觀條件與因素。事實上，確有因為在神靈與媒介者、代言人共同努力下，使神威顯赫、香火鼎盛，而得蒙其福澤之信眾又深為感念，遂出錢出力，捐資將小型宮廟擇地闢建成巍峨大殿者，此等事例不可勝數。我們衷心期盼，所有神、鬼與人的媒介者、代言人都能為弘揚聖道，不遺餘力，並祝諸位早日完成宏願。謹此 祝福所有神駕、靈駕們！

附記—本書卜辭參考書目

《合集》—《甲骨文合集》
《花東》—《殷墟花園莊東地甲骨》
《乙編》—《殷墟文字乙編》
《前篇》—《殷墟甲骨刻辭前篇》
《屯南》—《小屯南地甲骨》
《菁》—羅振玉《殷虛書契菁華》

對於中國的巫以及其傳人之術的種種表現，截至今天為止還沒有人作出系統總結，全面性總論。人們雖然知道巫也知道其傳人，但仍有人對巫術存疑，但卻也有人肯定其真實性。這種現象，自古以來就是如此。本書詳實而客觀地述說了巫，以及其在現代傳人的種種活動，對他們不僅有詳盡考察，也做了系統而公正論述，這是一件值得稱讚之事。

這篇著作可以供歷史、宗教研究者參考，因為：(1)作者解析了殷商時期巫在行卜、占後於甲骨上之各種刻寫，釐清歷史研究者在探討古代「巫」議題上的諸多盲點。(2)人如何與神、鬼連結，這是宗教最神祕、最核心的部分，任何宗教的任何經典都不會涉及此一部分。不能理解人如何與神、鬼連結，無法貫通對該宗教領域的研究，本書對此提供了多元的解答，使宗教研究者有撥雲見日之感。以上兩項微小貢獻，相信都能裨益學界。

作者 E-mail:leventli@ms15.hinet.net

國家圖書館出版品預行編目資料

細說巫的古與今 / 李生辰著.
－－第一版－－臺北市：宇河文化 出版；
紅螞蟻圖書發行，2021.3
面　；　公分－－(靈度空間；23)
ISBN 978-986-456-320-3（平裝）

1.通靈術 2.靈修

296.1　　110001511

靈度空間 23
細說巫的古與今
作　　者／李生辰
發 行 人／賴秀珍
總 編 輯／何南輝
美術構成／沙海潛行
封面設計／引子設計
出　　版／宇河文化出版有限公司
發　　行／紅螞蟻圖書有限公司
地　　址／台北市內湖區舊宗路二段121巷19號(紅螞蟻資訊大樓)
網　　站／www.e-redant.com
郵撥帳號／1604621-1　紅螞蟻圖書有限公司
電　　話／(02)2795-3656（代表號）
傳　　真／(02)2795-4100
登 記 證／局版北市業字第1446號
法律顧問／許晏賓律師
印 刷 廠／卡樂彩色製版印刷有限公司
出版日期／2021年 3 月　第一版第一刷

定價 360 元　港幣 120 元

ISBN 978-986-456-320-3　　Printed in Taiwan